长江人文馆
Humanities

中华文化
十五讲

冯天瑜/著

长江出版传媒　　长江文艺出版社

图书在版编目（CIP）数据

中华文化十五讲 / 冯天瑜著. --武汉：长江文艺
出版社，2024.3
（长江人文馆）
ISBN 978-7-5702-3348-9

Ⅰ．①中… Ⅱ．①冯… Ⅲ．①中华文化 －文化史
Ⅳ．①K203

中国国家版本馆 CIP 数据核字(2023)第 186872 号

中华文化十五讲

ZHONGHUA WENHUA SHIWU JIANG

责任编辑：张 贝　　　　　　　　责任校对：毛季慧
封面设计：天行云翼·宋晓亮　　　责任印制：邱 莉 杨 帆

出版：长江出版传媒 长江文艺出版社
地址：武汉市雄楚大街 268 号　　　邮编：430070
发行：长江文艺出版社
http://www.cjlap.com
印刷：武汉中科兴业印务有限公司

开本：640 毫米×970 毫米　　　1/16　　印张：17.5
版次：2024 年 3 月第 1 版　　　2024 年 3 月第 1 次印刷
字数：212 千字

定价：45.00 元

目　录

第一讲 关于"文化"与"文化史"的思考

一、文化史的研究对象

文化史是史学的一个分支。

史学的对象是历史。而广义的历史泛指宇宙间一切事物的发展过程，包括自然史和社会史。正是在这一意义上，马克思和恩格斯把历史科学称作"一门唯一的科学"。狭义的历史，则特指自然界中有机生命的最高发展阶段——人类的社会生活的发展史，史学便是记述并探究人类社会进程的学科，它的基本使命是按照时代顺序，通过占有并处理反映历史事实的史料，"述往事，思来者"，"究天人之际，通古今之变"，阐明全部人类社会运动的过程及其规律。具体的史学研究，则可以对人类社会及各国度、各民族、各地域的历史作综合的、分期的或分类的考察。作为史学一个特殊部门的文化史，同其他专门史，诸如社会史、政治史、经济史一样，有着自身的特殊研究范围和使命。

文化史是在文化研究兴起之际，史学向一个宽阔的新领域展拓的产物。它以人类文化发生发展的总体过程为对象，从而与作为社会知识系统某一分支发展史的学科（如文学史、科学史、思想史等）相区别；它在研究人类文化发生发展的总体过程时，尤其注意于人类创造文化时主体意识（当然这种主体意识受制于种种客观条件）的演变历史，从而又与研究客观的社会经济形态的经济史和社会状貌的社会史相区别。自从人类站立起来，脱离兽类，在自觉意识支配下从事生产劳动，自然界就被赋予人的意义，出现了反映人的意向和活动的世界，"文化"也就开始了它的一发而不可止歇的生命运动。"社会的人是动物长期发展的产物。但是，只有当人不满足于坐享大自然的赐予，而开始亲自生产他所需要的消费品时，人类的文化史才开始了"①。同已有亿万年经历的宇宙自然史相比，人类文化史"若白驹之过隙，忽然而已"②，但与人的个体生命时间相比，人类文化史则相当悠久。我们今天所拥有的文化，不是骤然降临的，正所谓"千仓万箱，非一耕所得；干天之木，非旬日所长"③，它其实是人类在过去各时代由交互关系与劳动生活而产生的延续的累积结果。文化史的任务便在于记述这一汪洋恣肆的进程，并探究看似白云苍狗、莫测变幻的文化运动的规律。文化史不仅要研究文化的"外化过程"，即人类"开物成务"④，创制各种文化产品，从而改造外部世界，使其不断"人化"的过程，而且要研究文化的"内化过程"，即文化的"主体"——

---

① 《普列汉诺夫哲学著作选集》第 2 卷，人民出版社 1972 年版，第 227 页。

② 《庄子·知北游》。

③ 《抱朴子·极言》。

④ 《周易·系辞上》。

人自身在创造文化的实践中不断被塑造的过程，同时还要研究外化过程与内外过程如何交相渗透，彼此推引，共同促成文化有机整体进步。

既然主体（个体主体和群体主体）居于文化史研究的中心位置，因此，文化史家历来格外留意于主体色彩鲜明的领域。举凡人的认知系统、艺术语言文字系统、宗教伦理系统、习俗生活方式系统，尤为文化史家所注目倾心；即使是对那些主体性隐而未彰的领域，如科技器物系统、社会制度系统，文化史家也着力剖视潜伏其间的主体因素的创造作用，以及那些外化了的文化形态对主体的再造功能。

文化史既以历史运动中的文化表现和文化锻造人自身的过程为研究对象，那么，这种研究的必要前提便是对文化这一概念作出科学的界定和实在的把握。

二、文化的实质性内蕴

随着时代的进步，随着人类创制的文化不断向深度和广度展拓，"文化"这一概念所包藏的内容也愈益丰富。但无论文化的外延怎样广阔，也始终是其本质的显现。因此，我们在努力穷尽文化广延度的同时，更需要把握文化的本质属性。西方各文化学派虽然在文化研究上各有建树，但似乎未能提出一个明朗的、论证充分的关于文化本质的定义。究其缘故，可能与近代学术存在的一个弱点有关。对于这一弱点，恩格斯作过精辟的剖析：

> 自然科学和哲学一样，直到今天还完全忽视了人的活动对他的思维的影响；它们一个只知道自然界，另一个又

只知道思想。但是，人的思维的最本质和最切近的基础，正是人所引起的自然界的变化，而不单独是自然界本身；人的智力是按照人如何学会改变自然界而发展的。[①]

恩格斯19世纪70年代提出的这一问题，科学界和哲学界在以后的岁月中有所解决，但将思想与人类改造自然的实践相割裂的情形，仍然存在。这一弱点在文化学领域里的表现便是，各学派在研究文化，进而给文化下定义时，或者只注意到外在的文化创造物，忽视了文化创造者的能动作用和自身的再造过程；或者虽然注意到文化的主体——人，却抽掉了人的社会性和实践性，注意到创造文化的过程，却忽视对文化成品的研究。这两种倾向，或者"见物不见人"，或者"见人不见物"，都导致文化研究中内化过程和外化过程的割裂、主体和客体的脱节，因此无法深刻而实在地把握文化的本质。事实上，在人类从事社会生产（物质生产和精神生产），创造文化的过程中，"主体是人，客体是自然"[②]，而文化便是人与自然、主体和客体在实践中相统一的产物。因此，文化的出发点即是从事改造自然（进而改造社会）的实践活动的人。有了人，就开始有了历史；有了人，也就开始有了文化。人创造了文化，同样文化也创造了人自身。"有意识的生产活动直接把人跟动物的生命活动区别开来。"[③] 所以，文化的实质性含义是"人类化"，是人类价值观念在社会实践过程中的对象化，是人类创造的文化价值，经

---

① 《自然辩证法》，《马克思恩格斯选集》第3卷，人民出版社1972年版，第551页。

② 《〈政治经济学批判〉导言》，《马克思恩格斯选集》第2卷，第88页。

③ 马克思：《1844年经济学—哲学手稿》，人民出版社1979年版，第50—51页。

由符号这一介质在传播中的实现过程，而这种实现过程包括外在的文化产品的创制和人自身心智的塑造。简言之，凡是超越本能的、人类有意识地作用于自然界和社会的一切活动及其产品，都属于广义的文化；或者说，"自然的人化"即是文化。"动物只生产自己本身，而人则生产整个自然界"①，人的有意识的活动（实践）改造了自然，使其获得人类的灵气，一块天然的岩石不具备文化意蕴，但经过人工打磨，便注入了人的价值观念，进入"文化"范畴。人打磨石器的过程，人在打磨石器过程中知识和技能的提高，在打磨石器中人与人结成的相互关系，以及最后成就的这件包蕴着人的价值取向的石器，都是文化现象，都属于文化学研究的范围。与"自然"相对称的"文化"，是一种社会历史现象，它具有区别于动物本能的人类性，由不同的民族生活、语言、心理而决定的民族性，阶级社会中的阶级性等属性。

有一种观点认为，劳动是一切财富和一切文化的源泉。这种观点只强调人类的主体活动，而将主体活动的客观条件——自然和社会排斥在文化生成机制之外，从而把文化看作一种主观随意的产物。事实上，自然界是文化产生的基石，劳动本身也是自然力的表现，社会是文化得以运动的须臾不可脱离的环境。人类的劳动与劳动的对象和环境共同提供了文化产生和发展的源泉。文化创造是人类的劳动与自然及社会交相作用的过程，在这一过程中，人不仅改变外部世界，使之适应人类的需要，而且也不断改造人类自身的性质、自身的内在世界，诸如观念、情感、思想、能力等等。总之，主体与客体在实践中的统一，正是历史唯物主义文化观的理论基点。

---

① 马克思：《1844 年经济学—哲学手稿》，第 50—51 页。

三、文化结构简析

文化是主体与客体在人类社会实践中的对立统一物。这一观点既是把握文化的实质内蕴的出发点，也是剖析文化结构的钥匙。粗略言之，文化可划分为技术体系和价值体系两极。技术体系指人类加工自然造成的技术的、器物的、非人格的、客观的东西；价值体系指人类在加工自然、塑造自我的过程中形成的规范的、精神的、人格的、主观的东西。而技术体系和价值体系又经由语言和社会结构组合成文化统一体。这个文化统一体便是所谓广义文化。

广义的文化包摄众多领域，诸如认知的（语言、哲学、科学思想、教育）、规范的（道德、信仰、宗教、法律）、艺术的（文学、美术、音乐、戏剧、建筑的美学部分）、器用的（生产工具，衣食住行的器具，以及制造这些工具和器具的技术）、社会的（制度、机构、风俗习惯）等方面。它们都是人的创造性活动驰骋的天地，人自身也正是在这一天地里成长并受其制约。考古学上的"文化"比较接近于广义文化。它指同一时期、同一地域具有共同特征的考古遗存的总体，通常以首次发现地点或特征性的遗迹、遗物命名，如仰韶文化、龙山文化、彩陶文化、黑陶文化等等，考古学上的文化包括人类的精神创造和物质创造两个侧面，但其探讨的重点在物而不在人。此外，人们通常所说的中国是"声明文物之邦"①，也是一个广义文化的概念。声，指语言、音乐；明，指光彩、色彩，包括服饰、绘画；文，指文字、文法、文体、文学、文献；物，指经人类加工过

---

① 《左传·桓公二年》："文物以纪之，声明以发之。"吕祖谦《秦晋迁陆浑论》："伊洛之民，居中华声明文物之地。"

的、为人所用的各种器物。可见，古人已经意识到，精神产品、物质产品同为人所创造，共同反映着一种文明水平，因此，应当寻求某种含摄双方的统一的表达方式。

文化的价值体系相当于狭义的文化，它与特定民族的生产方式和生活方式相适应，是以语言为符号传播的价值观念和行为准则。这种观念形态的文化（或曰精神文化），与经济和政治相对应，是社会的经济和政治的反映，又给予巨大影响和作用于社会的经济和政治。狭义文化即观念形态文化，作为信息的传播及保存系统，具有知识性特征，它是对广义文化的记载。观念形态的文化知识，记载了人类累代的文化创造和文化传播内容，成为人类文明成就得以传承的载体，成为无限广大的，不停流逝着的广义文化的"摹本"。当然，我们并不倾向于将狭义文化，即精神文化单纯理解为"知识的总和"，不主张把人降格为知识的容器，把人的大脑看作一部包罗万象的词典，而把文化理解为人的活生生的世界观，理解为一种永无休止的创造力。诚如意大利马克思主义者葛兰西所说，文化并非知识的杂凑，而是"某种完全不同的东西。它是一个人内在的自我的组织和训练；它是对一个人自己人格的占有；它是对一种优越意识的征服，在达到这一征服的地方，理解一个人自己的历史价值，在生活中的作用，权利和责任才成为可能"①。这是一种实践的、能动的、洋溢着主体精神的文化观。我们所要研讨的中国文化，主要是这一意义上的精神文化。

在研究作为世界观和创造力的整合的精神文化时，又不能与精神的物化形态截然两分，这是因为，"历史从哪里开始，思

---

① 参见俞吾金：《葛兰西的文化观及其启示》，《复旦学报（社会科学版）》，1986年第四期。

想进程也应当从哪里开始"①，人类观念形态文化的发展历程，是与整个历史，因而也是与物质文化的历史交织在一起的。这是由于：首先，观念形态的文化总是受制于并附丽于一定的物质条件，如音乐演奏需要乐器，美术创作离不开颜料、笔墨纸砚和画布之类，文学的流传仰赖印刷、纸张等物质材料，更毋庸说人类从事一切精神文化活动必须在解决衣食住行等物质生存条件之后方能进行，正所谓"来牟（小麦）率育而大文发焉"②；其次，观念形态的文化又是以物质世界和人类的物质创造以及作为物质实体的人自身为表现、描绘或研究对象的；其三，人类的物质创造，人类的经济活动和政治活动凝结着智慧、意向和情绪，例如，一座建筑，当然是物质文化成品，但这座建筑又包含着人（建筑者乃至使用者）的科学思想、价值意识、审美情趣等观念形态的综合成就，并且体现出人的生活习俗、行为定势的规定性要求，实际上是精神的物化或物化了的精神。作为"人化的自然"的这幢建筑，是物质文化、精神文化，以及介乎二者之间的行为文化彼此紧密结合的整体。因此，不作物质文化与精神文化的大体区分，固然难以进行文化学和文化史学的研究，但将两者截然割裂，既不可能，也无必要，这正像人的脑和手无法分离，它们有机地统一于人和人的实践一样。

　　将文化硬性地区别为物质的和精神的，其不妥之处还在于，作为人类化现象的文化不仅指人类创造活动的结果，而且包括创造、分配、消费文化成果的过程本身。文化的某些表现形态，或者是指人在社会实践和思维中的趋势，或者是指人类加工自然和社会的实践活动，尚处在物质变精神，精神变物质的过程

---

① 《马克思恩格斯选集》第 2 卷，第 122 页。
② 王夫之：《诗广传》卷五。

之中，很难用物质与精神划然两分的办法加以归类。从文化形态学角度，宜于将文化视作一个包括内核与若干外缘的不定型的整体，从外而内，约略分为几个层次——

由人类加工自然创制的各种器物，即"物化的知识力量"构成的物态文化层，它是人的物质生产活动方式和产品的总和，是可触知的具有物质实体的文化事物，构成整个文化创造深刻的物质基础；

由人类在社会实践中组建的各种社会规范构成的制度文化层；

由人类在社会实践，尤其是人际交往中约定俗成的习惯性定势构成的行为文化层，它是一种以礼俗、民俗、风俗形态出现的，见之于动作的行为模式；

由人类在社会实践和意识活动中长期氤氲化育出来的价值观念、审美情趣、思维方式等主体因素构成的心态文化层，这是文化的核心部分。

这里所谓的"心态文化"，大体相当于"精神文化"或"社会意识"这类概念。而"社会意识"又可区分为社会心理和社会意识形态两个层次。社会心理指人们日常的精神状态和道德面貌，是尚未经过理论加工和艺术升华的流行的大众心态，诸如人们的要求、愿望、情绪、风尚等等，我国古代，朝廷设置专门机构，致力于"观俗""采风"，便是着意于掌握社会心理，以期"移风易俗"；近人梁启超力倡"新民说"，鲁迅深入探讨"国民性"，也属于把握并改造社会心理一类工作。社会心理较直接地受到物质文化和制度文化的影响与制约，并与行为文化交融互摄，相为表里。社会意识形态则指经过系统加工的社会意识，它们往往是由文化专门家对社会心理这一中介进行理论的或艺术的处理，曲折地，同时也更深刻地反映社会存在，并以物化形态（如书籍、绘画、雕塑、乐章等）固定下来，播之四海，传于后世。对心态文化中"社会心理"和"社会意识形态"这两个层次加以区分，并认识到社会心理是社会意识形态赖以加工的原材料，对于文化研究具有特殊的启示意义——我们不能只是一味关注经由文化专门家加工过的，定型了的"社会意识形态"（即所谓"精英文化"或"雅文化"），还必须将视线投向社会意识形态与社会存在之间的介质——不定型的，作为潜意识存在的社会心理（即所谓"大众文化"或"俗文化"）。只有同时把握精英文化和大众文化、定型的书面文化和不定型的口碑文化，认真研讨社会心理与社会意识形态之间的辩证关系，才有可能真正认识某一民族、某一国度精神文化的全貌和本质。

此外，依与社会存在关系的疏密程度，又可将社会意识形态区别为基层意识形态（如政治理论、法权观念）和高层意识形态（如科学、哲学、艺术、宗教）。作为基层意识形态的政治思想和法权观念，是经济基础的集中表现，与社会存在保持着较密切的联系，但它的产生和发展仍然要经过社会心理这一中间环节的作用。作为高层意识形态的科学、哲学、文学、艺术、宗教，其终极根源当然也要追溯到社会存在，尤其是经济土壤之中；但它们是"更高的即更远离物质经济基础的意识形态"[1]，具有较强的独立性，"在这里，观念同自己的物质存在条件的联系，愈来愈被一些中间环节弄模糊了。但是这一联系是存在着的"[2]。社会存在通过一系列介质方作用于这类高层意识形态，而社会心理和基层意识形态便是其间的介质。"一定的'心理'是在人们之间的一定的关系的基础上出现，这是再明白不过的

---

[1][2]　《路德维希·费尔巴哈和德国古典哲学的终结》，《马克思恩格斯全集》第 21 卷，第 348 页。

了。而哲学思想和艺术创作的一定派别则是在这种'心理'的基础上发展的"[1]。对于哲学的发展而言，"经济在这里并不重新创造出任何东西，但是它决定着现有思想资料的改变和进一步发展的方式，而且这一作用多半也是间接发生的，而对哲学发生最大的直接影响的，则是政治的、法律的和道德的反映"[2]。

文化诸层次，在特定的结构——功能系统中融为统一整体。这个整体既是前代文化历时性的累积物，具有遗传性、稳定性，同时又在不断变化着的生态环境影响下，内部组织不断发生递遭和重建，因而又具有变异性、革命性。而文化整体中的不同成分，其遗传和变异的情形又是很不平衡的，某些部分传统的力量强大，相对稳定，变异缓慢；某些部分遗传制约比较松弛，因而变异也比较迅速。

一般而言，与社会发展的活跃因素——生产力关系直接的物态文化，新陈代谢的节奏较快，而制度文化和行为文化作为社会规范和行为定势，则带有较浓厚的保守性格。

在构成文化内核的心态文化层中，经由文化专门家创作加工，注入了丰富的个性色彩的种种社会意识形态（如各种哲学、社会科学理论及文学、艺术思潮），由于是创造性思维的产物，往往具有活跃的变异性，尤其在社会变革时代，可以在短期内屡屡发生新旧更替，甚至在同一作者那里出现"今是而昨非"的情形。与此成反照的是，作为社会意识形态的背景和基础的社会心理，诸如潜藏在大众历史生活中的价值观念、审美情趣、思维方式所构成的"民族性格"，因为是一种感性直觉的"潜意

---

[1]　《普列汉诺夫哲学著作选集》第 2 卷，第 229 页。有关普列汉诺夫论社会心理与社会意识形态的思想观点，参见何梓焜：《普列汉诺夫哲学思想述评》，中山大学出版社 1987 年版。

[2]　《恩格斯致康·施米特》，《马克思恩格斯全集》第 37 卷，第 490 页。

识"或"集体无意识"，难以被自觉地把握和改变，从而具有顽强的稳定性和延续力，与社会生产力和社会制度的变异不一定形成直接而迅速的对应性效应，往往历时悠远而情致不衰，所以被人们称作"文化的深层结构"。当然，"文化的深层结构"并非神授天与的凝固物，而是一个在特定的生态环境中孕育出来的生命机体，随着自然与社会环境的改造，随着心态文化层中理性部分的变异造成的影响，作为"潜意识"或"集体无意识"的"文化深层结构"也在演化和重建，不过速度相对缓慢、不易为人觉察而已。

与文化的"浅层结构"和"深层结构"相对应的一组概念是"显型文化"和"隐型文化"，它们是按照人们对文化诸形态的自觉把握程度加以区分的。作为具有符号性特征的显型文化，是可以从外部加以把握的各类文化事实，物质文化、制度文化、行为文化、物化了的精神文化共同组成这种文化事实；隐型文化则是一种"二级抽象"，它是潜藏在各类文化事实背后的知识、价值观、意向、态度等等。文化外在的显型式样和内在的隐型式样构成两位体的统一物，前者是后者的外部表现和形态，后者是前者的内在规定和灵魂。而文化史学的重要任务之一便在于研究"文化心态"，即通过显型文化把握精深微妙的隐型文化，透过一个民族文化的文字和事实构成的种种表现形态认识这个民族的精神特质。

文化是一个完整的有机整体，这个有机整体的运动历程便是文化史。"整体大于局部相加之和"，部分对整体的决定作用不是直接实现的，而是通过结构实现的，文化的各个局部通过特定的结构，组成文化整体，并创造出整体自身的功能。因此，文化学和文化史学应当在分门别类的、个案的研究的基础上，重视整体、宏观的研究，而且这种整体的、宏观的研究，又不是个案的、微观的研究拼盘。我们应当注意文化与环境（自然环境与社会环境）的结构关系，这便是文化的"外结构"研究；与此同时，我们还应当注意文化自身的结构关系，这便是文化"内结构"研究。只有在整体高于局部之和的观念指导下，将内结构和外结构的研究有机结合起来，才有可能再现文化和文化历史的整体性，才有可能洞察悠久而博大的中国文化的生成机制、内在特质及发展趋势。

四、文化史在历史学科中地位的确立和发展

"文化"既然是一个不断运动、演化着的生命过程，因此只有通过"史"的研究，方能真正把握"文化"。

史学是一门古老的学科，但在史学发展的漫长历程中，文化史获得独立地位的时间却并不久远。

世界各民族的历史学都有一个领域逐渐扩大的过程。古代史学主要限于政治史，以及与之紧密相联的军事史。国家和国家的统治者曾经是历史的主角，史学的任务在于叙述国家的演变和统治者的功勋或罪孽。富于人文色彩的中国古代史学比较注意文化现象的记述，历史典籍中多有关于诸子、艺文、经籍、典章、方伎、学案等文化问题的研究成果，《荀子·非十二子》《庄子·天下》《史记·论六家之要指》《淮南子·要略》、刘歆的《七略》，二十四史中的《艺文志》《经籍志》《儒林传》《道学传》，近古学者编撰的《伊洛渊源记》《明儒学案》《宋元学案》《清儒学案》《汉学师承记》《宋学渊源记》等，已具有某一断代学术文化史的雏形，《艺文类聚》《册府元龟》《太平御览》等类书更辑录了相当丰富的文化史素材。但就总体而言，中国传统史学仍然以政治史、军事史为主要内容和基本线索，

正如梁启超所说"旧史皆详于政事而略于文化"①,旧史乃"二十四姓之家谱而已"②,"《左传》为'相斫书'"③。梁氏的这些论断,不仅切合我国古代史学,也切合许多其他国度的古代史学。被西方誉为"历史之祖"的希腊史学家希罗多德(前484—前425)所著《历史》,虽然对文化在历史进程中的作用有一定程度的认识,但主要篇幅用于叙述希腊—波斯战争的过程,对于当时希腊极其丰富多彩的文学、艺术、科学、哲学现象较少涉笔。与希罗多德同时代的另一史学家修昔底斯,本人便是雅典十将军之一,曾指挥色雷斯一带的军事,他留下的史著《伯罗奔尼撒战史》,更极少提及这一时期灿烂的希腊文化成就。罗马统治者凯撒(前101—前44)既是政治家、军事家,也是史学家,他所撰写的八卷《高卢战记》,记述了他对高卢人、日耳曼人的一系列战争;三卷《内战记》,记述了他战胜庞培的经过。至于欧洲中世纪的史学,更有忽视文化的倾向,犹太史、教会史构成其史学体系的基本内容,《圣经》引文成为证明和论据,其权威不可置疑,切实的文化研究,几乎全然排斥于史著之外。文艺复兴时期,人文主义崛起,史学家解释历史,神学气息渐趋淡化,纯世俗的原因成为注意的中心,文化及文化人开始跻身史著。然而文化史在历史学中据有堂堂正正的地位,则以西欧十八世纪启蒙运动为端绪。

把史学从政治史、军事史扩大到文化史、经济史、工商业史、科技史,是启蒙时代史学的重大贡献之一。在这一时代,文化史开始成为一门独立的历史学科。这方面劳绩最著者是法国启蒙思想大师伏尔泰(1694—1778)。伏尔泰把历史看作理性与迷信的斗争过程,他不满意囿于帝王将相活动的编年史,力

---

① 《中国近三百年学术史》,东方出版社 1996 年版,第 290 页。
②③ 《新史学》,《梁启超选集》,上海人民出版社 1984 年版,第 278 页。

主将人类社会生活各个方面都纳入史学研究的范围。他在《论风俗》的序言中宣称，他的著作的目的，"不在于指出某年某个可耻的君主继另一个残暴的执政者之后"，而在于指示"主要民族的精神、风俗、习惯"①。他高度肯定精神文化对人类进步的作用，认为数千次战争没有给人类带来任何利益，而莫里哀、笛卡儿的著作将成为后人永久快乐的源泉。他在一封致友人的信件中写道："连接两海的运河闸门、蒲桑的画、优秀的悲剧、新的真理的发现，都比所有宫廷的编年史和所有战争小说有千百倍的价值。"②伏尔泰本人的史学实践更活生生地展现了文化史的丰姿，他的力作《路易十四时代》描绘了法国路易十四执政时期社会生活的全景，其中包括艺术和民俗、战争与外交、科学与技艺，成为近代文化史的滥觞。伏尔泰以后的两个世纪间，西方涌现了大批文化史著作。英国史学家巴克尔（1821—1861）的《英国文明史》、格林（1837—1883）的《英国人民简史》，瑞士史学家布克·哈特（1818—1897）的《希腊文化史》《意大利文艺复兴时期的文化》等著作进一步突破传统史学限于上层政治的狭小格局，把研究视野扩展到物质生产、经济关系、社会制度、人民生活方式、思想意识及各种文化现象。如格林的《英国人民简史》不是帝王将相主持的政治和战争的历史，而是一部英国人民的社会经济和文化的历史，写英国诗人乔叟的篇幅多于写英法百年战争中的克里西大战，写最早把印刷术传入英国的篇幅，多于写红白玫瑰战争。在这种把社会、民族及其文化视作历史主体的思想支配下，19世纪下半叶以后，文化通史、国别文化史、各类文化专史在西方如雨后春笋般出现。

① 《论风俗》，《伏尔泰全集》1877年巴黎，加尼埃版，第11卷，第157—158页。

② 《伏尔泰全集》第33卷，第506页。

我国"五四"前后，伴随着中西文化论战的展开，现代意义上的文化史研究工作揭开序幕。首先是一批西方人所著的文化史著作被翻译介绍到中国来，如桑戴克（Lynn Thorndike）著、冯雄译的《世界文化史》，作为大学丛书的一种，传播较广；日本人所著的中国文化史，也有数部被译介，其中影响较大者为高桑驹吉原著、李继煌译述的《中国文化史》，此外还有白河次郎、国府种德的《支那文明史》、田国卯吉的《中国文明小史》、中西牛郎的《支那文明史论》等。与译介外国人著作相同时，有些中国学者还仿效其体例，参酌其史观，自行编撰中国文化史专著。梁启超可谓这方面的开山者，他有一个撰写中国文化史的大型计划，但仅写出其中的《社会组织篇》，便因辞世而中辍。后来，顾伯康在20年代末，柳诒徵、陈登原在30年代分别撰写的《中国文化史》相继问世。此间还有常乃德的《中国文化小史》、杨东莼等的《本国文化史大纲》、陈国强的《物观中国文化》出版。抗日战争时期则有钱穆的《中国文化史导论》、陈竺同的《中国文化史略》面世①。解放以后，由于各种因素的综合，导致文化史研究在某种意义上的中断。就学术原因而论，由于"左派幼稚病"的盛行，人们把历史唯物主义片面理解为经济决定论和唯阶级斗争论，并将一些文化史著作简单地以"文化史观"（历史唯心主义的一种形态）加以否定。这样，广义文化史被社会发展史所取代，狭义文化史则被分解到思想史、哲学史、宗教史、科技史、史学史、学术史之中，很少有人从"文化史"的宏观角度作综合性或专科性考察。因此，三十余年来，虽然文化史涉及的各个分支大有进展，为今天的文化史研究奠定了前所未有的雄厚基础，但就文化史的正

---

① 参见朱维铮：《中国文化史的过去和现在》，北京大学出版社《中国古代文化史论》。

面展开而言，则过于沉寂，文化史概论、文化通史、断代文化史、各类文化专史均寥若晨星。这无疑影响了我们对全部历史深刻、完整的把握，形成一种"跛足史学"。而这一切又是在"马克思主义历史科学"的名义下进行的，从而给世人造成一种歪曲了的"马克思主义历史科学"的形象。

事实上，19世纪中叶形成，以后又不断发展的马克思主义对文化和文化史给予特殊的重视。马克思和恩格斯批判经济学中见物不见人的倾向，把"经济人"看作人类生活的扭曲和堕落，他们在从事经济研究中，将人作为经济学的主体纳入考察对象，这样，经济学使我们透过物看到了人及人创造的文化。马克思还指出，人类在创造世界的实践中创造了自己，这种活动称为对象化，其基本形式是劳动。劳动，即人的对象化创造了"第二自然"，也就是文化，从而将人类同自然区分开来。这是对文化本质属性的深刻揭示。马克思主义关于经济基础与上层建筑、社会存在与社会意识相互关系的唯物辩证的阐释，马克思主义经典作家对于从原始社会到资本主义社会各形态的文化发展历经的深入考察（如在《德意志意识形态》《家庭、私有制和国家的起源》等著作中所进行的），更直接为文化史研究提供了范例。

马克思主义诞生以后，在文化史研究领域中出现过两种与科学的唯物史观相对立的倾向。其一是"文化决定论"，认为"意见决定历史"，思想或价值观念是社会行为的终极动因；而作为思想、价值观念集合的文化，其发生、发展只是文化自身运动的结果，或者仅仅是由自然环境和种族特征决定的，与社会经济基础和生产方式无关，人类社会和历史的发展归因于文化的盛衰。其二是庸俗的"经济决定论"，把人以及人创造的文化看作是由经济范畴操纵的傀儡。前一倾向主要流行于西方资产阶级学术界，后一倾向则在国际共产主义运动中产生过不小影响。

马克思主义经典作家在与唯心史观作斗争的过程中，详尽阐明了一个重要的事实——物质生活的生产方式制约着整个社会生活、政治生活和精神生活的过程；每一历史时代主要的经济生产方式与交换方式以及必然由此产生的社会结构，是该时代政治和精神的历史所赖以确立的基础，并且只有从这一基础出发，这一历史才能得到说明。承认这一基本事实，史学研究，其中包括文化史研究才立足于坚实的地基之上。我们不能赞成"文化决定论"，乃是因为我们不能脱离这个地基，正像不能揪住自己的头发脱离地球一样。当然，唯物史观又决非如有些人所曲解的那样，经济因素是唯一决定性的因素。恩格斯在晚年反复申述："政治、法律、哲学、宗教、艺术等的发展是以经济发展为基础的。但是，它们又都互相影响并对经济基础发生影响。并不是只有经济状况才是原因，才是积极的，而其余一切都不过是消极的结果。"[1] 恩格斯还指出："青年们有时过分看重经济方面，这有一部分是马克思和我应当负责的。我们在反驳我们的论敌时，常常不得不强调被他们否认的主要原则，并且不是始终都有时间、地点和机会来给其他参预交互作用的因素以应有的重视。"[2] 恩格斯去世以后，第二国际的机会主义领导人进一步发展了"过分看重经济方面"的偏颇，把马克思主义，尤其是唯物史观歪曲成一种单纯的经济决定论，把上层建筑和观念形态的文化视作被动的附庸。而西方学术界的某些人（如马克斯·韦伯），或者是出于误解，或者是有意曲解，竭力把马克思主义描绘成一种忽视人的历史主动性，忽视文化的能动作

---

① 《马克思恩格斯全集》第 39 卷，第 199 页。
② 《马克思恩格斯全集》第 37 卷，第 462 页。

用，否定观念力量的经济唯物主义并加以攻击。应当说，我国解放后史学一度成为单纯的政治史，或政治史加经济史，一方面是"重政务，轻文化"的传统史学影响的结果，另一方面则是犯了恩格斯所批评的"过分看重经济方面"的错误。因此，肯定"文化"在历史中本来所具有的旺盛活力，科学地阐释历史进程中文化与经济、政治的辩证关系，肯定历史的主体——实践着的人的创造性功能，肯定上层建筑、意识形态既受制于经济基础、社会存在，又具有独立性和巨大的反作用力，把人类的经济、政治、文化活动看作一个活生生的生命整体，只有这样，才能恢复马克思主义历史科学的完整形象，才能生动、丰富地描绘出历史的全貌，准确、深刻地揭示历史自身的运动规律。

第二讲　中国文化史的基本概念

　　中国文化史是中华民族在中国创造文化的历史，中国文化与外域文化的交互关系，也是题中应有之义。如果将中国文化史比喻为波澜壮阔、起伏跌宕的多幕戏剧，"中国"便是演出舞台，"中华民族"是演出主体，"文化"是演出内容。我们研习中国文化史，应当了解舞台、主体和内容，厘清相关的基本概念，这是登堂入室的前提之一。

　　"中国"、"民族"、"文化"、"文明"都是汉语古典词，然其在近现代都发生了深刻的内涵演变，这种演变正是古与今、中与西文化交会的产物。诚如陈寅恪 1936 年在《致沈兼士》中所云："凡解释一字，即是作一部文化史。"诠释"中国"等语，确需追迹历史的古今推衍。

一、释"中国"

　　作为中国文化演出舞台的"中国"，是一个耳熟能详的词语，然而，其内涵却经历了曲折的流变：从古代的天下中心之义，演变为近代的与世界列邦并存的民族国家之名。

中国之"中"，甲骨文、金文像"有旒之斾"（有飘饰的旗帜），士众围绕"中"（旗帜）以听命，故"中"又引义为空间上的中央，谓左右之间，或四方之内核；又申发为文化或政治上的枢机、轴心地带，所谓"当轴处中"。

中国之"国"，繁体作"國"，殷墟甲骨文字，周初金文出现"或"字，指城邑。《说文》："邑，國也，从口"，原指城邑。古代的城，首先是军事堡垒，口（音围）示城垣，其内的"戈"表示武装，引申为天子之都、诸侯辖区、城中、郊内等义。

综论之，"中"指居中集众之旗，引申为中心、中央；"国"指执戈捍卫之城，引申为军事、政治中心地。"中国"以整词出现，较早见于周初，如青铜器《何尊》铭辞①、最早的传世文献《尚书·周书》② 均有用例，《诗经》《左传》《孟子》等先秦典籍也多用此词。

"中国"初义是"中央之城"，即周天子所居京师（首都），与"四方"对称，如《诗经·大雅·民劳》云："民亦劳止，迄可小康，惠此中国，以绥四方。"毛传释曰："中国，京师也。"《孟子·万章》云："夫然后之中国，践天子位。"这里的"中国"均指居天下之中的都城，即京师，诚如刘熙为《孟子》作注说："帝王所都为中，故曰中国。"

由京师义的"中国"有多种引申，一如诸夏列邦，即黄河

---

① 《何尊》记周武王克商，延告上天曰："余其宅兹中国，自之乂民。"参见于省吾《释中国》，载《中华学术论集》，中华书局 1981 年版。
② 《尚书·周书·梓材》追述周成王说："皇天既付中国民，越厥疆土于先王。"

中下游这一文明早慧、国家早成的中原地带，居"四夷"之中①；二如国境之内②；三如中等之国③；四如中央之国④，等等。使用频率最高的，是与"四夷"对称的诸夏列邦义的"中国"，如三国时诸葛亮对孙权说："若能以吴越之众与中国抗衡，不如早与之绝。"唐时韩愈上《佛骨表》云："夫佛者，夷狄之一法耳，自后汉时传入中国，上古未尝有也。"这些"中国"，皆指居"四夷"万邦环绕的核心地带。其近义词则有中土、中原、中州、中夏、中华等。古人心目中的世界，形态为"天圆地方"，所谓"中国"，是以王城（或称王畿）为核心，以五服（甸、侯、宾、要、荒）或九服（侯、男、甸、采、卫、蛮、夷、镇、藩）为外缘的方形领域⑤，其中心明确而边缘模糊，在春秋时期，约含黄河中下游及淮河流域，秦、楚、吴、越等尚不在其内，但这些边裔诸侯强大起来，便要"问鼎中原"，试图主宰"中国"事务。至战国晚期，七国都纳入"中国"范围，《荀子》《战国策》诸书所论"中国"，已包含秦、楚、吴、越等地。秦一统天下后，"中国"范围更展延至长城以南、临洮（今甘肃）以东的广大区间，《汉书·西域传》说："及秦始皇攘却戎狄，筑长城界中国，然西不过临洮。"汉唐以降，"中国"的涵盖范围还更有拓展。

　　自晚周以降，"中国"一词还从地理中心、政治中心涵义派生出文化中心涵义。战国赵公子成的论述颇有代表性：

---

① 《诗经·小雅·六月》序："四夷交侵，中国微矣。"
② 《诗经·大雅》："文王曰咨，咨女殷商。女炰烋于中国，敛怨以为德。"《穀梁传·昭公三十年》注："'中国'，犹国中也。"
③ 《管子》按大小排列，将国家分为王国、敌国、中国、小国。
④ 《列子》按方位排列，将国家分为南国、北国、中国。
⑤ "五服"见《国语·周语》，"九服"见《周礼·夏官·职方氏》。

> 中国者，盖聪明绚智之所居也，万物财用之所聚也，贤圣之所教也，仁义之所施也，诗书礼乐之所用也，异敏技术之所试也，远方之所观赴也，蛮夷之所义行也。①

与公子成论战的赵武灵王则指出，夷狄也拥有可资学习的文化长处，如"胡服骑射"便利于作战，中原人应当借取。这又给"中国"的文化义赋予了某种开放色彩。

古人还意识到文化中心是可以转移的，故"中国"与"夷狄"往往发生互换，所谓"诸侯用夷礼则夷之，进于中国则中国之"。② 明清之际哲人王夫之（1619—1692）在《读通鉴论》《思问录》等著作中，对"中国"与"夷狄"之间文野地位的更替，作过深刻论述，用唐以来先进的中原渐趋衰落、蛮荒的南方迎头赶上的事实，证明华夷可以变易，"中国"地位的取得与保有，并非天造地设，而是依文化先进区不断流变而有所迁衍。

秦汉帝国建立后，"中国"领域放大，包括东南至于海、西北达于流沙的朝廷管辖的广阔区间。历代中国王朝版图多有伸缩，清乾隆二十四年（1759）大体奠定了中国疆域范围：北起萨彦岭，南至南海诸岛，西起帕米尔高原，东及库页岛，约1260万平方公里。19世纪中叶以后，西方列强攫取中国大片领土，由于中国人民的英勇抵抗，使领土避免更大损失。今日中国国土面积960万平方公里，仅次于俄罗斯、加拿大，居世界第三位。

我国古代多以朝代作国名（如汉代称"汉"、"大汉"，唐代称"唐国"、"大唐"，清代称"清国"、"大清"），外人也往

---

① 《史记·赵世家》。
② 韩愈：《原道》。

往以我国历史上强盛的王朝（如秦、汉、唐）或当时的王朝相称，如日本长期称中国人为"秦人"，称中国为"汉土"、"唐土"。有些朝代又自称"中国"，如元世祖忽必烈（1215—1294）派往日本的使臣所持国书，称自国为"中国"，将日本、高丽、安南、缅甸等邻邦列名"外夷"①。明清沿袭此种"内中外夷"的华夷世界观，并在这一意义上使用"中国"一词，但仍未以之作为正式国名。

"中国"作为与外国对等的国体概念，是在与西方国家建立条约关系时开始出现的。而欧洲自 17 世纪开始形成"民族国家"（Nation-state），并以其为单位建立近代意义上的国际秩序。清政府虽然对此并无自觉认识，却因在客观上与这种全然不同于周边藩属的民族国家打交道，因而需要以一正式国名与之相对，于是在 1689 年签订的《中俄尼布楚条约》里，开首以满文书写清朝使臣职衔，译成汉文是："中国大皇帝钦差分界大臣领侍卫大臣议政大臣索额图"，与后文的"斡罗斯（即俄罗斯）御前大臣戈洛文"相对应。如果说，17 世纪末叶与俄罗斯建立条约关系还是个别事例，此后清政府仍在"华夷秩序"框架内处理外务，那么，至 19 世纪中叶，西方殖民主义列强打开清朝封闭的国门，古典的"华夷秩序"被近代的"世界国家秩序"所取代，"中国"愈益普遍地作为与外国对等的国名使用，其"居四夷之中"的涵义逐渐淡化。第一次鸦片战争期间，中英两国来往照会公文，言及中方，有"大清"、"中华"、"中国"等多种提法，而"中国"用例较多，如林则徐《拟谕英吉利国王檄》说："中国所行于外国者，无一非利人之物"，以"中国"与"外国"对举。与英方谈判的清朝全权大臣伊里布（1772—

---

① 参见《元史·外夷传一》。

1843）《致英帅书》，称自国为"中国"，与"大英"、"贵国"对应，文中有"贵国所愿者通商，中国所愿者收税"① 之类的句式；英国钦奉全权公使璞鼎查（1789—1856）发布的告示中，将"极东之中国"与"自极西边来"的"英吉利国"相对应，文中多次出现"中国皇帝"、"中国官宪"、"中国大臣"②等名目。而汉文"中国"正式写进外交文书，首见于道光二十二年七月二十四日（1842 年 8 月 29 日）签署的中英《江宁条约》（通称《南京条约》），该条约既有"大清"与"大英"的对称，又有"中国"与"英国"的对称，并多次出现"中国官方"、"中国商人"的提法。③ 此后清朝多以"中国"名义与外国签订条约，如中美《望厦条约》以"中国"对应"合众国"，以"中国民人"对应"合众国民人"。④

　　古代中原人常在"居天下之中"意义上称自国为"中国"，但也有见识卓异者发现，"中国"并非我国的专称，异域也有自视"中国"的。曾西行印度的东晋高僧法显（约 342—约 423）说，印度人以为恒河中游一带居于大地中央，称之为"中国"⑤。明末来华的耶稣会士利玛窦（1552—1610）、艾儒略（1582—1649）等带来世界地图和五洲四洋观念，改变了部分士人的中央意识，使之省悟到，"按图而论，中国居亚细亚十之一，亚细亚又居天下五之一……戈戈持此一方，胥天下而尽斥为蛮貉，得无纷井底蛙之诮乎"⑥。清人魏源（1794—1857）接触到更翔实的世界地理知识，认识到："释氏皆以印度为中国，他为边

---

①② 中国史学会主编：《中国近代史资料丛刊·鸦片战争》，神州国光社 1954 年版，第 445、450 页。

③④ 参见王铁崖编：《中外旧约章汇编》第 1 册，三联书店 1957 年版，第 30—33 页。

⑤ 法显：《佛国记》。

⑥ 瞿式耜：《职方外纪小言》。

地……天主教则以如德亚为中国，而回教以天方国为中国。"①
近代学人还著文说："若把地球来参详，地球本是浑圆物，谁是
中央谁四旁?"② 这都是对传统的"中国者，天下之中也"观念
的理性反思与修正。

　　近代中国面临西方列强侵略的威胁，经济及社会生活又日
益纳入世界统一市场，那种在封闭环境中形成的虚骄的"中国
者，天下之中"观念已日显其弊，具有近代意义的"民族国家"
意识应运而生，以争取平等的国际关系和公正的国际秩序。而
一个国家要自立于世界民族之林，拥有一个恰当的国名至关重
要，"中国"作为流传久远、妇孺皆知的简练称号，当然成为首
选。梁启超（1873—1929）、汪康年（1860—1911）等力主扬弃
中国是"天下之中"的妄见，继续使用这个自古相沿的国名，
以遵从传统习惯，激发民族精神。他们指出，以约定俗成的专
词作国名，是世界通则，西洋、东洋皆不乏其例。③ 而近代兴起
的反殖民主义、反帝国主义运动，更赋予"中国"以爱国主义
内涵，"中国者，中国人之中国，非外人所得而干涉也"④，便是
在近代民族国家意义上呼唤"中国"，现已成为国民共识。"大
清"和"中国"在清末曾并列为国名，交替使用，而在辛亥革
命以后，"中国"先后作为中华民国和中华人民共和国的简称，

---

　　① 《海国图志》卷七四。
　　② 皮嘉佑：《醒世歌》。
　　③ 参见梁启超：《中国史叙论》，《饮冰室合集》文集之六，中华书局
1989年版。汪康年《汪穰卿先生遗文》第13页："吾国古来自称中国，对于
四夷言之也……盖名称之源于古者，或不免有所错误，而承袭既久，安能革
之。即西人之各种名称，似此者多矣。安能一一革之乎。又如日本二字，今
日核之于理，岂有当乎。"
　　④ 《论中国之前途及国民应尽之责任》，《湖北学生界》第3期（1903
年4月）。

以正式国名被国际社会普遍承认，广泛采用。

本文在全面观照"中国"的古典义和现代义及二者的因革转化的基础上，使用"中国"一词。"中国文化史"正是在作为历史范畴的"中国"这一逐步扩展的广阔空间得以生发、演绎的。

二、释"中华民族"

在中国这片广袤、丰腴的大地上生活劳作的各族人民，统称中华民族。

民族，泛指历史上形成的，处于不同社会发展阶段的各种人群共同体。从时序划分，有原始民族、古代民族、现代民族。中国古籍表述这一概念的有"民"、"族"、"种"、"部"、"类"等单字词，也有"族类"、"族部"（《说文》）、"民群"、"民种"等双字词。其核心单字词"族"，原义"矢锋"（箭头），引申为众。《说文》曰："族，矢锋也，束之族族也……众矢之所集。"徐笺："矢所丛集谓之族。"集合意的"族"，演为具有相似属性的人群集合的专称。中国自古注重族群文化心理的同一性，《左传·成公四年》称，"非我族类，其心必异"即此之谓。

古汉语的"族"、"族类"，是区分"内华夏、外夷狄"的旧式民族主义概念，而双音节的"民族"一词，乃是近代民族主义概念，以往多认为是从日本输入的。作为单一族群的日本人，在前近代已完整地具备民族诸要素（共同地域、共同经济生活、共同语言、共同心理），故西方近代民族主义一传入即迅速风行。明治时期日本学者将"民"与"族"组合成"民族"一词，对译英语 Nation，19、20 世纪之交，经中国留日学生和政治流亡者将这一新术语传入中国，故清末使用"民族"一词的学人多有游日经历。然而，考索词源，"民族"作为整词出现，并非始于日本。早在19世纪上半叶，入华西方新教传教士、日耳曼人郭实腊（1803—1851）等编辑的《东西洋考每月统记传》道光十七年（1837）九月号载《约书亚降迦南国》中，已创译"以色列民族"一语，此为汉字整词"民族"的较早出现。咸丰、同治间文士王韬（1828—1879）1874年所著《洋务在用其所长》中也出现"民族"一词。上述两例均在日制"民族"一词之前，但属于零星个案，并未产生影响。至清代末叶，伴随着近代"民族国家"观念的勃兴，日制"民族"一词传入中国，逐渐为人使用，如1895年第二号《强学报》、1896年《时务报》皆有例证。1898年6月，康有为（1858—1927）给光绪皇帝上《请君民合治满汉不分揭》，其有"民族之治"一语。1900年章太炎（1869—1936）《序种性》一书中有"自帝系世本推迹民族"①的论说。此后，梁启超《东籍月旦》（1902）、吴汝纶（1840—1903）《东游丛录》（1902）都使用"民族"一词，梁启超在《新民说·论自由》中更强调："今日吾中国最急者……民族建国问题而已。"提出建立近代意义上的"民族国家"的任务，其内容有"完备政府"、"谋公益"、"御他族"等。当然，多民族的中国较之单一民族的日本，建立近代民族国家情况复杂得多，就清末而言，首先面临满洲贵族对数量巨大的汉族的民族压迫问题，孙中山（1866—1925）1904年在《中国问题的真解决》中便是以此为症结议论"民族"的，1905年他在《民报发刊词》中对"民族"和"民族主义"又作系统阐发，虽有"排满"之议，却又有更宏阔的视野，并与西方近

---

① 章太炎：《检论·序种姓上》，《章太炎全集》第3册，上海人民出版社1984年版，第365页。

代民族主义对接。辛亥革命后，民族主义超越"排满"，成为争取全中国诸民族共同权益，以自立于世界民族之林的新思想，旧式民族主义正式向近代民族主义过渡，"民族"一词自此广泛使用，成为常用汉字词。

"中华"是"中国"与"华夏"的复合词之简称，较早出现于华夷混融的魏晋南北朝，《魏书》《晋书》多有用例。[①]"华"通"花"，意谓文化灿烂，所谓中国"有服章之美，故谓之华"[②]。华夏先民建国黄河中游，自认中央，且又文化发达，故称"中华"。《唐律名例疏议释义》说：

> 中华者，中国也。亲被王教，自属中国，衣冠威仪，习俗孝悌，居身礼义，故谓之中华。

所论"中华"，已淡化地理方位的中心性，突出文化上的先进性。1367 年，朱元璋命徐达北伐讨元，其檄文有"驱逐胡虏，恢复中华"的著名口号，这种与"胡虏"对称的"中华"，指汉族及汉文化传统。至近代，"中华"则逐渐成为指认全中国的一种文化符号。梁启超 1902 年著《论中国学术思想变迁之大势》，其有如下句式：

> 四千余年之历史未尝一中断者谁乎？我中华也。
> 盖大地今日只有两文明：一泰西文明，欧美是也；二泰东文明，中华是也。

---

① 《魏书·礼志》："下迄魏晋，赵秦二燕，虽地处中华，德祚微浅。"《魏书·宕昌传》也有用例。《晋书·刘乔传》："今边陲无备豫之储，中华有杼轴之困。"

② 《左传·定公十年》："裔不谋夏，夷不乱华。"孔颖达疏："中国有礼义之大，故称夏，有服章之美，故谓之华。"

这是在中国文化的一以贯之性上指认"中华"的。

由"民族"与"中华"组成的复合词"中华民族",出现于晚清,曾与"中国民族"同位并用。梁启超 1902 年在上引同文中,首用"中华民族"一词,联系上下文,是指在中国土地上的诸族之总称。此前在 1901 年,梁氏《中国史叙论》中多次出现"中国民族",也指历来生息于中国的诸族总称。1905 年孙中山组建同盟会,其誓词有"驱除鞑虏,恢复中华"一语,是对朱元璋讨元檄文口号的袭用。与之同时,章太炎在《中华民国解》中使用"中华民族"一词。孙、章此间所说"中华"和"中华民族",均指汉族,这与革命派推翻清王朝统治的政治目标相关。而与章氏的"排满革命"展开论辩的立宪派杨度(1874—1931),在《金铁主义说》中则从中国诸族文化共同性出发,论述"中华"和"中华民族":

> 则中华之名词,不仅非一地域之国名,亦且非一血统之种名,乃为一文化之族名……华之所以为华,以文化言可决之也。故欲知中华民族为何等民族,则于其民族命名之顷,而已含定义于其中。以西人学说拟之,实采合于文化说,而背于血统说。华为花之原字,以花为名,其以形容文化之美,而非以之状态血统之奇。①

此论扬弃民族的体质人类学标准,而取文化人类学标准,超越肤色、形貌等血统、种族属性,从创造共同文化、形成类似心理这一关节点上阐明"中华民族"精义。辛亥革命以后,

---

① 《杨度集》,湖南人民出版社 1986 年版,第 374 页。

孙中山倡言"合汉、满、蒙、回、藏诸族为一人——是曰民族之统一"①。此即"五族共和"说。1912 年 3 月黄兴等成立"中华民国民族大同会"，不久改称"中华民族大同会"，孙中山盛赞该会"提携五族共路文明之域"的宗旨。② 李大钊（1889—1927）1917 年著《新中华民族主义》，主张对古老的中华民族"更生再造"，在中国诸族融合的基础上形成"新中华民族"。孙中山 1919 年著《三民主义》，阐述新的民族主义：汉族"与满、蒙、回、藏之人民相见于诚，合为一炉而冶之，以成一中华民族之新主义"。孙氏晚年力主中华民族自求解放，中国境内各民族一律平等。③ 总之，经过近代以来历史进步的长期熏染，"中华民族"的涵义确定为中国诸族之总称，对内强调民族平等，对外力争民族解放、国家独立。现在人们普遍在这一意义上使用"中华民族"一词。

"中华民族"既有悠远深邃的历史渊源，又在近代民族国家竞存的世界环境中得以正式铸造，费孝通指出：

> 中华民族作为一个自觉的民族实体，是近百年来中国和西方列强对抗中出现的，但作为一个自在的民族实体，则是在几千年的历史过程中形成的。④

在近代，逐步走出封闭状态的国人，面对西方列强进逼的世界格局，民族国家观念觉醒，这种观念既受到世界新思潮的启迪，又深植于中国诸族在数千年历史进程中形成的共同命运和近似

---

① 《孙中山全集》第 2 卷，中华书局 1982 年版，第 2 页。
② 《临时政府公报》第 56 号，1912 年 4 月 3 日。
③ 《孙中山全集》第 9 卷，中华书局 1986 年版，第 118 页。
④ 费孝通：《中华民族多元一体格局》，中央民族学院出版社 1989 年版，第 36 页。

文化心理之中，诚如梁启超所说：

> 凡遇一他族而立刻有"我中国人"之一观念浮于其脑际者，此人即中华民族一员也。①

中国历来是多民族国家，自古居于中原的华夏——汉族与周边少数民族长期互动共存。历史上影响较大的少数民族，东北有乌桓、鲜卑、高丽、室韦、契丹、女真等，北方有匈奴、乌孙、突厥、回纥、蒙古等，西南有氐羌、吐谷浑、吐蕃、西南夷，南方有武陵蛮、僚、瑶、苗、黎等。经长期的民族融合、民族迁徙，形成中国境内今之诸族，合为中华民族。中华民族呈"多元一体格局"，"它所包括的五十多个民族单位是多元，中华民族是一体"②。多元中的统一，统一中的多元，使得中华民族的历史进程和现实格局色彩缤纷、生机勃勃，在多样性中保持强劲的凝聚力。

多元一体的中华民族，共同创造了绚烂多姿的中华文化，并不断传承、光大之。以文学为例，汉族有诗经、楚辞、汉赋、唐诗、宋词、元曲、明清小说的辉煌；诸少数民族也有卓越的创造，如藏族史诗《格萨尔王》、蒙古族史诗《江格尔传》、维吾尔族的《阿凡提的故事》、彝族的《阿诗玛》等都是彪炳千秋的杰作。而且，在汉文学精品中，也渗透着少数民族的贡献，汉化蒙古人③蒲松龄（1640—1715）著《聊斋志异》、旗人曹雪芹（？—1763）著《红楼梦》便是明例。又如医学方面，汉族医术渊深博大，藏医、蒙古医也别具异彩，且与汉医相互启迪、

① 梁启超：《中国历史上民族之研究》，《饮冰室合集》专集之四十二。
② 费孝通：《中华民族多元一体格局》，第1页。
③ 关于蒲松龄的祖先族属，学界有多种说法，未有定论。——编者注

补充。总之，现存56个民族，以及迁徙、消亡了的民族（如匈奴、党项、契丹等），都对中华文化作出了不可磨灭的贡献。

三、释"文化"、"文明"

"文化"是一汉语古典词，又在近代被借以翻译西洋对应词，从而被赋予新的内涵。

文化由"文"与"化"组合而成，是"人文化成"、"文治教化"的省称。

"文"原指各色交错的纹理[1]，引申为包括文字在内的各种象征符号[2]，又具体化为文书典籍[3]，文章[4]，礼乐制度[5]，与"武"对应的文治、文事、文职[6]，与"德行"对应的文学艺能[7]；又引申为修饰、人为加工，与"质"对称[8]，与"实"对称[9]。条理义的"文"，又用以表述自然现象的脉络，组成"天文、地文、水文"等专词；用以表述人伦秩序，则组成"人文"。

"化"，指二物相接，其一方或双方改变形态性质，由此引

---

[1]　《说文解字》："文，错画也，象交文。"王注："错者，交错也，错而画之，乃成文。"

[2]　《左传·昭公元年》："于文皿虫为蛊。"杜预注："文，字也。"

[3]　《尚书·序》："古者伏羲氏之王天下也，始画八卦，造书契，以代结绳之政，由是文籍生焉。"

[4]　《汉书·贾谊传》："以能诵诗书属于文，称于郡中。"

[5]　《论语·子罕》："文王既没，文不在兹乎?"朱熹《集注》："道之显者谓之文，盖礼乐制度之谓。"

[6]　《尚书·武成》："王来自商，至于丰，乃偃武修文。"

[7]　《论语·学而》："弟子入则孝，出则悌，谨而信，泛爱众而亲仁，行有余力，则以学文。"

[8]　《论语·雍也》："质胜文则野，文胜质则史，文质彬彬，然后君子。"

[9]　《二程粹言》卷一："理者，实也，本也；文者，华也，末也。"

申出教化①、教行②、迁善③、感染④、化育⑤诸义。

"文"与"化"配合使用，首见于《周易·贲卦》的《象传》：

> 观乎天文，以察时变；观乎人文，以化成天下。

此一名论，以天象有"文"（即条理）可循，比拟人伦亦有"文"可循，观察此"人文"（人间条理），用以教化世人，便可成就平治天下的大业。这种"人文化成"的设想，是中华先哲对"文化"的理解，形成一种区别于"神文"倾向的"人文"倾向。

"文化"构成整词，始于西汉末年经学家刘向（约公元前77—前6）的《说苑·指武》："凡武之兴，为不服也，文化不改，然后加诛。"这是在与武力相对应的意义上使用"文化"一词。与此相似的用例有晋代束皙的"文化内辑，武功外悠"⑥。另外还有在与宗教神性相对应的意义上使用"文化"一词的，如南齐王融的"设神理以景俗，敷文化以柔远"⑦。总之，作为整词的"文化"，是"文治"与"教化"的合称，已沿用近两千年；而如前所述，包含"人文化成"、"文治教化"内蕴的各种短语、句式，则早在先秦多有用例，已传延两千余年。

"文化"获得现代义，是在日本人以此词对译西洋术语的过

---

① 《周易·乾卦》："善世而不伐，德博而化。"
② 《说文》："化，教行也。"
③ 《荀子·不苟》："神则能化矣。"注："化，谓之善也。"
④ 《吕氏春秋·大乐》："天下太平，万物安宁，皆化其上，乐乃可成。"
⑤ 《礼记·乐记》："和，故百物皆化。"
⑥ 束皙：《补亡诗》，《文选》。
⑦ 王融：《三月三日曲水诗序》。

程中开始的。日本是汉字文化圈的一员，在古代已接受并广为使用包括"文化"在内的成批汉字词。19 世纪的"明治维新"期间，日本大规模译介西方学术，其间多借助汉字词意译西洋术语，而选择"文化"对译英语及法语词 Culture 便是一例。由此，"文化"在汉字古典义的基础上，注入了来自西方的新内涵。这种源于中国的古汉语词，在日本对译西洋术语时赋予新涵义的例子，除"文化"外，还有"文学"、"革命"、"共和"、"社会"、"经济"、"自由"、"物理"等一系列关键词，它们又经游学东洋的中国学人逆输入中国。故"文化"等词语在近代经历了"中—西—日"之间的概念旅行。研习文化史，应当留意同一词形所包含概念的古今演化和中西转换，并考察古今变更与中西交会二者间的互动关系。

英文和法文 Culture 的词源是拉丁文 Cultura，其原形为动词，有耕种、居住、练习、留心、注意、敬神诸义，以物质生产为主，略涉精神生产，总意是通过人为努力摆脱自然状态。16、17 世纪，英文和法文的 Culture（德文对应词为 Kultur）词义逐渐由耕种义引申为对树木禾苗的培养，进而指对人类心灵、知识、情操、风尚的化育，从重在物质生产转向重在精神生产。

与"文化"涵义相近的古典词是"文明"。"文明"之"文"，指文采、文藻、文华；"明"指开明、明智、昌明、光明。联合而成的"文明"，其义：从人类的物质生产（尤是对火的利用）引申到精神的光明普照大地。唐人孔颖达疏解《尚书·舜典》的"睿哲文明"时说"经天纬地曰文，照临四方曰明"。孔颖达疏解《周易·乾·文言》的"见龙在田，天下文明"说："天下文明者，阳气在田，始生万物，故天有文章而光明也。"便揭示此种意蕴。中国古典也有将"文明"视作进步状态而与"野蛮"对应的，如李渔《闲情偶寄》称"辟草昧而致文明"即为用例。

以"文明"对译 Civilization，始于入华新教传教士郭实腊编的中文期刊《东西洋每月统记传》（1833—1838），虽然该刊出现"文明"一词不下 10 处，但这一译词当时在中国影响不大。明治时期的日本学人在译介西洋术语时，注意了对"文化"与"文明"两词的区分：以"文化"译 Culture，以"文明"译 Civilization。而与"文明"对译的英文词 Civilization 源于"城市"，表示城镇社会生活的秩序和原则，是与"野蛮"、"不开化"相对应的概念。明治维新的中心口号之一"文明开化"，以及 1875 年出版的福泽谕吉（1834—1901）的名著《文明论概略》，都是在与"野蛮"对应的意义上使用"文明"一词的。福泽谕吉还参考欧洲的文明史观，将人类历史划分为"野蛮—半开化—文明"三阶段。明治间日本文明史观的翻译书和日本人自著出书甚多，"文明"成为流行语，吃"文明饭"（西餐）、跳"文明舞"（西式交际舞）、挂"文明棍"（西式拐杖）成为一时风尚。黄遵宪、康有为、梁启超、汪康年等采纳日本这一译词，自 19 世纪末也多在与"野蛮"、"半开化"相对的意义上使用"文明"一词。如梁启超 1896 年在上海主笔的《时务报》上，便多次出现"文明之奇观"、"外国文明"、"文明大进"、"文明渐开"、"文明之利器"等语。梁氏 1898 年在日本主编的《清议报》，则并用"文明"、"文化"，其"西洋文明"、"西洋文化"的涵义相同。中国人认真区分"文明"与"文化"，始于胡适。胡氏 1926 年刊发《我们对于西洋近代文明的态度》一文，将文明（Civilization）定义为"一个民族应付他的环境的总成绩"，将文化（Culture）定义为"一种文明所形成的生活方式"。张申府于同年发表《文明或文化》则称，"文化是活的，文明是结果。"我们今天不一定采用这些定义，但胡、张等人区分文明与文化两概念，对中国人的文化研究无疑是一种向精确方向的引导。

文化和文明都是人类现象，但二者所涵盖的历史内容又有差异："文化"的本质内涵是"自然的人化"，人通过有目的的劳作，将天造地设的自然加工为文化。而"文明"则是文化发展到较高阶段，或泛指对不开化的克服（前引诸例即在这种意义上使用"文明"一词），或指超越蒙昧期（旧石器时代）和野蛮期（新石器时代）的历史阶段。进入"文明"阶段的标志有三：文字的发明与使用、金属工具的发明与使用、城市的出现。故中国的文化史长达百万年之久，而进入使用文字的金属时代的文明史约四千年。

文化（Culture）作为内涵丰富的多维概念被众多学科所探究、阐发，开端于近代欧洲。这是因为，历经文艺复兴、启蒙运动的欧洲人意识到风俗、信仰、观念、语言都是一个历时性的动态过程；率先开辟世界市场的欧洲人还发现，人类文化呈现共时性的多样化状貌。在这两种批判性观察的激发下，形成了对"文化"加以总体把握和分类研究的诉求。19世纪以后，文化逐渐成为一个中坚概念，被人文科学和社会科学普遍使用。比尔斯父子在《文化人类学》中指出：

> "文化"的概念是19世纪、20世纪的一大科学发现，其内容是，人类的行为之所以不同于其他种类动物的行为，是因为它受文化传统的影响和制约。

这是把"文化"视作人类与动物相区别的标志。英国文化学家泰勒（1832—1917）1871年在名著《原始文化》中给文化下的定义是：

包含知识、信仰、艺术、道德、法律、习俗，以及人作为社会一员所获得的一切其他才能和经验在内的综合体。

这是被视作经典的广义文化界说。此后，古典进化论学派、文化传播学派、文化功能学派、文化历史学派、文化心理学派、文化结构学派等竞相定义文化。克鲁伯与克拉克洪合撰《文化概念的批判性评注与定义》，列举160余种文化定义，归纳为六类：列举描述性的，历史性的，规范性的，心理性的，结构性的，遗传性的。克鲁伯还在《文化的性质》中说，文化概念的发现，是19世纪以来人类学史和社会科学史上的重大成就，其意义完全可以同哥白尼日心说对自然科学的贡献相提并论。

文化的本质内蕴是自然的人化，是人的价值观念在社会实践中对象化的过程与结果，包括外在文化产品的创制和内在心智、德性的塑造，因此，文化分为技术系统和价值系统两大部类，前者表现为器用层面，是人类物质生产方式和产品的总和，构成文化大厦的物质基石；后者表现为观念层面，即人类在社会实践和意识活动中形成的价值取向、审美情趣、思维方式，凝聚为文化的精神内核。这两者便是通常所说的物质文化（或曰器物文化）和精神文化（或曰观念文化）。介于两者之间，还有制度文化和行为文化，前者指人类在社会实践中建构的各种社会规范、典章制度，后者指人类在社会交往中约定俗成的风习、礼俗等行为模式。包括物质、精神、制度、行为四层面的文化，是广义文化；作为不停运行的广义文化在观念领域摹本的精神文化，是狭义文化，狭义的"文化"常与"政治"、"经济"并列使用。

文化史，顾名思义，是以"文化"的发展历程为对象的历史科学，是专门史的一个门类。既然"文化"有广义、狭义之别，文化史的研究范围也有宽有窄。19 世纪西方兴起的新史学，把广义文化纳入研究视野，试图从文化学角度揭示历史发展的真实因素。英国史学家巴克尔的《英国文明史》、德国历史学家柏恩海姆的《历史方法教本》、美国历史学家鲁滨逊的《新史学》、英国史学家汤因比的《历史研究》等即是代表作。日本明治时期出现的多种文明史论著，也属于这种广义文化史。梁启超鉴于中国传统史学以君主和王朝为本位，力倡以民族的文化创造历程为对象的"新史学"，他所设计的《中国文化史目录》，包括朝代篇、种族篇、政制篇、法律篇、军政篇、教育篇、交通篇、国际关系篇、饮食篇、服饰篇、学术思想篇等 28 篇。这种涵盖物质、精神、制度、行为四个层面的文化史，与以政治史为主线的通史相区别。而以广义文化为史书的展开部，是梁氏将文化理解为"人类心能所开积出来之有价值的共业"在史书编纂上的体现。

以广义文化为对象的文化史，超越了以帝王将相为主角、以王朝兴衰为线索的传统史学，这无疑是一大进步，理应为后起的文化史学所继承与发扬。然而，广义文化史又因对象的庞杂而难以把握，论者和读者往往会作歧路亡羊之叹，于是便有在广义文化背景下研究狭义文化（精神文化）的理路出现。本来，思想史、哲学史是研究精神、观念历史的学科，而狭义文化史则另辟蹊径：思想史、哲学史主要借助先代遗存的哲思文献，直接把握观念的历史进程，文化史当然也要以史典提供的观念性材料作依托，同时更用力于对器物、制度、行为等具象世界的把握，从具象世界透见民族的文化性格。文化史又不同于以器物的发明、生产、交换为对象的科技史、工艺史、经济史，而重在发现隐藏在物象背后的一个民族的心灵史，所谓

"即物求理"、"观象索义"。文化史当然也不是诸观念史（文学史、艺术史、史学史、哲学史、宗教史等）的拼合，而是着眼于对诸观念侧面的综合考察，通过对物化的精神和精神的物化的双向探求，了解族群、民族、国家的文化性格的生成机制、基本特色和发展走势。

以上便是"文化史"的特殊属性和富于个性的研究理路。

第三讲　中国文化史分期

一

现代意义上的中国文化史撰述，是二十世纪才得以展开的，近百年出版了几十部文化通史和断代史①。中国文化史的研究在三个时期较为热烈：一是二十世纪初，二是三四十年代，三是八十年代至今。由于对"文化"的界定和"文化史"所应描述的内涵外延理解各异，各个时期研究的侧重点有所不同，对中国文化史的总体把握也各有差别，不同时期各个学者对中国文化史的分期问题，亦即如何描述中国文化发生、演化过程中的阶段性问题存在着不小分歧。

尽管迄今为止很少有学者对中国文化史分期正面提出讨论，

---

① 参见中国社会科学院近代史研究所近代文化史研究室编：《八十年来有关中国文化史论著资料目录（一）》，《中国文化研究集刊》第三辑，复旦大学出版社 1986 年版。

但综观各家史著，都分别自有体系，逐段叙述，其分期主张是不言自明的。

夏曾佑在 1902 年出版的《最新中学中国历史教科书》（1933 年商务重版时改名为《中国古代史》）中，将中国历史分作三大阶段：上古世，草昧传疑时代至于周末（春秋战国）；中古世，秦汉的极盛时代至于唐代；近古世，宋至于当今（本世纪初）。夏氏所作的中国史分期，实为现代中国人中国文化史分期之嚆矢。

民国初年梁启超曾发表《中国史叙论》，作为中国通史的纲领，在此文中他把中国史划分为上世史、中世史和近世史三段。上世史自黄帝至于秦统一，是"中华民族自发达自争竞自团结之时代"，"实汉族自经营其内部之事务，当时所涉者，惟苗种诸族类而已"，为"中国之中国"时期；中世史，自秦统一至清代乾隆末年，是"中国民族与亚洲各民族交涉繁颐竞争最烈之时代"，这一阶段"自形质上观之，汉种常失败，自精神上观之，汉种常制胜"，为"亚洲之中国"时期；近世史，自乾隆末以至于今日（辛亥革命初），是"中国民族合同全亚洲民族，与西人交涉竞争之时代"，为"世界之中国"时期，是"将来史之楔子"①。众所周知，任公曾经拟定《中国文化史目录》，包括种族、政制、法律、教育、交通、服饰、学术等二十八篇，可见他对中国史的阶段划分，实际上也就是对中国文化史的阶段划分。

或许受到夏曾佑、梁启超的影响，或许是相互影响，日本学者内藤湖南的"内藤假说"也提出中国史三分法，他在一系列文章中对此作了完整的表述：上古时期，从盘古迁殷到东汉

---

① 梁启超：《饮冰室文集》乙丑重编卷三四，商务印书馆1925年版，第25页。

中期，是中国文化形成并向四方扩展的时期，是中国文化史的幼年，喜欢接受新的挑战，极富创造性；中古时期，东晋开始至于唐朝末年（公元 4 世纪初至 10 世纪初），是中国文化史上的青壮年时期，建功立业，不避烦难，勇往直前；近世时期，宋、元、明、清四大王朝，宋元为近世前期，明清为近世后期，君主独裁政治建立，与之相对应的中国官僚群体最后形成，庶民（平民）出现并与君主独裁政治对立，中国文化进入老年时期。内藤在上述三个时期中还加入了两个过渡时期。

在内藤湖南等人的影响下，日本史学界主要是京都学派当中，基本奠定了中国史三分法（上古、中古、近世）的构架。尽管后来以前田直典等人为代表的东京学派对此提出了强烈的批评，宇都宫清吉、西嶋定生等人对此也作了大量的修正，但三分法仍然深刻地影响着日本的史学界。他们大多以整个东亚文化圈为背景，来考虑中国文化的作用力度和演进过程[1]。

柳诒徵在 1924 年出版的《中国文化史》中，也将中国文化史分为三个阶段：第一期，邃古至两汉，是"吾国民族本其创造之力，由部落建设国家，构成独立文化之时期"；第二期，东汉迄于明季，是"印度文化输入吾国，与吾国固有文化牴牾而融合之时期"；第三期，自明季迄于今日（民国），"是为中印两种文化均已就衰，而远西之学术、思想、宗教、政法以次输入，相激相荡而卒相合之时期"。此种三段论的划分显见得受到梁启超等人的影响。同一时期陈登原、陈安仁、夏光南等人的文化史著作也基本沿用了这一思路。

在三段论之外，还有其他一些分期方法，例如 1928 年出版的常乃德著《中国文化小史》（上海书局，"新文化丛

---

① 参见刘俊文主编：《日本学者研究中国史论著选译》第一、二卷，中华书局 1992 年出版。

书"），就将中国文化史分为八个时期：一是自太古至西周的宗法社会时期；二是自春秋战国时代的宗法社会破裂后文化自由发展的时期；三是秦汉两代统一安定向外发展的时期；四是魏晋六朝民族移徙、印度新文化输入的时期；五是隋唐两代民族间同化成功、新文化出现的时期；六是晚唐五代宋朝民族能力萎缩、保守思想成熟的时期；七是元明清与西方文化接触逐渐脱新的时期；八是晚清以至民国大革新的时期。此类分期方法没有摆脱按朝代更替来进行叙述的窠臼，为后来一般的通史所习见。

中华人民共和国成立以来中国历史分期的基本思路是，将马克思主义的社会形态五阶段论与中国之具体史实进行对接工作；众所周知，有关中国古史分期问题的争论，曾长期成为历史学界的主要课题。从二十世纪五十年代到八十年代的三十年间少有文化史方面的专著问世，也没有就中国文化史的分期问题展开讨论，人们思考中国文化史的阶段划分当然也就没有脱离这种主流分析方法的影响。

二十世纪八十年代以来的"文化热"，实际上是从"文化史热"开始的。但是也没有正式就中国文化史的分期问题展开讨论，不过从这十多年间出版的若干文化史专著中，可以窥见学界对中国文化史分期问题的思考。以下略举几部著作中的分期观点。

李宗桂的《中国文化概论》（中山大学出版社 1988 年出版）。把中国文化史分作五期：一是孕育期，殷周时期；二是雏形期，春秋战国；三是定型期，秦汉；四是强化期，魏晋至明；五是转型期和衰落期，清代到"五四"。

徐仪明等《中国文化论纲》（河南大学出版社 1992 年出版），将中国文化史分作四个时期：一是萌芽期，上古至西周；

二是奠基期，春秋战国；三是成熟期，秦至明末；四是转化期，明末至"五四"。

张凯的《中国文化史》（北京燕山出版社 1992 年出版），将中国文化史分作三阶段：一是上古文化，殷商至秦朝；二是中古文化，西汉至清；三是近代文化，鸦片战争至五四运动。

胡世庆的《中国文化通史》（浙江大学出版社 1996 年出版），将中国文化史划分为七个阶段：夏代到西周、春秋战国、秦暨两汉、魏晋南北朝、隋唐五代、北宋至明初、明中叶到清代鸦片战争爆发。

近年翻译出版的《东亚文明：五个阶段的对话》，使我们可以看到二十世纪八十年代美国汉学家狄百瑞从东亚文明的视角对中国文化史所作的四个阶段的划分："（一）形成阶段（约公元前 11 世纪至公元 2 世纪），这时古典的中国发展了她的基本观念和体制，它们后来成为其他东亚民族古典遗产的一部分；（二）佛教时期（公元 3 世纪至 10 世纪），其间在东亚占统治地位并到处弥漫着的文化力量是大乘佛教，而各种本土的传统则存活在基层之中；（三）新儒学时期（公元 11 世纪至 19 世纪），其中新儒学在新的社会与文化活动中占有领导地位，而佛教则在当时的群体基层中奋力以求生存；（四）近代，这一时期，扩张中的西方文明冲击着东亚的沿岸，冲刷着这些古老的岩石。"狄百瑞认为，在每一个阶段都存在着占主导地位的"思想分享或思想交流"，即所谓"对话"。第一阶段的对话，主要在儒家、墨家、道家和法家之间；第二阶段则是在佛家和其他东亚国家的本土传统之间；第三阶段，是在新儒家与佛家之间；第四阶段，主要是在新儒家与西方文明之间①。

---

① 狄百瑞：《东亚文明：五个阶段的对话》，何兆武、何冰译，江苏人民出版社 1996 年版，第 2—4 页。

<h1 style="text-align:center">二</h1>

要对上述种种分期方法加以评判，首先必须讨论的是，应该以什么标准来划分中国文化史的段落。

显然，西方文化史的分期标准和分期方法并不适用于中国。在西方文化史中，古代、中世纪、近代三段的划分，与欧洲的民族、文化、地域之特殊性有密切的关系。如西方的古典（古代）文化即是所谓"地中海时代"，以希腊—罗马文化为重心，中世纪文化则转向西欧，以拉丁人和日尔曼人的文化为重心，近代文化即所谓"大西洋时代"，西班牙、葡萄牙、不列颠及其一支北美文化都先后成为世界文化的主角。显而易见，西方文化的三段式划分与其民族的兴衰、地域的转移互为表里，西方文化史的演进历程就意味着文化主角的更换和文化舞台的转移。换言之，不同时期的西方文化，属于不同的历史主体——民族，而且又是活动在不同的地域范围内。同时还应该注意到，此种三段式的划分本质上将世界其他地方的文明置之计外，如古代的日尔曼、中世纪的东方和北美、近世的印度和东亚以及澳洲等"域外"文化都为"欧洲中心论"所漠视。

中国文化的发展轨迹与西方文化大有不同，其相异之处在于，地域、民族、国家和文化这四者合为一体，同此一指。在中国，文化的整合通过国家集权来实现，文化的延续通过改朝换代来实现，文化的辐射通过疆域盈缩来实现，文化的涵化通过夷夏互动来实现。地域、民族、国家和文化这四者的统一性和连续性，使得中国文化不像西方文化那样，由于种族斗争之胜败和政治中心之转移而造成文化的突发性中绝或大空间转移，因而中国文化史也不能像西方文化史那样简单地划分为古典（古代）、中世纪和近现代三段。中国文化自有其独自的成长、完善过程，中国文化史的阶段划分，也应自有其独特的标准。

我们以为，应当着重从以下四个方面加以考虑：

1. 首先要考虑到中国文化独有的延续性和自我完结性。作为世界上少有的几大原生文化之一，中国文化没有中绝或明显的突破，而是绵延不断，代有开新，汤因比所谓文明都要经过"萌芽"、"成长"、"挫折"、"解体"这几个阶段的结论，在某种意义上来说对中国文化并不适用。正如有日本学者所说："从广义的'中国文化发展史'来说，东洋史有一套系统，但它的文化本质并不因时代而变化，而是与时代同时变得更广更深。"①中国文化的发展历程中虽然也有"萌芽"（三代）、"成长"（秦汉）、"挫折"（如五胡乱华、元蒙、契丹、女真入主中原），但没有所谓"解体"的过程，即使异族入侵，也是"进入中国则中国之"，他族文化对中国文化一般都能认同，所以中国文化没有解体，只有"转折"或"转型"，即中外（如胡汉、中印、中西）文化在碰撞、冲突中实现涵化、整合，从而达到中国文化的扩延、接力、传承。如果不承认这一点，那么对中国文化史进行分期便无从说起了。

2. 只有关注中国文化与外来文化之间的整合、互补过程，方可确定中国文化的世界地位。因为如果仅仅局限于中国本土文化内部，缺乏必要的世界参照，便很难准确地把握中国文化的发展过程。梁启超的"中国之中国"、"亚洲之中国"、"世界之中国"的确很能说明中国文化的历史过程。从世界范围来说，16世纪以前，世界各文化间的冲突都是区域性的冲突，中国文

---

① 宇都宫清吉：《东洋中世史的领域》，《日本学者研究中国史论著选译》第一卷，第124页。

化也基本以亚洲范围内农耕文明与游牧文明间的冲突为主，这期间北方的匈奴、鲜卑、突厥、契丹、蒙古、女真等族文化与汉族文化间的往返冲突融会是确立中国文化史的主要坐标。中原王朝尽管军事上屡有挫败，但总体说来中原农耕文化对游牧文化处于高势位，每每演出"征服者被征服"的戏剧。至于印度佛教的传入中土，则导致古代亚洲两个高水平文化的交汇，中国化佛教及吸收了佛学成果的新儒学（宋明理学）的产生，成为东汉以迄宋明的重要文化形态。在世界工业化时代到来之后，全球由分散走向整体，中国文化也不得不纳入到此种格局中去，于是有中国被动和主动的开放。同时，中国文化从中原扩展到东亚大陆，进而向亚洲其他地区辐射，以至发生世界性影响，这一历程具有明显的阶段性。总之，这种文化的空间变化与时间推演互为表里，应当作为中国文化史分期的重要视角。

3. 划分中国文化史的阶段性时应当充分观照到文化内涵的各个层面，无论物质文化、制度文化，还是行为文化和心理（精神）文化，都应当予以充分的考虑和全面的把握。因为中国文化是这些层面的总和，中国文化史是这些层面协同发展的辩证过程，不应当以某一层面的文化内涵来涵盖整个文化史丰富而复杂的内容。有的文化史著作径称"将观念形态的文化作为研究对象"，或称"从观念形态的角度去定义文化"，在这种视角下叙述中国文化史的历史进程，实际就是中国哲学史或中国思想史的移植，也容易把视野局限于精英文化层面。实际上，中国文化自原始巫祭时代开始，就分化为雅与俗即官与民二途，二者一显一隐、一彰一潜，时而平行演进，时而交叉互动，呈现出发展的不平衡性，而正是因为这种不平衡性，才使得中国文化史繁复多彩。从巫史文化到官学文化，再到后来的宫廷文化、官僚士大夫文化，这是雅（官）的一条线；下层民众的风俗习惯、时尚好恶虽然在历代正史中不登堂奥，但在新的文化史观中也应当是一条重要的线索，如文学中的国风、乐府、传奇、说书，都曾经由俗入雅，在中国文化史上放过异彩。雅俗之间平行发展又互相渗透，越到中国文化史的晚近期，越是趋于合流互融。如果不注意到此类现象，而仅仅将目光聚焦在观念形态层面的精英雅文化上，便很难准确、全面地把握中国文化史的发展脉络。

4. 还应当特别注意中国文化内部自身的运动规律。从时间和空间的关系上来说，随着中国文化的历时性演进，中国文化的空间中心也发生了渐进性的转移，这种文化中心的转移过程便很能说明中国文化史的历史阶段性。在工业文明到来之前，中国历史上政治中心、经济中心与文化中心既有重合的一致性，又有分离的互动性；一般说来，中国历史上的政治中心与文化中心是相互重合的、但是也不尽然，随着经济中心的转移，毫无疑问也引起了文化中心的历史性转移。总体观之，中国文化的中心呈现出由西而东、从北徂南的移动趋势。在唐宋以前，文化中心和政治中心、经济中心大致重合，沿渭河—河洛的长安—洛阳—开封一线作东西向移动。然而西晋以来，整个东亚文明的基本主题——农耕文明与游牧文明之间的冲突和融合——导致中原农耕文化的中心向东南转移。经西晋末年的"永嘉南渡"、唐朝中期的"安史之乱"和藩镇割据、宋代的"靖康之变"，中国文运南移的过程基本完成。唐宋以后，经济转输和政治斗争的空间运作都不再作东西向运动而是沿运河一线作南北向运动，文化中心也稳定在南方地区，形成了以长江中下游为核心的所谓"东南财富地，江浙人文薮"的局面。在上述过程中，文化中心和政治中心、经济中心曾经出现过分离。但最后终至和谐。诚如日本学者桑原骘藏所说："中国的文运不断南移，从这方面看中国的历史，也可以说是汉族文化南进的历史。魏晋以前中国文化的中枢在北方；南宋以后，中国文化的中枢移到南方；东晋以后至北宋末年约八百年间，是中国文化中枢的过渡期。"① 从这方面来说，中国文化史的阶段划分应当充分考虑秦汉与魏晋之间的转折、唐与宋之间的转折。

三

前文所述的几种三分法，要么以中国文化的世界地位为坐标，要么以中国历史的社会形态为线索，前者适合于作为中外文化交流史的分期准则，后者宜作中国社会史的分期准则，但作为中国文化史的分期方法则值得斟酌。而王朝演变的顺序也只能作为政治史分期的参照，文化的阶段性转折并不一定囿于朝代的更替。我们以为，讨论中国文化史的分期问题时，还是应该以中国文化（而不是社会、政治或其他）自身的演生、发展和转型过程为主线，再参照其他指标，方可得其精要。据此，我们将中国文化史划分为如下几个阶段。

一、前文明期：智人到大禹传子。

这是中国文化的史前期，它包括旧石器时代和新石器时代，相当于中国古史的传说时代。这一时期具有如下特点。

（1）我国境内分布广泛、数量众多的考古遗址表明，从旧石器时代到新石器时代的居民间，体质上存在着明显的承续、发展的人种学序列，基本上是在一个大的人种（蒙古）主干下

---

① 桑原骘藏：《历史上所见的南北中国》，《日本学者研究中国史论著选译》第一卷，第29页。

发生和发展的，还未发现西方人种的参入，中国人种西来说和中国文明西源论缺乏人类学依据。也就是说，中国石器时代文化是在相对单元的人种学基础上发展起来的，它对以后中国文化持续稳定的独立发展，起着重大作用①。

（2）经历了一百多万年的采集和渔猎活动，我国境内的原始人积累了丰富的动植物知识，大约在新石器时代开始了农业栽培和家畜驯养，中国无疑是世界农业起源的中心之一，包括稻作和旱作在内的丰富多彩的农业生产方式，奠定了有别于游牧方式的农耕文化的基石，由此决定了后来中国文化的许多实质性特点。

（3）中国前文明时期的文化遗址数量多、分布广，恰似"满天星斗"，它预示着中国文明的多元发生，然而其主体集中在黄河流域和长江流域及其南北不远的范围内，这与文献传说大致相符，徐旭生、蒙文通梳理出的华夏（河洛）、东夷（海岱）和苗蛮（江汉）三大先民集团，在近年来的考古发掘中得到了部分的证明②。

二、文明奠基及元典创制期：夏、商、西周至春秋、战国。

这是中国文化史的元典时代，像世界其他地区独自生成的文明系统一样，此一阶段已经奠定了中国文化的初步构架，后来影响中国文化乃至整个东亚文化达两千多年的许多特征在此阶段已初步显现。

（1）公元前二千年左右，在我国范围内普遍出现文字、青铜器、宫殿、祭坛等，中国文化开始进入文明阶段，这正与文

---

① 中国社会科学院考古研究所编：《新中国的考古发现和研究》，文物出版社1984年版，第193页。

② 参见徐旭生：《中国古史的传说时代》（增订本），文物出版社1985年版；刘式今：《试论中国文明的发祥地》，《考古与文物》1982年第4期。

献所载古史系统中的夏代相当，目前在豫西、晋西南进行的考古发掘正在揭开中国早期文明的面纱。

（2）中国青铜时代的诸特点，如铜锡合金、块范筑法、有特征性的器物类型及其组合，这些都与西方文明有所不同，尤其重要的是，中国青铜器优先用作礼器以象征王权及等级秩序，而不是像其他文明那样主要用作生产工具和战争兵器。

（3）天、地、人三大祭祀发达，尤其是祖先崇拜特别发达，这与早成的宗法制度和宗法观念互为因果，并孕育了中国文化的一系列特征，如慎终追远、重史立言等等。

（4）这一时期形成的《诗》《书》《礼》《易》《春秋》及《老子》《庄子》《论语》《孟子》等中华元典，系统地展现中华文化的中坚理念，人文精神、天道自然主义的宇宙生成论、忧患意识等，以及阴阳、道器、有无、理气等范畴，在诸子辩难、百家争鸣中已张扬开来，为后世中国文化的观念层面垂范作则，建造了中华文明的精神家园。

尽管这一时期华夏族的活动空间（"中国"）还很有限，尚没有对南北四方产生足够的作用力，但中国文明的基石已初步奠定，象形会意的汉字、儒墨道法等诸子思想、宗法伦理等都对后世影响甚巨。

三、一统帝国文化探索、定格期：秦汉。

从公元前 220 年到公元后 220 年的这四个多世纪，是一个连续的文化过程。如果向前追溯，一统帝国文化的端绪应该至春秋战国之际，因为其时所发生的中国文化史上的第一次社会大变革和文化大转型，已经寓含着政治大一统和文化大一统的契机①。秦汉大一统帝国的建立，汉民族在政治、军事以及所有的

---

① 顾炎武：《日知录》卷十三"周末风俗"。

内外事务上都表现出强劲态势，民族的文化原创力得到辉煌的迸发，并显示出帝国文化的外拓气象。这是"古代帝国的完成期"、"古代中国文化的总归结时代"①，它完成了对先秦多元文化的一统整合。

（1）中国文化的很多基本面貌都在秦汉时期固定下来。如度量衡的统一、文字的隶定，以及教育模式、户籍控制、官吏考选方式和经学、史学体系均格局大定，形成中国独具的特色，并在帝国内部有效实施。汉族的形成也在此一时期，汉语、汉字、汉方等沿用至今的文化成果，都在秦汉时代定型。

（2）在经过秦朝至汉朝前期百余年的探索、调适与磨合之后，大一统帝国的集权体制终于找到了一种与之相契合的意识形态，那就是发端于元典时代而又汲纳了道、法诸家的儒家文化。在统治集团倡导的"独尊"氛围下，儒家文化被经学化和官学化，"经学"成为至尊之学，两千年来规范着全民的视听言动。而在统治集团的实际运作中，却儒法兼采、王霸杂用（以董仲舒、汉武帝、汉宣帝的表述最为代表），这也成为后代专制集权统治的一般方略；士大夫间流行儒道互补的生活哲学，下层社会则辅之以潜行着的种种民间宗教。

（3）中国古代皇权更替、朝代循环的基本模式，在此一阶段形成并固定下来，对后来两千年的改朝换代和文化传承影响甚巨。这种模式是，在一个朝代内部，帝王按严格的宗法制世袭转让；但当一个王朝腐朽不堪维系，则有雄强者借势取而代之，出现"王侯将相，宁有种乎"的"皇帝轮流做"局面。农民战争或豪强夺权导致的改朝换代反复重演。正因为帝王世袭并不绝对可靠，于是统治者更加重视王权的神化和圣化，后代

---

①　宇都宫清吉：《东洋中世史的领域》，《日本学者研究中国史论著选译》第一卷，第128页。

的专制理论愈演愈炽。值得注意的是，改朝换代并没有引起文化中绝，尽管后继朝代"改正朔，易服色"，但总是自觉认同前代并实现文化接力，秦汉之际、两汉之际是如此，后来历代也是如此。

秦汉时期中国文化由多元走向一统，中原农耕文明在与周边游牧文明的冲突交融中，逐渐赢得强有力的控制地位。秦汉文化足以与南亚的孔雀王朝文化、欧洲的罗马文化相媲美，成为与亚欧大陆并峙的三大帝国文化之一。秦汉时期，既可以视为中国史前文化及元典时代之后的一个大完结、大整合，又可以视为后来的帝国文化乃至中国本土文化奠定模式的独立阶段，这四百多年自成循环，有始有终。

四、胡汉、中印文化融合期：魏晋南北朝至唐中叶。

这一阶段，中国文化开始大范围地与东亚、西亚、南亚文化进行涵化整合，踏上了"亚洲之中国"的道路。这一时期，与庄园经济和门阀贵族政治相表里，精神领域神学弥漫，儒、道、玄、佛深深地钳制着全社会的思想意识和文化门类。

（1）农耕文化与游牧文化之间的冲突与整合是这六百年间文化的一大主题。有别于秦汉的是，这一时期，华夏农耕文化的同化力有所减弱，北方游牧民族的压迫曾经造成各民族政权更迭、势力纷争、南北分治的局面；但是游牧文化无疑又给中国文化带来复壮和补强作用，继秦汉之后，隋唐成为又一帝国文化高峰，不能不说得益于充满阳刚精神的北方民族的"胡气"熏染，物质上如此，精神上也是如此。

（2）这五百年间，中国文化史的又一主题是来自南亚次大陆的佛教文化与中国本土文化之间的交互关系。佛教传入之初，也曾经与儒、道等文化体系相冲突，但最终不得不与中国的伦理规范、实用理性、崇拜模式、政治需求等相妥协、相融合；

经过排佛、灭佛、佞佛、援佛等过程，佛教逐渐实现中国化，并深刻影响中国文化的各个层面。尤其是隋唐时期，佛学宗派林立，禅声缭绕，成为中国学术史上的奇峰异峦；如果按照通行的说法将中国学术史分作七段（先秦子学、两汉经学、魏晋玄学、隋唐佛学、宋明理学、清代朴学、近代新学）。那么其中三段（魏晋玄学、隋唐佛学、宋明理学）是直接因为佛教影响而形成学术大势的，而这其中的二段（魏晋玄学、隋唐佛学）就在这一时期，后来的宋明理学也潜伏于此。

（3）这一时期，发生了中国文化的中心向东向南的转移过程。"安史之乱"后，中国的经济中心已经基本移至南方，所谓"赋出天下而江南居十九"，但文化中心的南移还没有最后完成，这五百年间正好是南移过程中的过渡和调适期。

五、近古文化定型期：唐中叶至清中叶。

唐宋之际继春秋战国之际以后，发生了第二次社会大变革和文化大转型，同时还引起东亚文化圈内朝鲜、日本等地文化相继发生变革。一些日本学者和欧美学者将此次大转折看作是中世纪（或称"中世"）向近代（或称"近世"）的转型①。陈寅恪则指出："唐代之史可分作前后两期，前期结束南北朝相承之旧局面，后期开启赵宋以降之新局面，关于政治社会经济

---

① 内藤湖南的《概括的唐宋时代观》认为："唐和宋在文化的性质上有显著的差异，唐代是中世的结束，而宋代则是近世的开始。"在其影响下，其他日本学者如西嵨定生、前田直典也有类似观点，参前田直典《古代东亚的终结》、宫崎市定《东洋的近世》。《日本学者研究中国史论著选译》第一卷，第10、135、153页。法国汉学家谢和耐把这一转折的结果概括为："11—13世纪期间，在政治、社会或生活诸领域中没有一处不表现出较先前时代的深刻变化……一个新的社会诞生了，其基本特征可以说已是近代中国特征的端倪了。"（《中国社会史》，江苏人民出版社1995年版，第257页）。

者如此，关于文化学术者亦莫不如此。"① 这次转型，规范了中国文化史后半段的大致框架。唐宋以降的一千年间，中国文化在自身的发展中，总体上已显示出走出中古文化故辙的种种动向，孕育了某些近代文化因子，可以称之近古文化期。

（1）唐代中叶以降，领主庄园经济破产，地主—自耕农经济定型：赋税制度也发生根本性变化，以两税法代替租庸调制为开端，以后宋明几代的赋税改革，越来越明确地把朝廷对平民的直接经济关系确立下来。政治上亦是如此，科举制度实行以后，门阀贵族淡出政治，官吏直接从地主和自耕农中考选，相对具有开放性和流动性。此种地主—自耕农经济和文官政治的特色，与封建时代的西欧、日本大相区别。

（2）唐宋以来，实物经济式微，货币（包括纸币）大量流通；城市由单纯的政治中心和军事堡垒演变为经济和文化的集散地（这种功能的变化或谓之"城市革命"）。随着工商业的繁荣，市民阶层兴起，市井文化趋于活跃。反映市民生活及其情趣的小说、戏曲，在形式和内容上都另创一格，如果说，汉赋、六朝骈文、唐诗、宋词、元曲、明清小说构成中国文学主潮脉络，那么中唐以后其俗的一脉便由潜渐显。

（3）酝酿于唐中叶，在宋明得以张大的理学，一定意义上是人文理性的复归，尤其是阳明心学已初具道德个人主义内涵；宋学的怀疑精神和清代考据朴学的实证精神，也已触及实证科学的底蕴；另外，文人、官僚、地主、商人合为一体，形成士大夫阶层，他们的审美情趣、人格理想、道德观念主导了全社会的价值规范，对其后乃至今天的精神生活仍有影响。

---

① 《论韩愈》，《金明馆丛稿初编》，上海古籍出版社 1980 年版，第 285 页。

（4）唐以后，在日益强化的君主集权格局之下，官僚政治实行文武分离、右文抑武之策，虽然防止了武人割据和篡权，却导致国防劣势，民族文化的气质从汉唐的雄强外拓转向宋明的精致内敛；而与此同时，中国周边民族却日渐崛起，走向与华夏本土文化相抗颉的道路，契丹、女真、蒙古、满洲等游牧或半农半牧民族相继入主。尽管他们最终都沿袭、传承了中原农耕文化，并注入强劲的活力，元、清两代国土的拓殖即为明证，但是后进民族的一再军事征服所造成的破坏，无疑也阻碍了中国文化原发式近代转型的可能。有的西方汉学家甚至认为："在中国早已开始了近代化时期，是蒙古人的入侵阻断了此一迅速进步的过程"①。

（5）从唐中叶到清中叶的一千年间，以明代中叶为界，又可以分作前后两段。明中叶以后，商品经济更加活跃，出现所谓"资本主义萌芽"；在观念意识层面，明清之际顾黄王唐等一批先进士人非君崇"公"，高倡"民本"，开近代启蒙主义之先河。此间，西方传教士进入中土，揭开西学东渐的序幕，这是继佛教东传之后中国本土文化与外域文化的又一次大交会。

唐中叶以降的文化转折，决定了近一千年来中国文化的基本格局和大体走向。故尔有识者多重视两宋文化，如严复说："中国之所以成为今日现象者，为宋人之所造就什八九"。狄百瑞在论及这一阶段的文化特点时也指出："赖绍华谈到9世纪是一个新局面的转折点，那是'一个伟大的形成期'，'最近几个世纪西方所接触到的那个近代中国'的大部分特征，就是在这

①　谢和耐：《蒙元入侵前的社会生活》，刘东译，江苏人民出版社1995年版，第5页。

时候出现的"①。总之，这一阶段构筑了西方资本主义侵入之前中国的文化背景，也是中国文化现代转型的基础和出发点。

六、中西文化交汇及现代转型期：清中叶迄今。

这一阶段，已先期完成现代转型的工业西方以炮舰加商品打开了中国封闭的国门。中国文化第一次遭遇到"高势位"文化的入侵，中国文化与西方文化的冲突、调适、融合过程异常艰难也异常痛苦，但这一过程也赋予了中国文化新的发展机遇，中国文化在物质、制度、行为、精神诸层面进入现代转型期。

（1）一百余年来的现代转型是内力和外力共同作用的结果，是西方影响与中国文化的固有因素彼此激荡、相互作用的产物。曾经颇有影响的"冲击—反应"模式，充分认定了西方现代文化的输入对于中国现代转型的作用，以及中国固有传统对现代转型的阻力。但仅仅认识到这一侧面是不够的，还应该看到，在民族危亡和西方现代文化的冲击面前，中国文化自元典时代就深蕴其中的忧患意识、变易观念、华夷之辨、民本思想等精神传统，通过现代诠释获得了新的生命，转换为近代救亡意识、"变法—自强"思潮、革命观念以及近代民族主义、民主主义等，助推了中国文化的现代化进程；至于自宋明以来隐而未彰的原发性近代文化因子，更被纳入到中国文化现代转型的动因系统之中。对此估计不足，必将导致对中国一百余年来现代化进程的片面理解。

（2）中国国土辽阔，各地发展不平衡，文化的现代转型务必作区域分析。由于现代西方文化从东南沿海登陆，所以两广、江浙成为一个多世纪以来中西文化碰撞的前沿。闽粤等地以及宋明以来就已成为文化中心的江浙等地，在这一阶段不仅是经

---

① 狄百瑞：《东亚文明：五个阶段的对话》，第44页。

济的重心而且是新文化的发祥地，其文化能量不断向内地辐射、推进。此种由南向北、由东向西的文化传播路向，与两宋以前由西向东、由北向南的文化传播路向恰成相反之势。而近代两湖地区则在文化上成为古与今、中与西相互交汇的冲要地带，所以际会风云，人文荟萃。这些都构成中国近现代富于特色的文化景观。

（3）二十世纪以来的文化变革，无论在深度、广度还是在剧烈程度上，都比中国文化史上的前两次转折（春秋战国之际和唐宋之际）有过之而无不及。"五四"新文化运动的新旧决裂，可以看作是对明清之际以来启蒙思潮的一个完结，它清算了中国文化的若干积弊。此后，中国经历了对欧美模式和苏俄模式的学习、选择与改造。尤其是 70 年代末以来，在世界信息化、全球一体化的时代氛围中，中国正在前所未有的规模和深度上经历着变革，从而把清中叶以来百余年间起伏跌宕的文化转型推向高潮。这种转型的激变性和复杂性，为古今中外所罕见，它包括三个层面：一是从农业文明向工业文明的转化（此一过程自 19 世纪中叶已经开始，时下正在赢得加速度），这是当代中国社会转型的基本内容；二是从国家统制式的计划经济向社会主义商品经济转化，这种经济体制的改轨与上述经济形态变化同时并进，正是现代转型的"中国特色"所在；三是从工业文明向后工业文明转化，已经实现工业化的发达国家正在进行的这一转变所诱发出的种种问题，在全球化的趋势下也呈现于尚在现代化过程之中的当代中国面前，诸如意义危机、生态危机、能源枯竭、文明冲突等问题也开始困扰今日中国①。

①　参见冯天瑜著：《人文论衡》，武汉出版社 1997 年版，第 3、203—219 页。

　　当下日益深化的现代转型对深厚、悠久的中国文化的激荡、挑战和提供的发展机遇都是前所未有的，波澜起伏的中国文化史正在揭开蔚为壮观的新场景。

第四讲　中国文化的生态与特质

在距今六七千年至三四千年间，人类栖息的地球发生了伟大的事变——西亚的两河流域、北非的尼罗河流域、南亚的印度河流域、恒河流域，东亚的黄河流域、长江流域，先后涌现出一批独立创制文字和金属工具的人群，人类终于走出长达百万年的蒙昧时代和长达万年的野蛮时代，跨入文明的门槛，赢得历史进展的加速度。

在此后数千年间，诸文明民族创造的文化，生灭消长，此伏彼起。曾经辉煌一时的古埃及文化、巴比伦文化于两千年前趋于黯淡；印度河流域的哈拉巴文化被来自中亚的亚利安人扫灭；创建过太阳金字塔的玛雅文化，也衰败于中美洲丛林；光焰万丈的希腊文化，则被罗马所取代；罗马文化又因日耳曼蛮族入侵而毁灭殆尽，……唯有东亚大陆崛起的中国文化，却于坎坷跌宕中延绵生发，始终未曾中绝，成为世界史上"连续性文化"的典范，与那些时有中断的"突破性文化"（如苏美尔文化通过巴比伦、希腊、罗马跳跃式地演化为现代西方文化）迥然有别。

中国文化作为一个"东方之谜",引起世人注目;而中国人自己当然应该责无旁贷地去探求这个生于斯、长于斯的文化的奥秘。

一、"文化"界说

中华先民很早就产生对于"文化"的精辟认识。成文于战国时期的《易传》说:

> 观乎天文,以察时变;观乎人文,以化成天下。

这里的"文"字,从纹理义演绎而来,"天文"指天道自然规律,"人文"指人伦秩序。以"人文""化成天下",使天然世界变成人文世界,便是中国古哲赋予"文化"的内涵,它已相当逼近现代学术界所揭示的"文化"的本质意蕴——"人类化""自然的人化"。

文化是人的价值观念在社会实践中对象化的过程与结果。人类实现"自然的人化",包括外在文化产品的创制和内在主体心智的塑造,因此,文化分为技术体系和价值体系两大部类。

技术体系表现为文化的器用层面,它是人类物质生产方式和产品的总和,是整个文化大厦的物质基石;

价值体系表现为文化的观念层面,即人类在社会实践和意识活动中氤氲化育出来的价值取向、审美情趣、思维方式,凝聚为文化的精神内核;

介乎上述二者之间的,是文化的制度层面,即人类在社会实践中建构的各种社会规范、典章制度;

还有文化的行为层面，即人类在交往中约定俗成的习惯定势，以礼俗、民俗、风俗形态出现的行为模式。

本书所要探究的"文化"，涉及器用、制度、行为、观念诸层面，其重点则在观念层面。观念文化记录着人类累代的文化创造和文化传播的内容，是不停流逝的广义文化的摹本。

二、"中国"界说

文化既是一种人类现象，它使人与禽兽区别开来；文化同时又是一种民族现象，不同地域、不同国度人们创制的文化千差万别。我们将要论及的"中国文化"，约指中华民族在"中国"这片土地上繁衍生发的自成一格的文化。

"中国"是一个历史范畴，随着时代的演进，其内涵不断拓展。

在先秦，"中国"或指京师，与"四方"对称①；或指黄河中下游这一文明地段，与落后的"四夷"对称②。

隋唐以降，"中国"指定都中原的王朝；元代自称其统治区域为"中国"，称邻国（如日本、高丽、安南等）为"外夷"③，明清沿袭此说。

总之，"中国"这一概念在古代虽不断演化，但其主旨却始终守住一个"中"字——中国者，天下之中也。这既是一种地理学的中心意识，更是一种文化学的中心意识。这种文化中心意识，还表现在"中华"一词上。"华"指文化繁盛，"中华"意谓居于中心的富有文化的民族。时至近代，中国人的中心意

---

① 《诗经·大雅·民劳》："惠此中国，以绥四方。"
② 《诗经·小雅·六月》序："四夷交侵，中国微矣。"
③ 参见《元史·外夷传》。

识渐次淡化，而余韵流风仍然不时回荡。

中国版图在历史上多有伸缩。清乾隆二十四年（1759）大体确立中国领土范围：北起萨彦岭，南至南海诸岛，西起帕米尔高原，东至库页岛，约1260万平方公里。十九世纪中叶以降，西东列强攫取中国大片领土，由于中国人民英勇抵抗，使领土避免更大损失，今日中国陆地面积960万平方公里，仅次于俄罗斯、加拿大而居世界第三。

历史上曾经在中国范围内居住活动的民族，除月氏（音肉支）族的主体在公元前二世纪迁往中亚以外，其他各族都没有完全离开过中国。由华夏族演化而成的汉族在中国多次建立政权，此外，匈奴、鲜卑、羯、氐、羌、契丹、女真、蒙古、满洲都曾建立过统治中原地区的政权，其中蒙古和满洲还统治过整个中国。但无论是汉族还是非汉族建立的政权，都包容其他民族，都是多民族国家。

今日生活在中国境内的汉族及五十五个少数民族，共同组成中华民族。

中华民族是中国文化的创造主体。

三、中国文化的生态状况

中国人古来之所以长期自认处于世界中心，与中国传统文化得以孕育的生态状况颇有干系。

文化生态由自然场与社会场交织而成。"自然场"指人的生存与发展所附丽的自然环境（又称地理环境），"社会场"指人在生存与发展过程中结成的相互关系，分为经济层与社会层。此外，文化的民族性和国度性决定了它要受到特定的国际条件制约。因此，考察中国文化的生成机制，应从地理环境、经济土壤、社会结构、国际条件四方面加以整合。

（一）地理环境

对中国地理大势首次作出概括的，是成文于周秦之际的《禹贡》（汉代人将其收入《尚书》）。该文提出华夏族的"四至"观：

> 东渐于海，西被于流沙，朔南暨声教，讫于四海。

这一洗炼的描述当然需要补充：中国东边面临的大海，是古人难以逾越的太平洋，并非地中海、波斯湾那样的内海；其陆地外缘，不仅有西北横亘的漫漫戈壁，还有西南耸立的世界屋脊——青藏高原和纵贯边陲的横断山脉。大海、沙漠、高山共同围护着板块状的东亚大陆，使之与外部世界相对隔离，而其内部，又有腹里纵深，回旋天地开阔，地形气候条件繁复的特点，从而为文化的多样发展、文化中心的迁徙转移提供条件。

东亚大陆的地理格局，是中国文化独立发生，并在以后漫长岁月中能够保持一以贯之的统系的原因之一。

（二）经济土壤

地理环境影响文化发展，是通过人类的物质生产实践这一中介得以实现的。

人与自然呈双向交流关系。一方面，人的活动依凭自然、受制于自然；另一方面，人又不断征服自然、改造自然。人与自然这种双向同构关系统一于人类的社会实践，首先是生产实践，也即经济活动。经济活动所创造的器用文化，既是广义文化的组成部分，同时又为制度文化、行为文化、观念文化的生长发育奠定土壤。

延绵久远的中国文化大体植根于农耕与游牧这样两种经济生活的土壤之中。以年降水量四百毫米线为界，中国约略分为温润的东南和干寒的西北两大区域。自然条件的差异，使前者被人们开辟为农耕区，养育出一种以定居农业作基石的，礼制法规齐备、声明文物昌盛的农耕文化；后者则成为游牧区，繁衍着无城廓、礼仪，游牧为生，全民善骑战的游牧文化。农耕文化与游牧文化之间的冲突与融汇，是世界古代、中世纪历史的一大主题，中国人自先秦直至明清反复论及的"华夏（农耕人）夷狄（游牧人）之辨"正是这一主题的展开；而东起海滨，西极大漠的万里长城，则是农耕文化与游牧文化的边际线，多少历史壮剧在这里演出！

古代中国的农耕经济，还有中原定居农耕方式与南方山地游耕方式两种类型差异。南中国亚热带山地民族（如苗、彝、黎、高山等族），直到近古甚至近代，仍然刀耕火种，迁徙无定，但移动范围大体在南方山地之内，与中原农耕人不存在争夺生存空间的尖锐矛盾，故这两种经济方式间不像游牧与农耕那样彼此争战不息。历代中原王朝对南方少数民族设官治理，推行羁縻柔远政策，偶尔伴之以武力镇压。

在近代商品经济得到充分发育以前，中国生产方式的主体是农业自然经济，其间又分为两大段落，一为殷商、西周的土地国有（王有）及村社所有、集体劳作阶段。殷墟甲骨文有"王大令众人曰协田"的卜辞。"协"字象三耒并耕，是殷代庶众在王田共耕的写照。《诗经·周颂》则多次出现"千耦其耘"、"十千维耦"的字句，说明西周普遍实行在"公田"上的集体耕作。二为东周至明清的土地私有、个体劳作阶段。自春秋、战国开始，土地国有（王有）、私有并存，而私有渐居主导，土地逐步可以自由买卖，单家独户经营、男耕女织的小农业自然经济构成主体，"牛郎织女"的故事便是其典型化摹写。自秦汉以降的两千年间，中国社会广阔而坚实的基础，正是小农业与家庭手工业相结合的自然经济，与此相辅相成的地主—自耕农土地占有制，以及地方小市场在城乡的普遍存在，地主、商人、高利贷者三位一体，构成中国前资本主义经济从生产、流通到分配的完整结构。

如果说，在土地王有、集体生产的农村公社——领主经济的土壤中养育出殷商西周神权至上的官学文化，那么，在土地地主—自耕农所有、个体生产的小农经济土壤中，则培植了晚周虚置神权、以人文为研习重点的私学文化，两汉以后又定型为以儒学为正宗，兼纳百家，融汇佛道的帝国文化，这种格局，一直延续到清中叶，随着西方资本主义文化的大规模东渐，中国的自然经济逐步解体，日益纳入世界统一市场，以商品经济为动力源的新的经济结构开始形成，从而为中国文化的发展提供一种更新了的土壤。

（三）社会结构

文化是一种人类现象，而人类只有组成一定的社会结构，方能创造并发展文化。

人类社会组织的演变趋势，大约是由血缘政治向地缘政治进化。希腊便是实现这种转变的典型。然而，中国的社会结构虽发生过诸多变迁，但由血缘纽带维系着的宗法制度及其遗存却长期保留，这与中国人的主体从事聚族而居的农耕生活有关，使得中国跨入文明门槛以后，氏族社会血缘纽带解体很不充分。

宗法制源于氏族社会父家长制公社成员间的亲族血缘联系。作为一种庞大、复杂却又井然有序的血缘—政治社会构造体系，宗法制孕育于商代，定型于西周。宗法制规定，社会的最高统治者"天子"，是天帝的长子，奉天承运，治理天下土地臣民。从政治关系而论，天子是天下共主；从宗法关系而论，天子是天下大宗。君王之位，由嫡长子继承，世代保持大宗地位。其余王子（嫡系非长子和庶子）则封诸侯，他们对天子为小宗，但在各自封国内又为大宗，其位由嫡长子继承，余子封卿大夫。卿大夫以下，大、小宗关系依上例。嫡长子继承制、分封制、严格的宗庙祭祀制度，共同构成宗法制的基本内容。

春秋战国的兼并战争使宗法秩序呈瓦解之势；秦汉以降，分封制被郡县制取代，除帝王继统仍由皇族血缘确定外，行政官员的选拔、任用，实行荐举、考试制（隋唐以后定型为科举制），即以"贤贤"取代"亲亲"。但是，宗法制的影响仍然延及后世——

其一，政治权力和经济产权的继承，普遍遵循父系单系世系原则，完全排斥女性成员的地位，以确保权力和财富不致流入异姓他族。

其二，由血缘纽带维系着的宗法组织——家族长盛不衰，成为超越朝代更迭的不绝如缕的社会细胞。这种家族香火的延绵，又往往仰赖祠堂、家谱、族田三要素的顽强存在。

其三，族权与政权结合，族权在宣扬纲常名教、执行礼法、维护宗法专制秩序方面，与国家政权目标一致；国家政权也以家族精神统驭臣民，正所谓"家国同构"、"君父一体"。诚如近人梁启超所说："吾中国社会之组织，以家族为单位，不以个人为单位，所谓家齐而后国治是也。周代宗法之制，在今日其形式虽废，其精神犹存也。①"近人严复也认为，直至近世，中国

---

① 梁启超：《新大陆游记》，《饮冰室合集》专集之五，中华书局1989年版。

人"犹然一宗法之民而已矣"①。这都是透视古今的灼见。

中国社会组织的特色，与宗法制延绵不绝紧密相连的，是专制政体的长期持续。

早在国家初成的商周时代，君主专制便现端倪。如果说，春秋以前，天子的专制权力以分封制为基础，世袭诸侯赐土而且临民，享有较大分治权；那么，战国以后，郡县制逐步确立，君主的专制权力通过直接指挥非世袭的朝廷官吏实现，从而向统一的专制主义集权制过渡。公元前206年，秦王嬴政"振长策而御宇内"，正式建立中央集权的君主专制政体，此制一直沿袭至1911年辛亥革命推翻清王朝。与欧洲在中世纪后期方形成君主专制相比，中国的君主专制形成早、持续久，而且两千余年间虽有起伏跌宕，其总趋势是愈益强化，并形成对社会生活各层面的严密控制，包括用户籍、里甲制度牢笼人身；用政治控摄文化、权力干预学术，从而使"邪辟之说灭息，然后统纪可一而法度可明"②。

"宗法—专制"社会结构与农业自然经济相辅相成，造成一种以"内圣—外王"为目标的伦理—政治型文化范式，延绵久远，直至近代方有解体之势，然其深层结构继续承传不辍。

(四) 国际条件

跨入文明门槛以后，截至西方资本主义大规模涌入以前，建都中原农耕区的王朝，其文明水平一般都高于周边四夷，因而华夏族及后来的汉族称四夷为"陋"③。处于文化"高势位"

---

① 严复：《译〈社会通诠〉自序》，《严复集》第一册，中华书局1986年版，第136页。

② 《汉书·董仲舒传》。

③ 《论语·子罕》："子欲居九夷，或曰陋如之何?"

的中原人长期认为，只有华夏文化施影响于夷狄，而少有逆向影响，所谓"吾闻用夏变夷者，未闻变于夷者也"①。在中国历史上，也多次发生过中原王朝被武功强悍的周边游牧人击败的事例，但中国文化的先进性并未出现危机，文化发达的中原人一再使野蛮的征服者被征服——凡是进入农耕文化圈的游牧人，经过一代或数代，无不"汉化"，便是雄辩的例证。

由于中国文化在古代明显领先于周边地区，所以中国虽然广为吸收周边文化成果，但主要是中国文化施影响于周边。汉字、儒学、礼法、农业及手工业技艺，都是中国输往周边的文化品种，以至日本、朝鲜、越南等被纳入"汉字文化圈"、"儒学文化圈"。秦汉以迄明清诸王朝无论是与中亚、西亚交往，还是与东邻日本以及南洋诸国交往，都有一种"天朝上国"俯视夷狄的意味。汉代"凿空"西域的张骞、班超，明代七下西洋的郑和无不胸藏"宣威异域"的恢弘气魄，究其底蕴，盖在国力强劲，文化昌盛。

古代中国的邻邦，其文明水平较高者是印度。但由于青藏高原和横断山脉的阻隔，中印之间经济往来、人员交流不多，但南亚的佛教文化经由印、中僧人的努力，得以北传，对两汉以降的中国文化发生深刻影响。不过，佛教文化在影响中国的同时，又被中国人所汲纳消化，魏晋隋唐以降，佛教日渐中国化，华严宗、天台宗、禅宗等中国佛教宗派将佛学与易学、思孟学交融互摄，成为中国人，尤其是中国士人欢迎的形态；两宋以降的一批儒者，在坚持中国固有的纲常名教的前提下，广为吸收佛学思辨成果，创建新儒学——宋明理学。中国化的佛教与吸收佛学成果的新儒学，构成中古及近古中国文化的两大

① 《孟子·滕文公上》。

精神支柱。

纵观古代中国，虽然面对过足以改朝换代的异域军事力量的袭来，也曾迎受过佛学那样高水平的观念文化的传入，但中国文化的主体地位并未真正发生过动摇。然而，时至近代，情形发生重大变化——被近世工业文明武装起来的西方殖民者梯山航海而至，荒渺遥远的"泰西"一变而为近在咫尺的威胁。西洋人用大炮、鸦片和商品，打破中国自古形成的与外部世界之间的障壁，将中国纳入世界文化的总流。李鸿章在十九世纪中叶痛陈中国亘古未遇的严峻形势：

> 历代备边，多在西北，其强弱之势，客主之形，皆适相埒，且犹有中外界限。今则东南海疆万余里，各国通商传教，来往自如，麇集京师及各省腹地，阳托和好之名，阴怀吞噬之计，一国生事，诸国构煽，实为数千年未有之变局。轮船电报之速，瞬息千里，军器机事之精，工力百倍，炮弹所到，无坚不摧，水路关隘，不足限制，又为数千年来未有之强敌。[1]

这就揭示了近代中国面临的外部环境的新特点：第一，昔时中国的威胁主要来自西北游牧民族，现在则转移为从东南沿海登陆的西洋人；第二，昔时中国文化的水平高于外域，而现在与中国打交道的列强挟工业文明威势，从器用、制度、观念诸层面使东方农业文明相形见绌。一向以"礼仪之邦"自诩的中国人大为震惊，发现自己原来不是一线单传的天之骄子，中国文化也并非最为优胜。

---

[1] 《同治朝筹办夷务始末》卷九六，第17页。

中国在近代面对"数千年未有之变局",面对"数千年来未有之强敌",这是一种截然不同于古代的国际环境,中国文化也因此而获得一个全新的参照系,先进的中国人开始思考:东西文化的差异何在?造成这些差异的原因何在?中华民族怎样才能使自己的文化焕发活力从而迎头赶上?中国文化以此为契机,揭开崭新的一页。

四、中国文化的特质

中国传统文化在一个半封闭的北温带板块状大陆得以滋生发展,其物质生产方式的主体是农业自然经济,社会组织以宗法制度和专制政体为基本形态,而周边则为后进民族所环绕。这样一种特定的生态环境,使中国文化形成富于特色的性格。

其一,人文传统。

有别于其他重自然(如希腊)或超自然(如印度、希伯来)的文化类型,中国文化自成一种"敬鬼神而远之"的重人生、讲入世酌人文传统,人被推尊到很高地位,所谓"人为万物之灵","人与天地参",将人与天地等量齐观,这使中国避免陷入欧洲中世纪那样的宗教迷狂,而发展出一种平实的经验理性。在中国繁衍的各种宗教也熏染上厚重的人文色彩。当然,中国的"重人",并非尊重个人价值和个人的自由发展,而是将个体融入类群,强调人对宗族和国家的义务,构成一种宗法集体主义的人学,与文艺复兴开始在西方勃兴的以个性解放为旗帜的人文主义分属不同范畴。

其二,伦理中心。

由氏族社会遗留下来,又在文明时代得到发展的宗法传统,使中国一向高度重视伦常规范和道德教化,从而形成以"求善"

为旨趣的"伦理型文化"，同希腊以"求真"为目标的"科学型文化"各成一格。科学型文化对宇宙论、认识论与道德论分别作纵向研究，本体论和认识论得到充分发展；而伦理型的中国文化，不讲或少讲脱离伦常的智慧，齐家、治国、平天下皆以"修身为本"，伦理成为出发点和归结点。以至中国文学突出强调"教化"功能，史学以"寓褒贬，别善恶"为宗旨，教育以德育统驭智育，人生追求则以"贱利贵义"为价值取向。

其三，尊君重民。

长期运作于中国的农业自然经济，是一种少有商品交换、彼此孤立的经济。这种土壤中生长起来的极度分散的社会，需要高高在上的集权政治加以统合，去抗御外敌和自然灾害，而人格化的统合力量来自专制君主。因此，"国不堪贰"的尊君传统是农业宗法社会的必然产物。另一方面，农业宗法社会的正常运转，又要仰赖以农民为主体的民众的安居乐业，如此方能为朝廷提供赋役，保障社会所需的基本生活资料，社稷家国方得以保全，否则便有覆灭崩溃之虞。因此，"民为邦本"的民本传统也是农业宗法社会的必然产物。"尊君"和"民本"相反而又相成，共同组成中国文化的一体两翼。

其四，中庸协和。

崇尚中庸，是安居一处，以稳定平和为旨趣的农业自然经济和宗法社会培育的人群心态。"极高明而道中庸"，"执其两端，用其中于民"，显示出中国式智慧的特征。这种中庸之道施之于政治，是裁抑豪强，均平田产、权利，从而扩大农业—宗法社会的基础；施之于文化，则是在多种文化相汇时，异中求同，万流共包；施之于风俗，便是不偏颇，不怨尤，内外兼顾；奉行中庸的理想人格，则是执两用中，温良谦和的君子风。尚调和、主平衡的中庸之道是一种顺从自然节律的精神，它肯定变易，又认同"圜道"，这显然是农耕民族从农业生产由播种、生长到收获这一周而复始现象中得到的启示。五行相生相克学说描述的封闭式循环序列，便是这种思维方式的概括。

其五，延绵韧性。

中国文化是从"农业—宗法"社会的土壤生长出来的伦理型文化。农业—宗法社会提供一种坚韧的传统力量，伦理型范式造成顽强的习惯定势，而先秦已经形成的"自强不息"和"厚德载物"① 精神，使中国文化的认同力和适应力双强。"认同"使中国文化具有内聚力，保持自身传统；"适应"使中国文化顺应时势变迁，不断调节发展轨迹，并汲纳异域英华，如此，中国文化方具备无与伦比的延续性。世界其他文明古国的文化，都出现过大幅度"断层"，甚至盛极而亡，令人在凭吊间油然而生"白云千载，人去楼空"的感慨。唯有中国文化，历尽沧桑，饱受磨难，于起伏跌宕中传承不辍，在数千年发展中，各代均有斐然成就。以文学论，诗经、楚辞、先秦散文、汉赋、魏晋诗文、唐诗、宋词、元曲、明清小说，奇峰迭现；以学术论，先秦子学；两汉经学、魏晋玄学、隋唐佛学、宋明理学、清代朴学，此伏彼起，蔚为大观。这种在一国范围内，文化诸门类的发展序列保有如此完整连续的阶段性形态，是世界文化史上的特例。

十九世纪中叶以降，随着世界统一市场扩及到东亚，中国延续数千年的农业自然经济和宗法专制政体趋于瓦解，社会进入近代转型阶段，文化的器用层面、制度层面、行为层面、观念层面变革的任务渐次提出。然而，近世中国尽管呈现"千古之奇变"，但悠悠岁月铸就的传统，作为一种动力定型和深层底

---

① 《周易·乾卦·象传》："天行健，君子以自强不息。"《周易·坤卦·象传》："地势坤，君子以厚德载物。"

蕴，仍旧或显或隐地施展影响，中国现代文化必然在中与外的交织、古与今的因革中演化，如滔滔江河，后浪逐前浪，奔流不息。

第五讲　中国人文传统

　　20世纪80年代中期至90年代中期，中国知识界（主要是人文学者和作家）开展了规模不大，却具有相当发散力的关于"人文精神"的讨论。这场讨论的社会动因，大约是现代化历程在带来巨大社会进步的同时，也引发某些文化失范现象，人们在谋求救治之策时，不仅致力于健全法制以确立社会秩序，还寄希望于伦理的重建——使新的伦常既与市场经济体制相适应，又对市场法则给人的意义世界造成的病灶有所疗治，于是，深怀忧患意识的学人便呼唤起"人文精神"。

　　如果以上关于人文精神讨论动因的分析大致不差的话，那么可以说，这是一场用心良苦又富于前瞻性的讨论。然而，由于这场讨论涉及领域广阔，使用概念又有泛化倾向，故自讨论之始便有"各说各话"的趋势，这将妨碍讨论的深入。笔者认为，要使这场立意高远的讨论获得比较切实的思维成果，应当做的一项工作是对当下社会的人文状态作具体深入的考析，以确立讨论的现实出发点；另一项工作是对古今中外人文思想库加以清理、选择与诠释，以获得讨论深化所必需的历史资源。本文拟就后一项工作略陈己见。

出现于当代中国人笔端、口头的"人文精神"，以及"人文主义"、"人文思想"、"人文传统"，是意蕴丰富而规定性并不确切的概念。作为中国语汇系统中的"人文"一词，约指人类创造的文化，与成之天然的"天文"相对应。"诸经之首"的《周易》有"观乎天文，以察时变；观乎人文，以化成天下"的名句。20世纪初叶，在西学东渐过程中，传介者以"人文"二字用作翻译西方文艺复兴思想主潮 humanism 的基本词素，这样，现代中国常用的"人文主义"就有了"西方的"与"中国的"两种既相通又相异的含义。

发端于南部欧洲的文艺复兴，其"人文主义"由意大利人于14世纪首先阐明，以后逐步演绎为与欧洲中世纪盛行的"神文主义"相抗衡的一种新思潮。意大利文艺复兴时期把教古典语言和文字的先生叫 humanusa，源出 humanitas，意为人性修养，文艺复兴的开启者彼特拉克在佛罗伦萨开设的古典教育课程 Studia humanitatis 包含人文学的意义①。据董乐山考证，英文 Humanism 一词是从德文 Humaismus 译来，该德语是德国一位教育家于1808年一次关于希腊罗马经典著作在中等教育的位置的辩论中，根据拉丁文词根 humanus 杜撰的。根据董先生的词源学考索，可以认为：中译为"人文主义"的英文 Humanism 一词有四种含义——甲，人道主义；乙，人本主义；丙，欧洲文艺复兴时期的人文主义；丁，从拉丁或希腊古典文化研究推引出来的人文学科研究。其中丙、丁为原义，甲、乙是引申义。

概言之，西方兴起于14至16世纪的"人文主义"，与中世

---

① 董乐山：《"人文主义"溯源》，《文汇读书周报》1994年7月9日第3版。

纪的"神文主义"相对应，在人与上帝、人与自然的关系中，高扬人的意义，尤其强调个人价值和人的现世幸福，其思路，上承希腊的古典民主和建立在原子论基础上的个性主义，下启18世纪启蒙运动的自由、平等、博爱和近世民主精神；同时又诱发了享乐主义、物欲主义，以及因现世精神的扩张而导致终极关怀失落。继文艺复兴而起的宗教改革，其新教伦理以禁欲主义的节俭、勤业精神，号召人们在俗世创造财富以完成上帝交付的"天职"。① 新教伦理除有批判封建独断的旧教的意味之外，也包含着对人文主义走向现世享乐主义极端的一种救正。是否可以这样说：文艺复兴的人文主义和宗教改革的新教伦理，共同构造了西方资本主义精神，为西方文化的现代转型奠定了观念基础。时至19世纪末叶以降，当西方实现工业化以后，人文主义被再度召唤，成为对工具理性和实利主义片面膨胀的"现代病"的一种反拨。

至于中国的人文传统，则颇具"早熟性"。远在周代，与殷商时期的尊神重鬼思想相对应，"重人""敬德"观念应运而兴。先秦典籍所谓"惟人万物之灵"②，"人者，天地之德，阴阳之交，鬼神之会，五行之秀气也"③，便是中国式的人文精神的先期表述。后来汇合成中国文化主流的儒、法诸家，都以人间伦常、现实政治为务，"舍诸天运，征乎人文"④，成为中华文化的主要价值取向。从"远神近人"，以人为本位这一点而言，中国的人文传统与西方文艺复兴的人文主义似有相通之处，故借用中国古典的"人文"二字翻译西方中世纪末期兴起的新思

① 马克斯·韦伯：《新教伦理与资本主义精神》，四川人民出版社1986年版。

② 《尚书·泰誓上》。

③ 《礼记·礼运》。

④ 《后汉书·公孙瓒列传》。

潮——humanism，不无道理。

　　然而，中国传统的人文精神与西方的人文主义并非一回事，其最大差异在于对"人"的不同理解上。西方文艺复兴时期形成的人文主义，强调人是具有理智、情感和意志的独立个体，并从人性论出发，要求个性解放，摆脱封建等级观念，发展个人的自由意志。而中国的人文传统则另有旨趣。

一、"人文"与"天道"契合

　　"人文"作为一个汉语词汇，最早出现于《周易》的贲卦的象辞。贲卦（☲下离上艮）讲本质与现象的关系，通过刚柔互相文饰的命题加以论证。其卦辞经文和象传文字为：

> 贲：亨。小利有攸往。
> 《彖》曰：贲"亨"，柔来而文刚，故"亨"。分刚上而文柔，故"小利有攸往"。（刚柔交错），天文也；文明以止，人文也。观乎天文，以察时变；观乎人文，以化成天下。

象传通过天象和人事两方面论证刚柔互相文饰的关系。天的本质不可见，而日月一往一来，交互错杂，文饰于天上，通过这种现象就可以认识天的本质。就人而言，有质（思想品质）与文（文明礼仪）的关系问题，通过文明礼仪可以反映人的思想品质，故"文明以止，人文也"——人的文明礼仪能止其所当止，如君臣、父子、兄弟、夫妇、朋友间的关系，能守其礼仪上的分寸而不逾越，便达到了"人文"境界。象传用"观乎天文，以察时变；观乎人文，以化成天下"总结全句，意谓观视天文日月刚柔交错的现象，就能察知四时寒暑相代谢的规律；观视人的文明礼仪各止其分的现象，就可以教化天下，使人人能具备高尚的道德品质。

综上所述，《周易》中首出的"人文"一词，意指人际相互关系的准则，它的确立是仿效刚柔交错的"天文"的结果，却并非人格神的授意，同希伯来《旧约》中上帝耶和华向摩西宣示的神与人的约法大不一样。如果把《旧约》的法则称之"神文法则"，那么，《周易》的法则便是"人文法则"。自周代以降，中国便确立了与天道自然相贯通的人文传统，形成一种"尊天、远神、重人"的文化取向，并深刻影响着中国文化的性格。

在中国文化系统中，"天道"与"人文"不是截然两分的，而是彼此契合的。

第一，人文以天道自然为起点。

《周易》以六十四卦模拟万物，而阐明这六十四卦的编排次序及诸卦前后相承意义的《序卦传》，开宗明义第一句话便是："有天地，然后万物生焉。"以后又展开论述说：

> 有天地然后有万物，有万物然后有男女。有男女然后有夫妇，有夫妇然后有父子。有父子然后有君臣，有君臣然后有上下，有上下然后礼义有所错。

这就将人间秩序（人文）的开端归之于天地自然。

第二，人文法则出于对天道自然的仿效。

《周易·系辞下》论述八卦的制作过程说：

> 古者包牺氏之王天下也，仰则观象于天，俯则观法于

地，观鸟兽之文，与地之宜，近取诸身，远取诸物，于是始作八卦，以通神明之德，以类万物之情。

这里虽然讲的是八卦的创作，其实可以泛解为人类文明的产生仰赖于对天道自然的仿效。当这种仿效达到"极深而研几"的程度时，人类的创造便"与天地参"①，"与天地同流"②。对于人文仿效天道，老子归结为四个级次："人法地，地法天，天法道，道法自然。"③《周易》乾卦的《象传》则说得更为简易，直接沟通天与人，强调人文对天道的效法：

　　　天行健，君子以自强不息。

认为"天"刚健强壮运行不止，"君子"观此象发愤自强，奋斗不息，以效法乾天之象。《周易》坤卦的《象传》又说：

　　　地势坤，君子以厚德载物。

认为"地"深厚柔顺，"君子"观此象增厚品德，承载重任，孕育万物，以效法坤地之象。这是《周易》中最重要的两段人文效法天道的名言。20世纪20年代、60年代、80年代，梁启超、

---

① 《礼记·中庸》。
② 《孟子·尽心上》。
③ 《老子》第二十五章。

唐君毅、张岱年等学者均用这两语概括中国文化的精髓。①

第三，以人为天地中心，"人文"是研究的重点。

中华文化系统以天道为人文的起点，又认为人文仿效天道而成，其讨论的展开部，并非天道而是人文。综观中国文化的发展历程，"观天文以察时变"并未得到充分发育；"观人文以化成天下"则展开成发达的政治学、伦理学和教育学，演为中国文化的主体和展开部，《礼记·大传》说："圣人南面而治天下也，必自人道始矣。"便指明"人道中心论"的个中奥秘，而"文化"二字是"人文教化"的缩写，更集中表现此种格局。

中华文化精神的"尚人文"，极少论及人的个体价值，对群体人或社会人却给予高度估计，以整体人与天地并立，是宇宙三才之一。《周易》的《系辞传》将人道与天道、地道并称②，老子称人为"域中四大"之一③，《礼记·礼运》则说："人者，天地之心也。"以后，董仲舒更极言道："天地人，万物之本也。天生之，地养之，人成之。……人之超然万物之上而最为天下

---

① 张岱年先生于 20 世纪 80 年代以此二语概括中国文化精神，已为人所熟知。此前，梁启超先生于 20 世纪 20 年代初在清华学校演讲，以"自强不息""厚德载物"二语赠莘莘学子，清华校训"自强不息，厚德载物"即由此拟定。时至 20 世纪中叶，唐君毅先生又以"天行健君子以自强不息"，"地势坤君子以厚德载物"，"云雷屯君子以经纶"联句题赠香港新亚书院大学部第二十二届、研究所第十八届毕业同学，似有以此《易传》三语概括中国文化精神之意。梁、唐二先生正与张先生前后相映，对中国文化精神的概括所见略同。

② 《周易·系辞下》："《易》之为书也，广大悉备。有天道焉，有人道焉，有地道焉。兼三才而两之，故六。六者非它也，三才之道也。"指明六画卦之所以为六画，意在表达三才——天、地、人，每一"才"又"两之"（以阴阳、刚柔两分），方成六爻。

③ 《老子》第二十五章："道大、天大、地大、人亦大，域中有四大。"另一版本"人亦大"为"王亦大"。

贵也。"① 这都是肯定具有理性的人在无限广袤的宇宙间卓然而立的地位，有了人方有文化的世界，"人文"也就理所当然地成为思索的中心。

　　总之，中华文化在天人关系问题上走的是一条"循天道，尚人文"的路线。这一概括似较"一天人"或"天人合一"更周全些。因为，中国古代固然有发达的"一天人"或"天人合一"思想，同时也有相当雄辩的"天人相分"论者涌现，从春秋时子产的"天道远，人道迩"，到战国时荀子的"明于天人之分"，肯定天是无意志的自然物，与人世间的兴亡治乱各不相与。② 故而单以"天人合一"总括中国古代的天人关系论，显然并不全面。然而，"循天道，尚人文"则是大多数思想家和典籍所共同遵循的运思路径，《论语》、《孟子》及《易传》、《中庸》、《大学》系统自不必说，即使力主"明于天人之分"的荀子，也既重视"天道"的探索，更强调研习人伦和制度，他说："圣也者，尽伦者也；王也者，尽制者也，两尽者，足以为天下极矣。"③ 至于老、庄系统，其发达的"道论"突破以人格之"天"为最高主宰的世界观，又克服用具体物质（如金、木、水、火、土）解释宇宙本体的局限，提出"道"这个最高范畴，而"道"本身便兼及"天道"与"人道"两个侧面。荀子批评庄子"蔽于天，而不知人"④，此言如果指庄子只讲消极顺应自然，忽视人的能动作用，是准确的；如果指庄子把人道排除在视野之外，则不符合实际。庄子"天地与我并生，而万物与我为一"⑤ 的"齐物论"，便是强调人道与天道的最高统一性，并

　　① 《春秋繁露·立元神》。
　　② 参见《荀子·天论》："天行有常，不为尧存，不为桀亡。"
　　③④ 《荀子·解蔽》。
　　⑤ 《庄子·齐物论》。

不意味着对人道的弃置不顾。人所共知，老子有"绝圣弃智"①
的反文化观念，庄子有"逃虚空"的出世倾向，但他们对人生
世务的关切，仍然透现于《老子》五千言和《庄子》内外篇的
字里行间。老子说："圣人常善救人，故无弃人；常善救物，故
无弃物。"② 表现出对人和社会事物何等深切的关怀；"善者吾善
之，不善者吾亦善之"，"信者吾信之，不信者吾亦信之"③，又
流露出何等宽大的胸襟和真诚的救世真心。至于庄子在"来世
不可待，往世不可追"的困境中，仍然发出呼唤："迷阳迷阳，
无伤吾行！却曲却曲，无伤吾足！"④ 则显示了何等坚韧顽强的
求索精神。所以，与"天道"契合的人文精神，不仅存于儒、
法、墨诸家，在道家那里也潜运默行着。

二、虚置彼岸　执著此岸

如果说，中国人文传统在"人文"与"天道"的关系上，
走的是二者契合的路向，那么，在"彼岸"与"此岸"⑤、鬼神
与俗世的关系上，则奉行虚置彼岸，执著此岸；远鬼神，近俗
世的原则，这同希伯来、印度文化充满对彼岸神界的向往、追
求乃至恐惧，恰成鲜明对照，而与古希腊的"重现世人生"思
想有着相通之处。

第一，敬鬼神而远之。

---

① 《老子》第十九章。
② 《老子》第二十七章。
③ 《老子》第四十九章。
④ 《庄子·人间世》。
⑤ "此岸"、"彼岸"皆佛家语。《智度论》曰："以生死为此岸，涅槃
为彼岸。"在中国语汇系统，引申为：现世人生为"此岸"，来世及鬼神世界
为"彼岸"。

殷商是神权至上的时代，西周还弥漫着鬼神崇拜，春秋以降鬼神观念则渐趋淡薄，春秋中叶之后，祭司阶层的独立性已见式微，卫献公称"政由宁氏，祭则寡人"①，统治者已不一定要依赖宗教职业者专司祭典。

到了春秋末期，"远鬼神，近人事"的思维路向更趋明朗，这在孔子那里有所体现。孔子作为殷周文化传统的承继者，既因袭着殷周盛行的鬼神观念，又受到《诗》、《书》中怀疑天神、疏远天神的新思想影响，而孔子又不是一个深入探索宇宙论的哲人，他没有就鬼神的有无及人神关系等形而上问题展开彻底的思考，而是从开通的入世者的睿智出发，对鬼神采取一种"存而不论"的态度。他说。

> 务民之义，敬鬼神而远之，可谓知矣。②

当子路问如何敬事鬼神时，孔子答曰：

> 未能事人，焉能事鬼。③

孔子是重祭祀的，但他并不以为那被祭的"神"是个真实的实体，不过是人们思念着它，它便似乎就存在着，所谓"祭如在，祭神如神在"。④ 这是介乎有神论与无神论之间的一种"模糊哲学"，其精义仍然是对鬼神"存而不论"，"事其心"而已。

孔子对鬼神虚应之而决不深论，所谓"子不语：怪，力，

---

① 《左传·襄公二十六年》。
② 《论语·雍也》。
③ 《论语·先进》。
④ 《论语·八佾》。

乱，神"，对人及人事则进行周详真切的研讨并诉诸实行。孔子论"仁"、论"智"，其指向均在人。

"樊迟问仁，子曰：'爱人。'问知，子曰：'知人。'"①"人"是孔子仁学的核心，故尔"夫仁者，己欲立而立人，己欲达而达人"。②孔子的学问可以说是"人学"，其政治论、社会论、伦理论、教育论、历史论，都是由这种"人学"演绎出来的，神学意味较为淡薄。

春秋开始出现的"远鬼神，近俗世"的思维路向，在战国时期得到进一步发挥，其中尤以《春秋左氏传》展开得最为具体。

《左传》成书于战国初年，可能是子夏的一传或再传弟子在魏国作于公元前375年至前351年间。《左传》反映春秋战国之交的社会思潮，而此间正由"重神"向"重人"（或曰"重民"）转变，其作者站在时代潮流前列，向殷商西周神权至上传统提出挑战。

《左传·桓公六年》记载，随国国君自谓祭祀天神的牺牲丰厚，便可以取信于神，但随国贤臣季梁却不以为然。他说："夫民，神之主也。是以圣王先成民，而后致力于神。"公然把"民"说成是"神之主"，统治者应当首先满足民众的意愿，实现"民和年丰"，才能得到"神降之福"。《左传·襄公三十年》还征引周公的名言："民之所欲，天必从之。"这些言论虽然没有否定神的存在，却将神意归结为民意，实际是把神权驱逐到虚设的位置上。

第二，鬼神观的人文倾向。

如果说成书于战国初年的《左传》罗列大量事例，将"远

---

① 《论语·颜渊》。
② 《论语·雍也》。

鬼神，近人事"的思维路向通过历史现象加以展示，那么，成书于战国末年的《易传》和《礼记》则从理论形态上将殷周以来人格神的鬼神观化解为人文主义的鬼神观，把鬼神诠释为天道自然的神妙变化。《周易》"观卦"的《象传》说：

> 观天之神道，而四时不忒，圣人以神道设教，而天下服矣。

《周易正义》对"神道"的解释是："神道者，微妙无方，理不可知，目不可见，不知所以然而然，谓之神道。"这种神道观已与宗教有神论相去甚远。"以神道设教"，意谓效法神妙的天道规律去教化天下，这是在中国影响深远的一种观念。

《周易·系辞上》又说：

> 范围天地之化而不过，曲成万物而不遗，通乎昼夜之道而知，故神无方而《易》无体。

这里所论之"神"仍然是指天道自然运行规律的神妙莫测，所谓"阴阳不测之谓神"[1]，"神也者，妙万物而为言者也"[2]，神在这里不过是阴阳微妙玄通变化的表现，与人格神观念两不相及。

《系辞上》还对"鬼神"的情状作了具体描述：

> 精气为物，游魂为变，是故知鬼神之情状，与天地相似，故不违。

---

[1]　《周易·系辞上》。
[2]　《周易·说卦》。

这里在阐明鬼神情状时虽然引出"游魂"说，透现出"灵魂不灭"论的痕迹，但主旨是在天道自然的范围内解释鬼神。《周易》还提出另一重要论点：一切天地幻化之神妙，人（通过"圣人"）皆可模拟之，所谓"是故天生神物，圣人则之；天地变化，圣人效之；天垂象，见吉凶，圣人象之；河出图，洛出书，圣人则之。"① 这就在天道原创的前提下，肯定人仿效、发挥天道的能动作用，从而将鬼神驱逐到可以忽略不计的位置上。

《礼记》也守持着《论语》—《左传》—《易传》的"人—神"路线。其《中庸》说：

> 子曰："鬼神之为德，其盛矣乎！视之而弗见，听之而弗闻，体物而不可遗。使天下之人齐明盛服，以承祭祀，洋洋乎如在其上，如在其左右。《诗》曰：'神之格思，不可度思，矧可射思？'夫微之显，诚之不可掩，如此夫。"②

这里所说的鬼神不是人格神，也不是独立于天地之外的精神，而是天道自然本身的微妙属性，高悬于人之上，充溢于人之间。其《祭义》又说：

> 因物之精，制为之极，明命鬼神，以为黔首，则百众以畏，万民以服。③

这里所说的鬼神仍然是指万物之精华、造化之极品，它们之所

---

① 《周易·系辞上》。
② 《礼记·中庸》。
③ 《礼记·祭义》。

以被命名为"鬼神"，是为了使庶众百姓畏服。这显然是"圣人神道设教"的另一说法。

《礼记》将鬼神归之于天道自然的微妙幻化，而认为人才是真正与"道"同在，并对"道"的运行起具体作用的因素，《中庸》说："道不远人。人之为道而远人，不可以为道。"① 意谓道是不能离开人的，离开了人来行道，就不可以行道了。又说：

> 大哉圣人之道！洋洋乎发育万物，峻极于天。优优大哉，礼仪三百，威仪三千，待其人而后行。②

认为圣人之道伟大至极，但是，必须等待有适当的人才能实行，这便是"人能弘道，非道弘人"③。这种人道观的阐释，与孟子的"知其性，则知天"④（知晓人性也就知晓天道）的观念也是一脉相通的，其主旨都在强调以人为本位。

人及人事是中华文化讨论的基本主题，正心、诚意、修身、齐家、治国、平天下等人间世务是其反复研习的课目，至于鬼神，虽然未被明确否定和排斥，却或者虚设其位，或者化解为天道自然的表现，类似耶和华上帝那样的人格神观念没有得到发展。中华文化勾勒的是一幅幅斑斓的人生现世图，其旨意在于引导人们从生趣盎然的此岸现世学做圣贤，而没有着力构筑一个虚幻的彼岸世界，引导人们到那里去寻找灵魂解脱。这一导向，对中国人的影响至深至远。中华文化的非宗教倾向和俗世化风格，以人生"三不朽"（"立德、立功、立言"）为形态

---

①② 《礼记·中庸》。
③ 《论语·卫灵公》。
④ 《孟子·尽心上》。

的终极关怀方式，都由此派生出来。

三、伦理中心与经世倾向

在中华文化系统中，道德论压倒知识论是一种明显倾向，构造出一种"重德求善"的文化类型，与"重知求真"的希腊文化类型形成鲜明对照。这是中国人文传统的又一特征。

在宗法血缘纽带较早解体的民族和国度，如希腊、罗马，更多地仰仗法律维系社会秩序，与之相随的是，主体与客体两分、心灵与物质对立的观念应运而起，人们的视野也不局限于伦常关系，转而探索大自然的奥秘和人类的思维规律，宇宙生成学和形而上学得以发展。在古希腊人那里，伦理哲学不过是整个学术文化中与其他门类彼此鼎立的一足。如柏拉图所代表的古希腊哲学体系包括思辨哲学、自然哲学和精神哲学（又称道德哲学），以后，斯多葛派明确地把哲学分为逻辑学、物理学（即自然哲学）、伦理学（即精神哲学）。近代的黑格尔是在承袭这种三分法的基础上，建立起自己庞大的哲学体系的。总之，从希腊到近代西方，"求真"型的科学文化构成主潮。这种文化类型把宇宙论、认识论与道德论严加区分，分别作纵向研究，因而本体论、认识论得到独立发展，没有与道德论混为一谈。

古中国的情形却别具一格：人伦效法自然，自然又被人伦化，形成天人合一，主客混融的局面。自然界既然未被当作独立的认识对象同人伦相分离，因此，以外物为研究对象的学科遭受压抑，自然哲学也就很不发达，思辨哲学也无以获得充分发育，而伦理学一枝独秀，其他学科门类往往以伦理为出发点和归结点。如政治观念大都是从伦理道德观念中引申而来的，三纲五常本是讲的伦常关系，后来被政治化、法律化，不忠不孝被视作"大逆不道"，可判极刑；全忠全孝，做道德完人，成为"最大的政治"。社会各阶层的人们都习惯于用道德准则评判政治，政事往往被归结为善恶之别、正邪之争、君子小人之辨，很少将政治问题置于知识论的基础上加以考察和评析。

以"三纲五常"为基本内容的伦理观念占据汉文化的中心位置，并构成选择异质文化的"过滤器"。在古代和中世纪，许多国度和民族以宗教作为撑持社会秩序的精神支柱，汉文化系统虽然容纳多种宗教，却避免了全社会的宗教化，原因之一是宗教精神难以通过纲常名教这块"过滤器"。大多数宗教都漠视世俗的人伦关系，如佛教教义主张无君无父，一不敬王者，二不拜父母，不受礼教道德的约束，"口不言先王之法言，身不服先王之法服，不知君臣之义、父子之情"①，而注重血亲关系的宗法制社会是不能容忍这一点的。某些中国本土宗教（如道教）和外来宗教的中国化教派（如佛教的禅宗）在尽孝、尽忠这伦理的两大端上作出让步，方获国人的理解，得到顺利的发展。总之，在汉族系统，曾经长期充当社会精神支柱的，是伦理道德学说，或称伦理世界观，它在某种程度上起着与欧洲中世纪神学世界观相类似的作用，成为一种"准宗教"。

与伦理中心主义紧密相连，并且更具体地展现人文精神的是经世主义。

经世观念的确立，始于春秋战国。如果说，殷商西周时期政教合一，治道与巫术未分，那么，晚周思想家的一项重要工作是把政治从宗教中离析出来，使其还原成现实的治理之道。春秋战国之际的人们曾这样描述政治："政，不可不慎也。务三而已：一曰择人，二曰因民，三曰从时。"② 这里的政治已经不

① 韩愈：《论佛骨表》，《韩昌黎集》卷七。
② 《左传·昭公七年》。

再突出"礼神",而关注"治民"。中华元典作为"尊礼"、"近人"的周文化的体现,将殷周以降的天命鬼神观念虚置起来,不予深论,其实也就是淡化了"礼神"而强化"经世"。

古代的知识阶层——"君子",其职业大略有三类。其一是司天文。战国时的阴阳家大抵由此类职业者演变而来。① 其二是司宗教事务。"夫人作享,家为巫史。"② 在商周,沟通神人的巫、史、祝、卜是当时文化的主要执掌者。其三是人君的政治辅佐者。这类佐理政务的人物,《尚书》称作"谋人"。《汉书·艺文志》认为:"儒家者流,盖出于司徒之官,助人君顺阴阳,明教化也。"先秦诸子是否分别源于某一王官,儒家是否由掌管国家土地人民、官司籍田、负责征发徒役的"司徒之官"演化而来,一向聚讼未决,但儒家显然已与宗教职业者和专司天文者相分离,从而区别于"出于清庙之守"的墨家,"出于史官"的道家,"出于羲和之官"的阴阳家;同时,又由于儒家与负有"教化"之责的祭师阶层有承袭关系,所以,儒家除有"助人君"的一面之外,还有"道与艺合,兼备师儒"③ 的功能,从而区别于虽然佐理人君,却"元教化,去仁爱,专任刑法"的"理官"出身的法家。④ 所以,儒家最完整地体现了"伦理—政治"型文化的特征,承袭了中华元典道、学、治三者贯通一气的古风。清人程晋芳说:"夫古人为学皆以自治其身心而以应天下国家之事,故处则为大儒,出则为大臣,未有剖事与心为二,剖学与行为二者也。"⑤ 龚自珍则将这种风格概括为:

① 《汉书·艺文志》:"阴阳家者流,盖出于羲和之官,敬顺昊天,历象日月星辰,敬授民时。"

② 参见《国语·楚语》。

③ 参见《揅经室文集·国史儒林传序》。

④ 参见《汉书·艺文志》。

⑤ 《正学论三》学术二,《皇朝经世文编》卷一。

"自周而上，一代之治，即一代之学也。一代之学，皆一代王者开之也。……道也，学也，治也，则一而已矣。"[1] 这种被后儒所崇奉的"古无经术治术之分"[2] 的仕学合一传统，正是孔子创设的儒学"入世—经世"风格的体现。"入世—经世"之风成为中国士子的主旋律，其优点和缺点都与此相联系，在某种意义上可以说：只有抓住"入世—经世"这一线索，才把握了中国人文传统的要义，把握了"伦理—政治"型的中国文化的真精神。

四、"民本"与"尊君"

中国传统的宇宙论是围绕"天人之辨"展开的，讨论宇宙生成、终极关怀不离人文精神；而其政治论的人文倾向则表现为，关于国体和政体的理念是从人伦观念引申出来的，即由"亲亲"导向"尊尊"，由"孝亲"导向"忠君"，因而是一种"德治主义"的政治论，是以人为本位，以帝王为中心的政治论。由此而展开"君民之辨"、"君臣之辨"，形成"民本"和"尊君"这样两种相反而又相成的观念，它们共同构成中国古典政治学说以君权为本位的一体两翼。

民本思想兴起于周代，成于其时的《尚书》、《诗经》透现民本思想之处，数不在少。《尚书》载周武王的一个崭新命题："天视自我民视，天听自我民听"[3]，将"天意"归结为"民意"，这是一个巨大的思想飞跃，与殷统治者无视民众意愿，一味借"天意"肆行无忌的横暴态度大相径庭。

---

① 参见《龚自珍全集·治学》。
② 《经义制事异同论》，《皇朝经世文编》卷一。
③ 《尚书·泰誓》。

春秋年间编辑成集的《诗经》，也有力地显示了"民"的力量。《诗经》中多有反映民众疾苦的悲愤之作。特别是国风中的《北门》《伐檀》《硕鼠》诸篇，呼唤出劳苦大众的满腹怨愤，发出对统治者的严厉警告。这样的诗篇被采集，并被广为传播、援引，反映了春秋年间民众的呼声已被社会所注重。

纵观晚周诸典籍，我们可以发现，民本思想在春秋战国已形成一股声势浩大的潮流，诸子大都卷入。

老子思想的主流是自然主义，"法自然"① 是老子认定的最高境界，但老子在政治论方面又力主以民为本位。众所周知，老子有浓厚的愚民思想，他认为"古之善为道者，非以明民，将以愚之。民以难治，以其知多"②。这种返古愚民的思想，是老子克服"文化悖论"的一种设计。与此同时，老子又是一位深切同情民众的哲人，他提出"爱民"的命题，主张以"无为"的办法"爱民治国"，并认为统治者应该以民众的意愿为自己的意愿——"圣人无常心，以百姓心为心"③；他谴责"以百姓为刍狗"的做法是"不仁"，严厉警告统治者，"民不畏死，奈何以死惧。"④ 他还揭露统治者的横征暴敛导致民众的饥困——"民之饥，以其上食税之多，是以饥"⑤。老子的出发点可能是复归质朴的上古，但上述言论确乎表明，这位深邃的哲人看到民众的苦难，也意识到民众的力量，并以为统治者万万不可撄其锋。他对统治者的告诫是"知雄守雌"，"知白守黑"，"知荣守辱"，"将欲废之，必固兴之；将欲夺之，必固与之"。这已大不

① 《老子》第二十五章："王法地，地法天，天法道，道法自然。"以下引《老子》只注编号。
② 《老子》第六十五章。
③ 《老子》第四十九章。
④ 《老子》第七十四章。
⑤ 《老子》第七十五章。

同于殷商时统治者可以任意处理民众的生杀予夺的情形。老子的上述思想，是没落贵族采取的一种退守谋略。这种谋略正表明民众这一实体已被认识和重视。

儒家扬弃老子的自然无为思想，将民本主义发展得更为鲜明。这在《论语》《孟子》中多有展示，已为人所熟知，此不赘语。

至于代表"贱人"利益的墨家，则站在"农与工肆之人"的立场上，高喊出"民之三巨患"——"饥者不得食，寒者不得衣，劳者不得息"，愤怒谴责"今王公大人"的腐化堕落，力主非乐、非命、节用、节葬。墨子苦口婆心地劝诱当政者向"农与工肆之人"开放政权，不要搞贵族专政，"不党父兄，不偏富贵"①，并希望统治者采取"役夫之道"，"与百姓均事业"、"共劳苦"。这当然是一种不切实际的幻想。但墨子是真诚的，他对自己的学说身体力行，勤俭自饬，胼手胝足，摩顶放踵，利天下以为之。墨子是我国从庶众产生出来的第一个大思想家，其思想的优长与缺失，正反映了那一时代庶众的认识水平。

晚周民本思想与殷商盛行的神权思想相抗衡，展现了中国人文传统的特有风貌。战国以后，随着君主专制制度的确立与发展，民本思想与尊君论又彼此交织，互为表里，分别在不同层面上为两千余年的统治者所用。汉、唐建国初年的帝王在开创"文景之治"、"贞观之治"的局面时，便记取了孟轲"轻刑薄税"、"制民之产"一类训言。至于杜甫、白居易等现实主义作家在挥写揭露社会弊端的诗篇时，除了现实生活的启示外，晚周民本思想的影响也是显而易见的。在杜甫"朱门酒肉臭，路有冻死骨"的名句里，可以发现《孟子》"庖有肥肉，厩有肥

①　《墨子·尚贤中》。

马，民有饥色，野有饿莩"① 的余韵流风。

中国人文传统中的君民之辨是以君为本位的，其向左翼伸展，而为民本主义；向右翼伸展，则为尊君主义。两翼共属君主政治这一主体。这两大主义取"共生状态"，都是农业—宗法—专制社会的派生物。这种社会既需要民众（以农民为主体）安居乐业，从事生产和再生产，又需要在高度分散的小生产者组成的村落、城镇之上，有一个威权无限的专制帝王去统合政治、教化、军事、财政。于是，从农业—宗法—专制社会的主体伸展出民本论和尊君论这左右两翼，两翼齐飞，君本位便得以平稳翱翔，国泰民安（"文景之治"、"贞观之治"为其典范），如果一翼发生故障，君本位则有可能倾斜以致覆亡。

汉代以降的儒家大都力图综合"民本"、"尊君"两翼，但尊君论色彩较先秦原始儒家更浓厚。董仲舒便赋予尊君论以神学色彩。他说："天子受命于天，天下受命于天子。"② 又说："《春秋》之法，以人随君，以君随天。"③ 把君描述成天与人之间的媒介，君的职责是代天宣化，臣民则应当像顺从天那样顺从君。不过，董仲舒仍以"天"制约"君"，君权仍然不是无限制的；唐代韩愈进一步设君、臣、民三者的社会使命："君者出令者也，臣者行君之令，而致之民者也。民者出粟米麻丝、作器皿、通货财以事其上者也。君不出令则失其所以为君。臣不行君之令而致之民，民不出粟米麻丝、作器皿、通货财，以事其上，则诛。"④ 大倡尊君抑民之说。此后，二程、朱熹等宋代理学家以更加富于思辨性的理论体系为"君权神圣"作论证，

---

① 《孟子·梁惠王上》。
② 《春秋繁露·为人者天》。
③ 《春秋繁露·玉杯》。
④ 韩愈：《原道》。

将"君为臣纲"归结为"天理"。但理学家以"帝师"自命，企图以"道"教君，故其尊君论也不是绝对的。

如果说，尊君论在先秦时代与民本论相互渗透，浑然一体，那么，自战国后期开始，特别是秦汉以后，随着专制主义君主集权政治的愈益强化，尊君论与民本论相统合虽然没有中止，但二者分道扬镳则是主要倾向。随着尊君论与民本论对立性的发展，尊君论自秦汉以降，特别是明清两代更发展为绝对君权主义，民本论日益受到尊君论的排斥与压抑。君本位的两翼失衡，已渐成大势，而处于"在野"地位的民本主义逐步演为君主专制政治的反对派。

五、"敬祖"与"重史"

在中华文化系统中，其本根性不亚于"尊天"观念，而与人文传统密切相连的，是"敬祖"意识，以及由此推演出来的"重史"传统。尊天、法祖，尚人文、重史乘，构成中华文化精神的主动脉，显示了中国传统意识的基本特征。

在中华文化系统里，作为"合族之道"的基本观念是"尊天"与"法祖"。所谓"万物本乎天，人本乎祖。"① "天地者，生之本也。先祖者，类之本也。……无天地，恶生？无先祖，恶出？"②

由敬祖观念推演出的一个重要伦理范畴是"孝"，所谓"修宗庙，敬祀事，教民追孝也"③。这种"追孝于前"的意识，必然导致重传统、重历史。孔子发挥孝道维系传统的特殊含义说：

---

① 《礼记·郊特牲》。
② 《荀子·礼论》。
③ 《礼记·坊记》。

"三年无改于父之道，可谓孝矣。"① 不轻易改变前辈的行为准则便是"孝"，足见孝的精义在于强化历史的线性延续。这与孔子的"信而好古"② 说是一脉相通的。而所谓"好古"便是求知于历史，孔子否认自己的知识是与生俱来的，并且毫不含糊地指出，知识从历史经验中求得，"我非生而知之者！好古，敏以求之者也。"③《说文》释为"古，故也。从十口，识前言者也。"古可以理解为历史，是知识和智慧的源泉。"好古"必然走向"重史"，司马迁说，孔子有感于"周室微，而礼乐废，诗书缺"，决心"追迹三代之礼，序书传"④。我们且不深论《周礼》及《书传》是否孔子所作，但说孔子怀着"续亡继绝"之念去"追迹三代"，都切合先秦哲人们的心态，如老子也讲"执古之道，以御今之有"⑤，充溢着"续亡继绝"、"执古御今"的历史意识。

有着明显的非宗教和现世化倾向的中国文化，奉行的"古训是式"原则，并不是从神秘主义和宗教虔诚的角度对待"古训"（即历史）的，而是从一种现世化的、人文色彩浓厚的观念出发，把历史视作现实的借镜，所谓"殷鉴不远，在夏后之世"⑥。

中国史学的人文性确立甚早，这一点法国启蒙大师伏尔泰特别叹服。他辛辣讽刺基督教神学统治下的欧洲史学充满神异性内容，而中国的编年史"几乎没有丝毫的虚构与奇闻，绝无埃及人和希腊人那种自称上帝的代言人；中国人的历史从最初起便写得合乎情理"。⑦

---

① 《论语·学而》。
②③ 《论语·述而》。
④ 《史记·孔子世家》。
⑤ 《老子》第十四章。
⑥ 《诗经·大雅·荡》。
⑦ 《风俗论》，《伏尔泰全集》第 7 卷，第 682 页。

因人文精神强大而特别重视史学；史学中又贯穿着中国式的人文精神。这便是中国人文传统的又一显著表征。

结　语

中国的人文传统渊深浩博，它展开于宇宙论、政治论、人生论、道德论、历史观等诸多领域，中华民族的思维特色，如经验理性、侧重伦常、民本思想、富于历史感、和而不同，等等，都与其相关。同时，中国的人文传统既是"早熟"的，又是难以突破故道的，因此，中国人文传统未能直接推引出近代精神，没有指向近代民主，却导致王权主义。① 同时，中国的人文传统由于缺乏对个体自由和人格独立的必要肯认，因而难以独立提供造就现代新人的健全氛围。直到 19 世纪中叶以降，在新的世界条件下，中西文化碰撞、互补，引发社会及文化的现代转型，中国人文传统方获得时代性变换的机遇，并构成中国现代精神的有机部分，成为汲纳、选择外来文化（包括西方人文主义）的主体意识的重要组成部分，又为现代西方哲人构建新的人文精神提供启示，爱因斯坦、玻尔、普利高津、海德格尔、萨特已经从这些启示中获益，其后继者还将继续从中获益。

西方以强调个体价值为特征的人文传统，在现代化过程中曾经充分发挥其积极效应，同时又引发出若干弊端；中国强调社会人格的人文传统，缺乏自发走向现代的动力，却有可能在经过现代诠释以后，为克服某些现代病提供启示。因此，不能简单对西方人文传统或中国人文传统一味褒此贬彼，而只能将它们置于历史进程中加以具体分析，并试图在现代生活实践中

---

① 参见刘泽华：《中国的人文思想与王权主义》，《中国传统文化的再估计——首届国际中国文化学术讨论会文集》，上海人民出版社 1987 年版。

探索二者统合的可能性。

中西人文传统都是在漫长的历史进程中产生、发展起来的，在不同阶段，各有特定的内容，因而我们在对人文传统作民族性区分的同时，还应当对人文传统作历史的观照，当下尤其有必要考察三个转型阶段人文精神具体形态的联系性与差异性：（一）在文野交界之际（如古希腊、罗马、中国先秦时期），人文精神表现为在"人兽之辨"、"人神之辨"中强调人的特性和地位，表现为以人文知识教育人，如中国周代以礼、乐、射、御、书、数等"六艺"教士；古罗马以文、史、哲、数培养自由公民。（二）在中世纪末期兴起的欧洲文艺复兴、中国明清之际的"破块启蒙"思潮，论证人的世俗要求的合理性，以批判神学蒙昧主义、禁欲主义及专制独断论。（三）在工业文明普被，向后工业文明转化的现代，与唯科学主义和拜金主义相抗衡，则有新人文思潮崛起。[1] 当下的人文精神讨论便是这一历史序列的自然延伸。今日的人文讨论，哪些方面承袭了第一阶段的遗产，哪些方面受启迪于第二阶段的灵性，哪些方面是正宗的第三阶段论题，我们应作分层梳理，而不宜混为一谈，作超时空漫议。总之，只有在较清晰的历史理念指引下，当下的人文精神讨论才不致陷入概念紊乱、思路芜杂的泥淖，方有可能在比较坚实的地基上朝前跃动，作出创造性诠释，从而为解决现实问题提供真切可靠的思想资源。

---

[1] 参见许苏民：《人文精神论纲》，《学习与探索》1995 年第 5 期。

第六讲　中华元典的"人文性"

本文从比较文化学角度，讨论中华文化的重要载籍——《诗》、《书》、《礼》、《易》、《春秋》、《老子》、《庄子》等元典的人文性。

一、参照系：希伯来元典和印度元典的"神文性"

希伯来元典《圣经》充满了对于彼岸世界的向往、追求乃至恐怖。《圣经》的理论立点是有神论，而且是崇奉唯一神（上帝耶和华）的有神论。《圣经》的一个著名故事，讲到摩西向以色列人晓谕律例、典章，并说这是上帝在何烈山与人类立的约。摩西传达上帝在山上从火中向人类发出的指示：

> 我是耶和华，你的上帝，
> 曾将你从埃及地为奴之家领出来。
> 除了我以外，

你不可有别的神。

不可为自己雕刻偶像，

也不可作什么形像，

仿佛上天、下地和地底下水中的百物。

不可跪拜那些像，

也不可事奉他，

因为我耶和华，你的上帝，

是忌邪的上帝。①

这是极端的一神论教规。正是由此出发，才可以理解基督教毫不妥协的排他性，才可以理解中世纪欧洲列国的宗教战争和十字军东征那样的"圣战精神"，也才可以理解清代顺治、康熙年间，为顺应中国国情，耶稣会中国传教团曾允许中国教徒祭祖祀孔，何以会受到罗马教廷的严厉斥责和禁罚，造成教皇与中国皇帝的公开冲突，即著名的"中国礼仪之争"。

神（上帝）是整个《圣经》系统的中心，是天地万物的创造者和主宰，并对人赏善惩恶。上帝论也即神论，是基督教神学的基本课题。"上帝论"认为，神（上帝）是无可言喻的，本身就是"存在"，其本质亦即是"存在"，是不可能不存在的"存在"，即"必然存在"、"最高存在"和"第一存在"。一切完美属性无不为上帝所具有；上帝对于世人，处于位格而非无人称的哑然存在体；上帝对于自然，是超越万物又内在于万物；上帝对于时空，是无限、单纯和独立的。人则由上帝所造，其灵性和弱点都是上帝赋予的，耶和华的信徒们曾这样向耶和华唱赞歌："人算什么？你竟眷顾他？/你叫他比天使微小一点，

---

① 《旧约全书·申命记》。

并赐他荣耀尊贵为冠冕。/你派他管理你手所造的、使万物，就是一切的羊牛、田野的兽、空中的鸟、海里的鱼，凡经行海道的，都服在他的脚下。/耶和华我们的主啊，你的名字在全球何其美！"① 人既然一切受领于上帝，人便是上帝的臣民，负荷着"原罪"的人唯有信仰上帝，才能得到救赎。这种神本主义的神人观曾统治欧洲中世纪，文艺复兴崛起的人文主义是借助古希腊人文传统对希伯来传统的一个救正。即使在现代，神本主义的神人观仍对西方基督教世界有重要影响。

印度《吠陀》系统也大体持有神论，不过，这里并不崇拜唯一神，而是诸神并立，神也并不像《圣经》中耶和华那样支配一切。印度人从未视神为"绝对者"，诸神低于"绝对者"。"绝对者"即"大法"是一种宇宙法则，在诸神之上。《奥义书》及吠檀多学者注重的是"大法"的权威，而不是神的权威。吠檀多学者创立自我与他我"不二论"，宣称自我与他我统一于"绝对者"、"梵天"或"大法"。神不是梵天、大法的制定者，而是梵天也即宇宙永恒的"大法"，使神成其为神。印度诸神与众生无异，都不是道德典范，他们也有嫉妒、羡慕、不和、背信、贪欲、骄傲、怯懦、邪淫等毛病，与百欲兼具的希腊奥林匹斯山诸神颇相类似，而与希伯来人塑造的那个"全能、全善、全美、全知、全在和全备一切"的上帝耶和华迥然相异。因而，印度人并不是从神寻求道德指教，而是从超越诸神的"大法"中获得道德启示和灵魂拯救。当然，印度也有"黑天"那样的宇宙人神，《薄伽楚歌》称其为"最高的宇宙精神"，但黑天仍然不具备耶和华的自在性和绝对性，黑天是因其英雄业绩而被大神湿婆推尊为宇宙大神的，而并非自来即有、全备一切的创

---

① 《旧约全书·诗篇》。

世上帝。至于《佛经》系统，虽然借用了婆罗门神教，但将这些神祇视作众生，连佛本身也不是神。佛虽有超人的智慧和能力，却并不能像耶和华那样主宰人的吉凶福祸，佛也受因果律支配。从这一意义上说，原始佛教有无神论倾向。当然，作为一种宗教教义，佛学中包含大量关于彼岸世界的描述，如在中国广泛流传的《佛说阿弥陀经》便尽述西天极乐世界的庄严美妙。

《吠陀》系统和《佛经》系统对人的看法也具有特色。从自我、他我"不二论"出发，印度人不仅认为诸神与众生无异，同时也认为人种与众生无异，印度人谈及"人"时，所用字汇是"生物"、"有生类"、"动物"，《梵经》说："人的行为与兽的行为没有什么不同。"佛教的《法句经》说："一切有生类都深深依恋生活"，"众生都欲安乐"。印度各教派的古文献都肯定人兽无差别的观点。第一，认为人属于胎生生物，归属于生物世界；第二，承认一切生类中存在精神因素，不仅人和兽有灵魂，植物也有灵魂。当然，印度元典也看到人是有理性、会思维的动物，因而优于其他生物，《森林书》说：

液汁进入草木，动物有脑汁。而"普遍自我"对人的启示是最清楚的，因为人被赋予"知性"。他能看到并且能谈论他所识别的是什么，能预料明日大概怎样，知道现实世界和非现实世界的区别，虽然他难免一死，但他力图达到不朽。[1]

佛教则高度珍视"受授人身状态的千载难逢"，认为人的生命应

---

[1] 转引自中村元：《东方民族的思维方法》，浙江人民出版社1989年版，第53页。

当受到尊重,《大正经》十五卷称:

> 顺古圣王勿行刑戮,何以故?生人道者胜缘所感若断其命定招恶报。

《奥义书》强调人类受大法支配的伦理价值,人若忽视"大法",丧失伦理,则无异禽兽。《歌者奥义书》称:

> 今世善行之人,来世将再生为婆罗门、刹帝利或吠舍。相反,罪恶之人将投生于狗胎、猪胎,或将沦为无所归宿者。

总之,人是众生之一,神也是众生之一,人和神都是宇宙"大法"的产物,"大法"是人兽之别的界线,遵循大法者才是真正的人。这便是印度元典系统的"精人之辨"和人道观。

二、《尚书》"绝地天通"与《圣经》"巴别塔"之比较

在"神人之辨"方面,中华元典系统与上述希伯来元典系统、印度元典系统有着迥然相异的旨趣,而与人文主义的希腊元典系统有某种近似之处。希腊元典(以柏拉图著作为例),保留着"宇宙的创造者"和"诸神"的地位,认为人是"宇宙创造者",用"宇宙灵魂"与各种元素混合制作出来的,"这个优越的种类便叫作人"①,可见,这里虽然沿袭着神创说,却强调人的崇高。柏拉图还引述普罗泰哥拉的名言"人是一切事物的

---

① 柏拉图:《蒂迈欧篇》。

尺度"①，认为人必须透过自己的价值系统去观照宇宙，体认宇宙，发现宇宙的价值。这里洋溢着强烈的人文主义色彩。

在中国，对鬼神的解释甚多。"神"的古字通"示"，示又可简作"丁"、"丨"为男根，"一"为上意，"丁"为生殖器之上，即生命原始起点，故"神"有引出万物的天神之义，又有神明莫测之义。"鬼"的字形酷似一个人戴着一副大面具，意味着陌生怪异，但又毕竟由人演化而来。鬼神往往连用，《正字通》说："神，阳魂为神，阴魄为鬼；气之伸者为神，屈者为鬼。"中国人的鬼神意识是与宗教意识紧密相关的。而中国人的崇教意识也走过了从原始自发宗教到人为宗教的发展过程，从多神崇拜演为至上神（"上帝"或"天"）崇拜。作为中华元典萌芽期的商代，正是盛行鬼神观念的时段，所谓"殷人尚鬼"，"殷人尊神，率民以事神，先鬼而后礼。"② 一切"王事"都祈求神佑，"残民奉天"、"残民尊神"是殷人的主张。西周时鬼神观念发展得更为具体，一谓死为鬼，可图报在生时的恩怨，二谓鬼神能祸祟于人，三谓求神可得福佑。殷墟甲骨卜辞和周金文中多有卜问鬼神的记载，《尚书》也言及周公自称"多材多艺，能事鬼神"③，《礼记》更谓"三代明王，皆事天地之神明，无非卜筮之用。"④正因为人们敬事鬼神，所以在殷周两代充当神人媒介的巫、祝、史、卜等宗教职业者地位颇高，而国家统治者则力图将其控制在自己手里，任命为宫廷要员，以掌握解释神意的专利。

《吕刑》是我国现存最早的系统的刑法专著，讲的是吕侯劝导周穆王明德慎罚，制定刑事，因而国家大治。接受吕侯建议

---

① 柏拉图：《泰阿泰德篇》。

②④ 《礼记·表记》。

③ 《尚书·金縢》。

的穆王发布的诰词说，当年颛顼为平息苗民的作乱，"乃命重、黎，绝地天通"①。"重"和"黎"都是传说中的颛顼时人，相传"重"主持天神，"黎"主持臣民，颛顼作出这种分工安排，为的是禁止民和神相通的法术，神和人再也不能升降杂糅，也就安分守纪了。《国语·楚语下》对"绝地天通"作了一番解说：

> 颛顼受之，乃命南正重司天以属神，命火正黎司地以属民，使复旧常，无相浸渎，是谓绝地天通。

韦昭注《国语》这段话，引用观射父的诠释："绝地天通"就是"绝地民与天神相通之道"。这样，窥探神意的占卜术便作为国家职能操之于最高统治者手中，而不使民间杂措。

中华元典的"绝地天通"说，与希伯来元典的"巴别塔"故事颇有相近之处。"巴别塔"故事讲的是：挪亚的子孙向东迁徙，至示拿，见一平原，乃在此建一城和高塔以达天上。上帝虑彼等今后将无事不成，乃混乱其语言，致使互不通意，乃四散，人类通天的计划遂成空想。②《圣经》的"巴别塔"故事与《尚书》的"绝地天通"说的相似点在于，二者都着意分割天与地、神与人，使下民保持愚昧分散状态，以便操纵。但再深入一层剖析，可以发现东、西两大元典中的两个题旨又相径庭。西方《圣经》中的"巴别塔"故事展示了一个上帝捉弄人类的游戏，这是上帝对人类分而治之的策略，上帝在这里导演着一切，人类及其首领都被玩弄于股掌之上。而中国的"绝地天通"说却由周穆王宣示出来，是人间王者控制神权的一种努力，所

---

① 《尚书·吕刑》。
② 《旧约全书·创世纪》。

以，这里虽然表面沿袭着神道观念，实际上其根底却在人学原理，是"人王"在操纵神—人关系。由两种不同的神—人关系准则推演下去，便产生了两种相异的文化路向。在基督教至上的欧洲中世纪，往往是宗教控制国家，神权驾凌君权，走的是"神—人"路线；而在西周以降的中国。神学逐渐从属人学，国家控制宗教，君权驾凌神权之上，"重神"转为"重人"，走的是"人—神"路线。

这种"人—神"路线在中华元典里多有体现。如《尚书·微子》记载，殷纣王的庶兄微子见纣王昏暴，又不听规劝，微之忧心如焚，与掌握神权的父师商量，父师告诫微子尽早出逃，因为天已降灾殷朝，以至"今殷民乃攘窃神祇之牺牷牲用以容，将食无灾"。意谓殷的百姓竟然偷盗祭祀天地神灵的猪牛羊三牲，把它们藏起来，或饲养，或吃掉，却没有受到惩罚。这正显示了时人对鬼神的蔑视和神权的失灵。至于《诗经》更有下民之孽，匪降自天。噂沓背憎，职竞由人。"[1]（黎民百姓受灾殃，灾殃并非从天降。当面欢合背后恨，祸患都因有坏人。）一类求福祸于社会自身的诗句，认定人间的灾难并非天神所降，而是世间坏人肆虐的结果。

三、"敬鬼神而远之"

如果说，殷商是神权至上的时代，西周还弥漫着鬼神崇拜，那么，春秋以降鬼神观念则渐趋淡薄，春秋中叶之后，祭司阶层的独立性已见式微，卫献公称"政由宁氏，祭则寡人"[2] 统治者已不一定要依赖宗教职业者专司祭典。

---

① 《诗经·小雅·十月之交》。
② 《左传·襄公二十六年》。

到了春秋末期，“远鬼神，近人事”的思维路向更趋明朗，这在孔子那里有所体现。孔子作为殷周文化传统的承继者，既因袭着殷周盛行的鬼神观念，又受到《诗》《书》中怀疑天神、疏远天神的新思想影响，而孔子又不是一个深入探索宇宙论的哲人，他没有就鬼神的有无及人神关系等形而上问题展开彻底的思考，而是从开通的入世者睿智出发，对鬼神采取一种“存而不论”的态度。他说：“务民之义，敬鬼神而远之，可谓知矣。”① 当子路问如何敬事鬼神时，孔子答曰：“未能事人，焉能事鬼。”② 孔子是重祭祀的，但他并不以为那被祭的“神”是个真实的实体。不过是人们思念着它，它便似乎就存在着，所谓“祭如在，祭神如神在”③。这是介乎有神论与无神论之间的一种“模糊哲学”，其精义仍然是对鬼神“存而不论”，“事其心”而已。

孔子对鬼神虚应之而决不深论，所谓“子不语：怪，力，乱，神”，对人及人事则进行周详真切的研讨并诉诸实行。孔子论“仁”、论“智”，其指向均在人。

樊迟问仁。子曰：“爱人。”问知，子曰：“知人。”④ “人”是孔子仁学的核心，故称“夫仁者，己欲立而立人，己欲达而达人”⑤。孔子的学问可以说是“人学”，其政治论、社会论、伦理论、教育论、历史论，都是由这种“人学”演绎出来的，神学意味都十分淡薄。

春秋开始出现的“远鬼神，近俗世”的思维路向，在战国时期定型的诸元典中得到进一步发挥，其中尤以《春秋左氏传》

---

① ⑤ 《论语·雍也》。

② 《论语·先进》。

③ 《论语·八佾》。

④ 《论语·颜渊》。

展开得最为具体。

《左传》成书于战国初年，据徐中舒意见，《左传》可能是子夏的一传或再传弟子在魏国作于公元前三七五至三五一年间。《左传》反映了春秋战国之交的社会思潮，而此间正由"重神"向"重人"（或曰"重民"）转变。《左传》作者站在时代潮流前列，向殷商西周神权至上传统提出的挑战。

《左传·桓公六年》记载，随国国君自谓祭祀天神的牺牲丰厚，便可以取信于神，但随国贤臣季梁却不以为然。他说："夫民，神之主也。是以圣王先成民，而后致力于神。"公然把"民"说成"神之主"，统治者应当首先满足民众的意愿，实现"民和年丰"，才能得到"神降之福"。《左传·襄公三年》还征引周公的名言，"民之所欲，天必从之"。这些言论虽然没有否定神的存在，却将神意归结为民意，实际是把神权驱逐到虚设的位置上。

《左传·僖公五年》亦有类似记载：晋侯欲借道虞国讨伐虢国，官之奇谏止。晋侯认为自己"享祀丰洁，神必据（依靠）我"，官之奇在反驳晋侯时，提出"民不和，神不享矣。神所冯（凭）依，将在德矣"，要求晋侯把注意力从祈祷上天，改变为实行德政，以争取民众的支持。

《左传》还依据"民为神主"的思想，揭起反对祭祀的旗帜。如宋襄公欲以鄫子作祭祀的牺牲，宋国的持政大臣司马子鱼加以阻止。子鱼说："祭祀以为人也。民，神之主也。用人，其谁飨之？①司马子鱼批判盛行于殷周的人祭制度时所运用的思想武器，还是民本主义——既然人是神之王，祭祀是为了人，那么，用人作牺牲，谁还会来享用呢？

---

① 《左传·僖公十九年》。

对于春秋年间的"重民"政治家，如郑文公、郑子产、齐晏婴，《左传》也以明显的赞扬态度记载他们的言行。邾文公曾说："苟利于民，孤之利也……民既利矣，孤必与焉。"① 子产则提出"天道远，人道迩"② 的著名论点，劝诫人们不要一味追求那个遥远不可捉摸的"天道"，而应更多地注重切身的"人道"。这在充满对"天""神"迷信的时代，是一种新颖而大胆的卓见。当齐王因彗星来临而惊惶，急忙要人们祈祷时，晏婴却正告齐王："君无违德，方国将至，何患于彗？"反之，如果违背了德政，"民将流亡，祝史之为，无能辅也"③。在子产、晏婴这些充满智慧和理性的言论后面，除了可以看到科学知识对他们的启迪外，还尤其显示了人文因素的强劲影响，民众的力量已成为这些政治家考察的主要问题，而冥冥上苍的恩宠或惩罚，已不太为他们所关切了。

此外，《左传》还有许多否定鬼神迷信，从人本身求得人事因由的卓越命题，如"吉凶由人"④，"妖由人兴"、"妖不自作"⑤，"祸福无门，唯人所召"⑥ 等等。在《左传》书中，神的阴影并未退出天幕，但神往往被当作虚应故事，并未认真对待，书中着力研讨的是人的好恶和追求，"听于民"才是执政者确定动向的真正准绳，甚至连神本身，也不过被看作人的意志的执行者，所谓"神，聪明正直而壹者也，依人而行"⑦。这样的"神道"现已基本上化入"人道"观之中了。

———

① 《左传·文公十三年》。
② 《左传·昭公十八年》。
③ 《左传·昭公二十六年》。
④ 《左传·僖公十六年》。
⑤ 《左传·庄公十四年》。
⑥ 《左传·襄公二十三年》。
⑦ 《左传·庄公三十二年》。

四、《易传》、《礼记》鬼神观的人文倾向

如果说成书于战国初年的《左传》罗列了大量事例，将"远鬼神，近人事"的思维路向通过历史现象加以展示，那么，成书于战国末年的《易传》和《礼记》则从理论形态上将殷周以来人格神观化解为人文主义的鬼神观，把鬼神诠释为天道自然的神秘变化。《周易》"观卦"的《象传》说：

> 观天之神道，而四时不忒，圣人以神道设教，而天下服矣。

《周易正义》对"神道"的解释是："神道者，微妙无方，理不可知，目不可见，不知所以然而然，谓之神道。"这种神道观已与宗教有神论相去甚远。"以神道设教"，意谓效法神妙的天道规律去教化天下，这是在中国影响深远的一种观念。

《周易·系辞上》又说：

> 范围天地之化而不过，曲成万物而不遗，通乎昼夜之道而知，故神无方而易无体。

这里所论之"神"仍然是指天道自然运行规律的神妙莫测，所谓"阴阳不测之谓神"①，"神也者，妙万物而为言者也"②，神在这里不过是阴阳微妙玄通变化的表现，与人格神观念两不相及。

---

① 《周易·系辞上》。
② 《周易·说卦》。

《系辞上》还对"鬼神"的情状作了具体描述：

> 精气为物，游魂为变，是故知鬼神之情状，与天地相
> 似，故不违。

这里在阐明鬼神情状时虽然引出"游魂"说，透现出"灵魂不
灭"论的痕迹，但主旨是在天道自然的范围内解释鬼神。《周
易》还提出另一重要论点：一切天地幻化之神妙，人（通过
"圣人"）皆可模拟之，所谓"是故天生神物，圣人则之；天地
变化，圣人效之；天垂象，见吉凶，圣人象之；河出图，洛出
书，圣人则之"①。这就在天道原创的前提下，肯定人的能动作
用，从而将鬼神驱逐到可以忽略不计的位置上。

《礼记》也守持着《论语》—《左传》—《易传》的
"人—神"路线。其中《中庸》说：

> 子曰："鬼神之为德，其盛矣乎！视之而弗见，听之而
> 弗闻，体物而不可遗。使天下之人齐明盛服，以承祭祀，
> 洋洋乎如在其上，如在其左右。《诗》曰：'神之格思，不
> 可度思，矧可射思？'夫微之显，诚之不可掩如此夫。"②

这里所说的鬼神不是人格神，也不是独立于天地之外的精神，
而是天道自然本身的微妙属性，高悬于人之上，充溢于人之间。
《祭义》又说：

> 因物之精，制为之极，明命鬼神，以为黔首，则百众

---

① 《周易·系辞上》。
② 《礼记·中庸》。

以畏，万民以服。①

这里所说的鬼神仍然是指万物之精华、造化之极品，它们之所以被命名为"鬼神"，是为了使庶众百姓畏服。这显然是"圣人神道设教"的另一说法。

《礼记》将鬼神归之于天道自然的微妙幻化，而认为人才是真正与"道"同在，并对道的运行起具体作用的因素，《中庸》说："道不远人。人之为道而远人，不可以为道。"② 意谓道是不能离开人的，离开了人来行道，就不可以行道了。又说：

> 大哉圣人之道！洋洋乎发育万物，峻极于天。优优大哉！礼仪三百，威仪三千，待其人然后行。③

认为圣人之道伟大至极，但是必须等待有适当的人才实行，这便是"人能弘道，非道弘人"④。这种人道观的阐释，与孟子的"知其性，则知天"⑤（知晓人性也就知晓天道）的观念也是一脉相通的，其主旨都在强调以人为本位。

人及人事是中华元典讨论的基本主题，正心、诚意、修身、齐家、治国、平天下等人间世务是其反复研习的课目，至于鬼神，在元典中虽然未被明确否定和排斥，却或者虚设其位，或者化解为天道自然的表现，类似耶和华上帝那样的人格神观念没有得到发展。中华元典勾勒的是一幅幅斑斓的人生现世图，其旨意在于引导人们从生趣盎然的此岸现世学做圣贤，而没有

① 《礼记·祭义》。
②③ 《礼记·中庸》。
④ 《论语·卫灵公》。
⑤ 《孟子·尽心上》。

着力构筑一个虚幻的彼岸世界，引导人们到那里去寻找灵魂解脱。中华元典的这一精神导向，对中国人的影响至深至远，中华文化的非宗教倾向，中国宗教的现世化风格，中国人区别于印度人和希伯来人的特别的终极关怀方式，都由此派生出来。

五、中华元典的"世俗性"

说中华元典具有"世俗性"，并不是说中华先民没有宗教意识和创建宗教的实践，而是指中华元典精神的重心在"入世"而不在"出世"，这种价值取向使中华文化的宗教色彩比较淡薄，不同于印度、中东、欧洲等地区长期由宗教左右文化的情形。

以欧洲而论。宗教和神学一直在这个大陆的文化中占据举足轻重的地位。荷马时代的古希腊人确信，现世之上有一个以奥林匹斯山为中心的神的世界。神间冲突、神人冲突构成希腊神话和悲剧的基本内容。当轴心时代的希腊诸哲兴起以后，人文主义高扬，神界退居希腊文化幕后。在希腊—罗马文化走向衰落之际，来自中东的基督教迅速风靡欧洲，成为中世纪千年间的文化主干。基督教通过天堂与地狱、原罪与赎罪、末日审判等命题，将人世的苦难、短暂与天堂的幸福、永恒形成鲜明对照，从而引导人们通过信仰上帝超脱现世的苦难，去求得天堂的解脱。充满了神异说和宗教激情的《旧约》与《新约》成为基督教世界人人遵奉的《圣经》。而中国人视作圭臬的元典，讲究的却是"君子以经纶"①、"春秋经世"②，人们关心的是现实政治和人间伦常。

---

① 《周易·屯卦·象传》。
② 《庄子·齐物论》。

中华文化的"世俗倾向"突出表现在广大士人以现实政治为务，而政治又已经从神学中剥离出来，所谓"政，不可不慎也。务三而已：一曰择人，二曰因民，三曰从时。"① 政治取决于用人的恰当、民众的拥护和时势的趋向，"礼神"则不是必要的功课。在这种"尊礼"、"近人"精神培育下，大多数中国人不时也会有宗教情怀的抒发，但他们更加执著追求的是世务人情。《大学》、《中庸》、《论语》、《孟子》经宋代理学家倡导和阐释，成为中国朝野敬奉的"圣经"。而这种中国式的"圣经"，不语怪、力、乱、神，只是平实地讲述着人生道理。这里没有人格神上帝，没有人格神上帝的创世纪，也没有关于彼岸世界的描述和"原罪"、"拯救"观念，有的是由人心修养说和治国平天下谋略共同构成的"内圣外王之道"。中华本土文化的三大主要流派——儒、道、法都不是宗教，而较富于宗教旨趣的墨家在秦汉以后便基本消失，这些都充分显示出中华文化非宗教的世俗倾向。

二十世纪初叶，康有为曾经提出以孔教为"国教"的倡议，章太炎当即表示反对，他认为在中国立国教，完全不符合国情与文化传统，章氏指出"中土素无国教"，他进而证之以中国人的国民性：

> 国民常性，所察在政事日用。所务在工商耕稼。志尽于有生，语绝于无验，人思自尊，而不欲守死事神，以为真宰，此华夏之民所以为达。②

章太炎准确把握了中华文化的世俗倾向和实用理性精神，

---

① 《左传·昭公七年》。
② 《驳建立孔教议》，《章太炎政论选集》（下），第689页。

而康有为的"立国教"努力，则因有违国情，只是一种心劳日
拙的空想。

六、中国宗教的现世化风格

说中华文化具有世俗化倾向，决不意味着中国人没有宗教
追求。不过，中国宗教呈现一种现世化风格，这既可从外来宗
教入华后的演变看，又可从本土宗教的价值取向看。

先论外来宗教入华后的演变。这里举佛教作例。

产生于南亚次大陆的佛教本是一个力图与外部权威脱离的
宗教。原始佛教禁止出家人与国王有联系，佛教经典告诫道：
"比丘，莫复生心亲近国家。"①　佛教相信自己处于国家权限之
外，修行者应脱离任何政治事务，所谓"菩萨不侍奉国王，亦
不与王子、大臣、官吏联系"②，"比丘不应近王"③，这便是著
名的"沙门不敬王者"说。然而，佛教入华后，在中国这块以
王权政治为中心的高度现世纪的社会里，佛教的中国化过程，
改变着"不敬王者"、"莫亲近国家"的原有风格，而变得逐渐
靠拢统治阶级，甚至演为帝王工具。中国佛教组织往往从朝廷
那里接受土地和财产的赏赐，佛教教派首脑以接受帝王"册封"
为荣，而不是像欧洲那样，帝王需要教皇的加冕才博得统治权
的正统性。

原始佛教不仅"无君"，而且"无父"，所谓"口不言先王
之法言，身不服先王之法服，不知君臣之义、父子之情"④，主

①　《增一阿含经》卷四二。
②　《法华经》。
③　《正法念处经》卷五。
④　韩愈：《论佛骨表》，《韩昌黎集》卷七。

117

张摆脱血缘伦常的束缚。佛教鼓励出家，本身便与孝道相悖。然而，中国化佛教教派渐渐也讲究尽孝，其轮回说竟演为父母死后作超度的佛事，汉译佛典中甚至还掺入伪造的《父母恩重经》，阐发孝道，宣扬忠君，其文义与《孝经》略同。此外，原始佛教本不以俗事为务，而佛教入华以后，逐渐在教义中宣扬入世和功德度人，并增添许多原始佛教所绝无的人生实务功课。佛教"原版性"的这诸多变化，基本倾向是由"出世"转而"入世"，这大约是一种"近朱者赤"和"入乡随俗"的趋势吧！

与佛教入华以后的改变相类似，基督教在明清之际入华，利玛窦等耶稣会士为顺应中国民情风俗，曾允许中国受洗者仍然保持祭祖祀孔习惯。可见中华文化的现世化倾向，是任何一种外来宗教要在中国得以传播所不得不认真对待的特别国情。不过，基督教是一个教规更为严格的宗教，而且有中心机构（梵蒂冈教廷）指挥全球范围传教活动，不能容忍这种直接与基督教—神教教义相违背的大变化，一七一五年，罗马教皇克雷芒十一世发布《禁约》，因而自康熙末年以后，中国基督徒被允许祭祖祀孔的做法时行时止。一七四二年，教皇本笃十四最后裁决，重申《禁约》，但基督教也因此遭到清王朝的驱逐和禁绝，直至十九世纪中叶以后，基督教在西方殖民主义的坚船利炮的伴随下，才再度入华。

综上所述，外域宗教入华之后，几乎都有一种"出世性"被淡化、"入世性"被强化的过程，这正是中华文化人文精神熏陶感染的结果。

次论中国本土宗教的特性。这里以道教作例。

道教渊源中国古代巫术和秦汉时的神仙方术，后又吸收《老子》、《庄子》、《列子》诸书思想，基本信仰和教义是

"道"，认为"道"是造化之根本，宇宙、阴阳、万物都由其化生，这同老庄思想颇近，然而，老庄并不承认人格神，故非宗教；而道教崇拜最高尊神，即人格化的"三清"，并有一整套修炼方法（服饵、导引、胎息、内丹、外丹、符箓、房中、辟谷等）和宗教仪式（斋醮、祈祷、诵经、礼忏）。作为产生于中国本土的宗教，道教深深熏染了中华文化精神的一些基本特征。与世界其他宗教分裂灵魂与肉体，划分此岸世界与彼岸世界大不相同，道教是一种现世的宗教，其信仰目标并非列彼岸做尊神或与天使同列，而是"羽化登仙"，既在现世享受荣华富贵，又带着这种享乐的肉体升腾仙界。道教还专设功名禄位神——文昌帝君，又设财神赵玄坛（即民间所称之赵公元帅），以满足信徒们的双重要求：既想长生久视，超度成仙，又不忘怀于现世的利禄功名。《红楼梦》第一回中跛足道人唱的一段歌谣将这种特别心态描绘得贴切：

> 世人都晓神仙好，惟有功名忘不了！古今将相在何方？荒冢一堆草没了。
>
> 世人都晓神仙好，只有金银忘不了！终朝只恨聚无多，及到多时眼闭了。
>
> 世人都晓神仙好，只有娇妻忘不了！君生日日说恩情，君死又随人去了。
>
> 世人都晓神仙好，只有儿孙忘不了！痴心父母古来多，孝顺儿孙谁见了？

道教正好把握住中国人的这种既晓"神仙好"，又"忘不了"现世享乐的二重心态，提供一个出世与入世、成仙与现世享福两全其美的方案。鲁迅说："中国根柢全在道教，……以此读史，有多种问题可以迎刃而解。"① 又说：中国人"往往憎和尚、憎尼姑、憎回教徒、憎耶教徒，而不憎道士，懂得此理者，懂得中国大半。"② 就揭示中国国民性的内核而言，鲁迅的这些警句确乎有一语破的之妙。

由于道教从现实性与超越性的统一上适应着宗法的中国人的需要，所以道教颇受统治阶级的青睐，得到帝王的提携，如唐太宗曾颁布《道士女冠在僧尼之上诏》，规定先道后释，推行"扶道抑佛"政策。两汉以降，不少道士充当朝廷"国师"，朝廷往往也设置"道官"（一般由上层道士担任）以管理道教事务，如金代有"道泉"、"道正"之设；明代更在中央置"道录司"，府置"道纪司"，州置"道正司"，县置"道会司"；清袭明制，中央至地方各级均设道官。道教与朝廷的这种密切关系，正是中国宗教"现世性"的一种表现。

---

① 《致许寿裳》，《鲁迅全集》第 11 卷。
② 《而已集·小杂感》，《鲁迅全集》第 8 卷。

第七讲　中华传统文化植根的经济土壤

　　古代中国有农耕与游牧两大经济类型，而农耕又占据优势，它是中华文化赖以生存和发展的主要经济基础。

　　人类从狩猎者和捕鱼者变成农耕者，从"穴居而野处"[①] 的游荡生活转为定居生活，是人类历史上具有决定意义的变革。农耕经济的确立，使人类不再单靠自然赐予，而可以通过社会经济再生产过程同生物自然再生产过程的结合来获得生活资料，从而奠定前所未有的，较为丰富、可靠的物质基石，开创了历史的新纪元。地球上的各个古老文明，如埃及文明、苏美尔文明、印度文明、玛雅文明和印加文明，以及华夏—汉族文明，都是从定居农业的基础上发展起来的。

　　在近代商品经济得到充分发展以前，世界各主要文明民族的生产方式，大体不外农业自然经济的两种形态，其一为土地国有或村社所有的、集体劳作的自然经济，如苏美尔的公社所

────────

　　① 《周易·系辞》。

121

有经济和神庙所有经济，埃及的法老—国家经济、印度的村社经济，欧洲中世纪的贵族庄园经济；其二为土地由地主和自耕农占有的、个体劳作的自然经济，战国以后的中国是其代表。当然，前一形态的自然经济，在中国的商周及东汉、魏晋时期也曾不同程度出现过。

一、殷商、西周—土地国有及公社所有，集体劳作的自然经济阶段

春秋以前，是中国农业自然经济发展的第一个大的段落。其特点，一是土地国有（或曰"王有"），所谓"溥天之下，莫非王土；率土之滨，莫非王臣"①。所谓"古者田皆在官"②。这种国有土地又分封给各级贵族，形成领主所有制。另外，在广大农村，"八家共井"的农村公社土地所有制也普遍存在。土地国有（包括王有和领主所有）加上土地农村公社所有，共同构成这一历史阶段所有制的基础。

二是土地不得自由买卖，所谓"田里不鬻（音育，卖）"③，即使贵族，在封地之外另求土地以传子孙也不可能，诚如清人张英说："三代以上，虽至贵巨富，求数百亩之田贻子及孙，不可得也。"④

三是农业生产以集体劳作为主。殷墟甲骨文有"王大令众人曰'协田'"的卜辞。"协"字在甲骨文中象三耒共耕，"众人""协田"是殷商时期盛行的集体耕作的反映。《诗经》的一

---

① 《诗经·小雅·北上》。
② 《资治策》，《昭代经济言》一。
③ 《礼记·王制》。
④ 《恒产琐言》。

些篇章更有西周前期集体劳动场面的生动描写：从宗族长老、青壮男子到妇女儿童，在广阔的田野一同耕作，"载芟载柞，其耕泽泽，千耦其耘"①；人们一同收获谷物，并将集体的谷仓堆满，"获之桎桎，积之栗栗，……以开百室，百室盈止。"② 这是一幅大集体耕作的风情画。《周颂》中的一篇也描绘了周初（成王时期）集体农耕的景象：

> 噫嘻成王，既昭假尔。率时农夫，播厥百谷。骏发尔私（耜），终三十里。亦服尔耕，十千维耦。③

到西周后期，"公田""私田"分野出现，诗云"雨我公田，遂及我私"④。这里的"公田"指公社大家长以"公"的名义占有的田地，"私田"指公社小家长及其管理下的农夫共有的田地，并非农夫私有财产。当时的劳动者要先耕耘公田，然后耕耘私田。战国时的孟子将这种制度称作"井田制"，并加以理想化追述：

> 方里而井，井九百亩，其中为公田。八家皆私百亩，同养公田。公事毕，然后敢治私事，所以别野人也。⑤

田产公有和集体耕作，与那一时代社会生产水平低下相适应，也是原始社会末期氏族公社集体生产方式的沿袭，同时又与分封制直接相关。《周礼》称：

---

① 《诗经·周颂·载芟》。
② 《诗经·周颂·良耜》。
③ 《诗经·周颂·噫嘻》。
④ 《诗经·小雅·大田》。
⑤ 《孟子·滕文公上》。

> 诸公之地，封疆方五百里，其食者半。诸侯之地，封疆方四百里，其食者三之一。诸伯之地，封疆方三百里，其食者三之一。诸子之地，封疆方二百里，其食者四之一。诸男之地，封疆方百里，其食者四之一。①

这当然是对周代各方国领地的模式化概括，实际情形决非如此整齐划一，但公、侯、伯、子、男各级贵族分别从周天子那里受封大小不等的领地，既占有土地，又占有在土地上集体耕作的农人，诚如一位楚国官员所说："封略之内，何非君土？食土之毛，谁非君臣？"②

前述土地公社所有制和土地、农人均属封君的领主制，以及与这两种占有制相伴随的集体生产方式，是华夏社会经济的一个重要发展阶段。这一阶段具有代表性的生产工具是青铜器，社会的最高组织是王、贵族、宗教职业者（巫祝之类）组成的国家。从这样的土壤中生长出来的文化，其特点之一是神权至上，迷信支配了人生。殷人尊天事鬼，崇拜天帝和祖先神，并以此为族类的尊卑区分及宗法等级制度张目。郭沫若指出：

> 大抵至上神的观念殷时已有之。年岁的丰啬，风雨的若否，战争的成败，均为所主宰。③

周人代殷以后，逐渐淡化了殷人的迷信，发展了"天命"观念和"德治"主义，以"敬天"、"孝祖"、"敬德"、"保民"等一

---

① 《周礼·大司徒》。
② 《左传·昭公七年》。
③ 《卜辞通纂考释·天象》。

套思想体系为领主制农业经济的合理性作理论论证，并提供伦理道德上的依据和感召力。这些思想几经改造，后来被汲纳入儒学，成为三千年间中华农业文化的精神支柱。

立足于领主制农业经济基地上的殷商—西周文化的另一特征，是学术只限于王室和贵族圈子，典籍及典籍的阐释权均被深居宫室内的官方文化人——巫、史、祝、卜所执掌，这便是所谓的"学在官府"，文化是平民所不能问津，难以企及的贵族专制品，这就叫作"礼之专及"。所以殷商西周的文化可称"巫史文化"。它以主体性的被抹杀，个人及学派的创造性思维无存身之地为显著特征。这与领主制农业经济的王有性（"溥天之下莫非王土"），劳作方式的集体性（"千耦其耘"），有着内在联系。

二、土地私有、个体劳作的自然经济阶段

东周以后，中国农业自然经济进入发展的第二个大的段落。

时至春秋、战国，中原地区开始实行牛耕和使用铁制农具，《国语·晋语》称："宗庙之牺，为畎亩之勤"，是春秋时三晋一带实行牛耕的文字证据。1923 年在山西浑源县李峪村晋墓出土的"牛尊"，其牛鼻穿环，表明至迟在春秋，牛已被用作农耕。《国语·齐语》称："美金（指青铜）以铸剑戟，试诸狗马；恶金（指铁）以铸锄夷斤斸，试诸壤土"，则是春秋时齐国以铁器耕田的文字证据；战国时的孟子也有"铁耕"之说[1]。随着生产水平的提高，土地的剩余产品增加，领主争夺土地、农人的战事日益频繁，"争地以战，杀人盈野；争城以战，杀人盈城"[2]。

① 《孟子·滕文公上》："许子以釜甑爨，以铁耕乎？"

② 《孟子·离娄上》。

领主们还发现，解除了人身依附关系，拥有私人财产的农民具备更高的生产积极性，这促使列国通过变法，加速从领主所有制朝地主所有制转化，由集体生产向个体生产过渡。秦汉以降继续着这一趋势。在此后的两千年间，中国的经济形态虽多有起伏变化，但基本格局却大体不变。

第一，土地国有、私有并存，而私有渐居主导。

如果说，春秋以前，土地国有和公社所有是一种普通的社会存在，那么，春秋以后则发生公田、私田交错现象。战国时期土地所有制处于十分混乱的状态，但总趋势是由土地国有走向土地私有。商鞅变法的一项重要内容就是"制土分民"①，促进土地私分。其他各诸侯国的变法也相类似。荀子则从理论上论证了私分的必然性和合理性：

> 人之生，不能无群；群而无分则争；争则乱，乱则穷矣。②

《管子》更倡导"均地、分力"③，认为通过"分货"，使百姓们"审其分"（了解私人占有的好处），方能达到"民尽力"④的目的。

秦汉以后，土地私分的趋向未衰。虽然，直至明清，各王朝始终保留着国有土地，如屯田、营田、官庄、皇庄、没入田等等，但土地私有却居主导地位。土地私有又分地主土地所有和自耕农土地所有两种形态。以唐中叶均田制被破坏为界线，此前国有土地和自耕农土地尚占较大比重，此后国有土地减少，

---

① 《商君书·徕民》。
② 《荀子·富国》。
③④ 《管子·乘马》。

自耕农土地难逃被兼并的厄运，地主土地所有制愈益占据优势。顾炎武指出，汉唐土地多为"豪民"所有，宋以后占有土地的多称"田主"①，这表明土地占有者日益由具备政治权势和身份的家族地主转向平民化的庶族地主。土地私有化倾向，尤其是土地的地主占有倾向，渐成主潮。追逐私人田产，以获得富足、安定生活的保障，成为人们争相求索的目标。宋人周辉转述时人言论：

> 人生不可无田，有则仕宦出处自如，可以行志。不仕则仰事俯育，粗了伏腊，不致丧失气节。有田方为福，盖福字从田、从衣。②

有了田产便可衣食丰足，洪福齐天。这种"田产崇拜"，在秦汉以来的两千余年间，尤其是以后的一千年间，十分流行。自耕农当然要千方百计保住自己的小块田产，地主则尽力扩大田产，仕宦、商贾一旦赢得较多钱财，也要购置田产充作"永业"，有的甚至为了"与人争数尺地"而"捐万金"③。土地，成为社会各阶层人们争相获取，同时又有可能获取的最重要的私有财产。把握住这样一个基本事实，方把握了打开秦汉以至明清种种社会矛盾和繁复纷纭的社会心理的钥匙。

第二，土地可以自由买卖。

与田产私有（地主所有和自耕农所有）互为因果，自战国开始，延至明清，土地自由买卖渐成风习。这大不同于殷商西周的土地分封制，也不同于欧洲中世纪的领地世袭制、采邑制。

---

① 《苏松二府田赋之重》，《日知录》卷十。
② 《清波杂志》卷十一。福字从示，象征祭祀，从衣说是错误的。
③ 《五杂俎》卷四《地部》。

上述古中国和外域的土地所有权，来自封授而不是来自买卖。这种状况到春秋时期开始发生变化。春秋时晋国已有"爰田"现象①。爰田，即易田、换田，是土地买卖的先声。到了战国，在土地封授之外，土地买卖日益普遍，如赵国将领赵括以赵王所赐金帛广为采购田宅②；商鞅则在秦国推行"除井田，民得卖买"土地的政策，土地自由买卖日益合法化、普遍化，韩非也在著作中记述了"中牟之人弃其田耘，卖宅圃"③的情形。随着商品经济的发展，自秦汉以至于明清，土地买卖的频繁程度日益加剧。如果说魏晋南北朝土地为豪右占据，少有买卖，那么，到宋代则广为出现田产频繁转手现象，所谓"贫富无定势，田宅无定主，有钱则买，无钱则卖"④。到明清时，更有"千年田，八百主"的谣谚。从秦汉至明清，皇帝赏赐勋贵，除金银财宝和奴婢外，也有土地。但这些土地一经落入贵族之手，也可以典质、变卖，汇入土地自由买卖的洪流之中。

土地自由买卖给秦汉以降的中国社会带来一个重要后果——殷周时代严格的贵族等级制度渐趋淡化，没有出现欧洲中世纪普遍存在的世袭贵族政治和等级结构。自秦汉至明清，中国各朝代虽仍在皇室、贵族中保有世袭的爵秩、勋位，但社会的等级结构已松弛无序。首先，与经济上的"人之贫富不定则田之去来无常"⑤相呼应，政治上的买卖爵位也司空见惯，

① 《左传·僖公十五年》："晋于是作爰田。"
② 《史记·廉颇蔺相如传》。
③ 《韩非子·外储说左上》。
④ 《治家》，《袁氏世范》卷三。
⑤ 《答曾邑侯问丁米均派书》，《皇清经世文编》卷三十。

"纳粟拜爵"① 秦时多有，"以赀为郎"②，"民得卖爵"③ 汉时常见，明清时买官鬻爵更成通例，甚至将官爵以明码实价标示，成为朝廷财政收入之一项。其次，官僚选取，趋向于摆脱等级身份。如果说魏晋南北朝一度出现等级制回潮现象，"上品无寒门，下品无势族"，官僚选取以家世为重，那么，从隋唐以至于明清长盛不变的科举制度，一反魏晋间保证世家大族垄断官职的九品中正制，向广大庶族地主和自耕农开放政权，任何无特权身份的读书人只要"苦读诗书"，便有可能沿着"学而优则仕"的道路"蟾宫折桂"，进入官僚行列，从而大大拓宽了统治基础。这正是中国的封建帝国文化走在当时世界前列、使欧洲中世纪文化无法企及的原因之一。

第三，单家独户经营，男耕女织的小农业占主导地位。

春秋战国以降，领主经济逐步向地主经济转化，集体生产渐次向个体生产过渡。西周时期那种"千耦其耘"、"十千维耦"的大规模集体耕作制，到春秋变为"二十五家为一社"的小规模集体耕作制；到战国则演成"百亩之田，匹夫耕之，八口之家，足以无饥"④ 的家庭耕作制；发展到秦汉，则以"一夫挟五口，治田百亩"⑤ 的小家庭耕作制为主。一个家庭内，"男子力耕"，"女子纺绩"，"一夫不耕，或受之饥；一女不织，或受之寒"⑥。这种以农户为单位的封闭自足机制日趋完善，成为构筑中国社会机体的一个个彼此雷同的细胞。

个体农户出现并且推而广之，战国是关键阶段。此时，孟

① 《史记·秦始皇本纪》。
② 《史记·司马相如传》。
③ 《史记·文帝纪》。
④ 《孟子·尽心上》。
⑤⑥ 《汉书·食货志上》。

子所追怀的"八家共井"时代已经一去不复返。为了促进生产力的发展，列国先后采取措施，鼓励农业生产小家庭化和土地私有化，所谓"制民之产"①，所谓"名田宅"②，都是允许并鼓励在私人名下占有田宅。与私营产业相随相伴，个体生产的优越性也日益为统治者所认识。商鞅变法的一项重要内容，就是斩断宗法纽带、瓦解生产过程中的集体关系，下令"民有二男以上不分异者，倍其赋"③，以国家力量促进个体农业经济的发展。荀子更力主"分田而耕"④，认定土地私分、个体劳作能调动农民的生产积极性。

与倡导农业生产小家庭化相配合，战国及战国以后，手工业也日益小家庭化，尤其是提供衣被之用的纺织业，虽有少量官营或私营手工工场，但占压倒优势的却是家内纺织业。农家老奶奶操作的纺车和织机供应着中国大多数人的服装材料。这大大妨碍了手工业的专业化发展，强化了自然经济的生命机制，小农业与家庭手工业相结合的男耕女织的经济形态，构成古代中国生产方式的广阔基础。战国末期成书的《吕氏春秋》称：

> 上农挟五，中农挟四，下农挟三；上女衣四，下女衣三；一农不耕，民有为之饥者，一女不织，民有为之寒者。⑤

西汉间成书的《淮南子》强调耕织的重要性：

---

① 《孟子·梁惠王上》。
②③ 《史记·商鞅列传》。
④ 《荀子·王霸》。
⑤ 《吕氏春秋·揆度》。

　　耕之为事也劳，织之为事也扰，扰劳之事而民不舍者，
知其可以衣食之。人之情不能无衣食，衣食之道，必始于
耕织。①

东汉史学家班固撰写的《汉书》更立《食货志》专篇。
内称：

　　洪范八政，一曰食，二曰货。食谓农殖嘉谷可食之物；
货谓布帛可衣及金刀龟贝所以分财布利通有无者也。二者
生民之本与。②

从此，"食""货"并称成为惯例。这恰恰是小农业与家庭手工
业紧密结合的中国经济特征的简洁概括。
　　这种"以农桑为本"③、耕织并重的谋生方式，是在一个个
小农户内独立完成的。成书于战国中期的《孟子》称：

　　五亩之宅，树之以桑，五十者可以衣帛矣。鸡豚狗彘
之畜，无失其时，七十者可以食肉矣。百亩之田，勿夺其
时，数口之家，可以无饥矣。④

成书于西汉的《盐铁论》称：

　　匹夫之力，尽于南亩，匹妇之力，尽于麻枲。田野辟，

---

① 《淮南子·主术训》。
② 《汉书·食货志》。
③ 《潜夫论·务本》。
④ 《孟子·梁惠王上》。

麻枲治。①

这种"匹夫"尽力农耕，"匹妇"尽力纺织的耕织并重的小农户，是组成秦汉以降中国社会的千万个细胞。中国著名的民间故事《牛郎织女》，固然含有反对等级特权、追求婚恋自由的卓越思想，而其生活理想只能囿于男耕女织的小农经济所包容的轨范之内。建于明清都城北京的先农坛和先蚕坛，分别是每年皇帝行亲耕礼，皇后行亲蚕礼的祭坛。两坛相互呼应，象征着男耕女织的小农业是中国社会的根基所在。

战国以降的诸王朝，虽推行过"徙远方以实广虚"② 的集体生产的屯田制，这多半带有军事性质，而在全社会占主导地位的经营方式，则是生产与消费的全过程大体在单家独户内自我完成的小农经济。东汉今文经学家何休（129—183）曾描述这种男耕女织、农业副业相结合的农户的生产方式和生活方式：

> 一夫一妇受田百亩，以养父母妻子。五口为一家。……种谷不得种一谷，以备灾害；田中不得有树，以妨五谷。还（环）庐舍种桑获杂菜，畜五母鸡，而母豕，瓜果种疆畔（田界空地），女工蚕织，老者得衣帛焉，得食肉焉，死得葬焉。③

这较之战国中期孟子对衣食自供的小农户的描述更为具体。

南北朝时期北齐人颜之推也概括过当时的经济生活状态：

---

① 《盐铁论·园池》。
② 《汉书·晁错传》。
③ 《春秋公羊解诂》"初税亩"条。

> 生民之本，要当稼穑而食，桑麻以衣。蔬果之畜，园
> 场之所产；鸡豚之善，坛圈之所生。爰及栋宇器械，樵苏
> 脂烛，莫非种植之物也。至能守其业者，闭门而为生之具
> 以足，但家无盐井耳。[①]

一个农户可以自我供应衣、食、住、用各方面的物资，除盐要
外购，几乎可以关起门来百事不求人，"闭门而为生之具以足"。

这种自给自足的小农业与家庭手工业相结合的经济结构，
自战国出现，秦汉确立，其后虽多有起伏变化，而基本格局一
直沿袭至明清。这种生产方式的显著特点是：

> 自给自足的自然经济占主要地位。农民不但生产自己
> 需要的农产品，而且生产自己需要的大部分手工业品。地
> 主和贵族对于从农民剥削来的地租，也主要地是自己享用，
> 而不是用于交换。那时虽有交换的发展，但是在整个经济
> 中不起决定的作用。[②]

自秦汉以降的两千年间，中国社会广阔而坚实的基础，正
是小农业与家庭手工业相结合的自然经济，以及与此相辅相成
的地主—自耕农土地占有制。这种经济结构形成完备的自给自
足的封闭系统，拥有自发的调节能力，特别是因其大大缩短了
原材料与生产过程的距离，也缩短了产品与消费过程的距离，
从而具有廉价性，对商品经济有着强劲的抗御力，因而显得十
分坚韧、稳固。自然经济在中国特别难以解体，原因盖在于此。
如果说，在土地王有、集体生产的农村公社—领主经济的

---

① 《颜氏家训·治家第五》。
② 《中国革命与中国共产党》，《毛泽东选集》第 2 卷，第 586—587 页。

土壤中，养育了殷商西周神权至上的官学文化，那么，在土地地主——自耕农所有、个体生产的小农经济的土壤中，则养育了崛起于晚周的以民本思潮和专制主义为两翼的百家争鸣的私学文化，秦汉以后，又定型为以儒学为正宗，兼纳百家，融汇释道的帝国文化。总之，要把握中华文化的基本性格和发展大势，除必须注意文化的自身逻辑外，还应当把握文化得以运行的经济助力，起码应当对中国传统的农业型自然经济前后两大段落的基本状态有一个真切的认识。

第八讲　中华文化多样性及文化中心转移的地理基础

　　地理环境通过物质生产及其技术系统等中介，深刻而久远地影响人类历史的进程，因此，我们在考察中华文化的生成机制时，就有必要从剖析这一文化系统赖以发生发展的地理背景入手，并进而探讨中华地理背景的诸特征与中华文化诸特征之间的千丝万缕联系。本文对中国地理环境的具体分析，不是从纯地理学眼光出发，而是从地理学与文化学相交融的视角生发开去。

　　中华民族栖息生养于北半球的东亚大陆，在这里"筚路蓝缕，以启山林"，创造出独具风格、丰富多彩的文化，演出了一幕幕可歌可泣的悲壮剧。

　　当我们把中华民族数千年间生于斯，长于斯，创造文化于斯的这片空间置于世界地理的总背景上加以考察，就会发现一个明显特征——它的领域广大，腹地纵深，回旋天地开阔，地形、地貌、气候条件繁复多样，形成一种恢弘的地理环境，这是其他多数古老文明的发祥地所难以比拟的。

埃及文化滋生于尼罗河第一瀑布（今阿斯旺附近）下游。其中被称作"下埃及"的尼罗河三角洲地带面积约有二万四千平方公里，加上被称作"上埃及"的一千多公里长的狭窄河谷平原宜于发展农业的地域，共计不超过四万平方公里。在这片因尼罗河泛滥而凝集的沃土以东，是地势高峻起伏的东部沙漠，以西是浩瀚无际的利比亚沙漠（撒哈拉沙漠的一部分）。埃及人创造辉煌的古代文化，主要依托于那片被大海和沙漠围护着的，由尼罗河所滋润的三四万平方公里的冲积平原。古希腊史学家希罗多德正是在这一意义上，称埃及为"尼罗河的礼物"。

美索不达米亚文化发轫于两河流域上游的扇形山麓地带（今土耳其东南部与伊拉克交界处），以后，受到干旱威胁的人们为寻求饮水和灌溉之便，进入底格里斯—幼发拉底河河谷，开垦两河流域中下游平原。在两河流域以东，是险峻的扎格罗斯山脉和干燥的伊朗高原，以西是叙利亚沙漠。美索不达米亚文化得以繁衍的区域，大体限于两河流域宜于农耕的几万平方公里，加上地中海东岸今叙利亚、黎巴嫩滨海地区，共同组成所谓的"肥沃新月带"，比埃及文化依托的尼罗河河谷及三角洲面积较为阔大，但格局终究有限。

希腊文化起源于克里特岛和伯罗奔尼撒半岛的滨海小平原。在这些被崇山峻岭所包围的面对海洋的小平原上，形成若干个面积数百到数千平方公里，人口几千到几万的城邦，其中的泱泱大国为雅典，极盛期的人口也不过二十五万。由于负山面海，腹地狭窄，向海外展拓成为希腊诸城邦的出路。"希腊文明的游牧形态，希腊生活的多中心，希腊殖民地之分布于东西南北"[1]

---

　　[1]　梅根：《希罗多德和修昔底斯》，第Ⅴ卷第19章。转引自顾准：《希腊城邦制度》第3页，中国社会科学出版社1986年12月版。

等希腊主义的特点，均与上述地理形势有关。

印度文化是在一个较广大的地理格局里发展起来的。它起源于印度河流域的哈拉巴和摩亨佐达罗周围十余万平方公里地区，以后又扩展到恒河流域及德干高原。然而，横亘于北方的喜马拉雅山脉和帕米尔高原，使印度人的活动范围基本限于印度半岛之内，这里均属热带，气候的复杂性远不能同东亚大陆相比。

至于印第安诸文化，其地理范围也都有限。玛雅文化和阿兹特克文化囿于中美洲山地和丛林；领域较开阔的印加文化也很少越出安第斯高原，主要在今秘鲁西部山地。

与以上各古老文化相比，中华文化大厦有一个宽广得多的地基。

过去习惯于把黄河流域称作中华文化的摇篮。此说固然不错，但中华文化的策源地又决不限于黄河流域。云南元谋、陕西蓝田、北京周口店等处猿人化石的发现，表明中华民族的祖先早在一百多万年至几十万年前，已栖息于东亚大陆的广大区间。近几十年的考古发掘证明，不唯黄河流域，而且长江流域乃至辽河流域以及西南崇山峻岭间，也都有长达四五千年的文明史，同样也是中华文化的摇篮。

学术界一般把文字的发明，城市的建立和金属器具（青铜器或铁器）的制造视作一个"原生型"文化形成的标志。而上述三项文明标志在中国南北东西各地都有考古发现。十九、二十世纪之交，在河南安阳小屯村发现殷都宫殿基址和大量青铜器，又发现并破译了殷墟甲骨文，从而雄辩地证明黄河中游是殷文化的中心地带。以后，又在河南偃师二里头发现宫殿遗址；作为新石器时代晚期代表的龙山文化，在山东章丘龙山镇、河南登封王城岗和淮阳平粮台等多处发现；而龙山文化的前身大汶口文化，则在山东泰安大汶口、江苏淮安青莲岗等处发现。大汶口出土的陶尊上有多种刻画符号，其结构与甲骨文、青铜铬刻上的象形字十分相近，山东莒县陵阳河出土的陶尊上，单字达十种之多，结构亦与甲骨文、青铜铬刻象形类似，均被认作甲骨文的前身。这些材料证明，黄河中下游、山东半岛，乃至淮河流域，都是夏文化的繁生之地。而 1935 年首次发现于赤峰红山的红山文化，近年又有大量新的考古发掘成果，如 1951 年在辽宁牛河梁发现砌石墓葬和随葬玉器，1988 年复查时又发现一座女神庙，庙内有泥塑人像和泥塑"猪龙"头，经碳 14 测定，女神庙距今约五千年，足见燕山以北的西辽河流域的红山文化在十分古老的年代已达到相当高的水平。

自殷商起，中国正式进入有文字记载的时代。此后，中华先民的活动地域愈益扩展。商人最早居住在山东半岛，大约在公元前十四世纪，长期流动不定的商族人在商的第十代君王盘庚率领下，从奄（今山东曲阜）迁徙并定都于殷（今河南安阳西北小屯村），商人的居住中心转移到黄河中游。周人则崛起于陕甘高原，又在关中平原得到发展，进而向东挺进，克殷并经营洛邑，从偏处西土的部落发展为雄视中原的王族。

与由殷人和周人所代表的中原文化相并列，楚人在长江流域发展了楚文化，使中华文化的范围进一步扩展。自春秋以至战国，大体形成三晋、齐、燕、秦、楚、越六大文化区，地理范围大约包括秦长城以南，南峻以北的广大区段。可能成书于战国的《尚书·禹贡》把当时的版图划分为九州，即冀州、兖州、青州、徐州、扬州、荆州、梁州、雍州，约略反映了春秋末期以来中华先民栖息生养的地理范围。《禹贡》九州面积在两百万平方公里以上。

秦汉以后，上述各区域文化融合为汉文化，并继续开疆拓土，实行民族融合，又经唐、宋、元、明、清历代的发展，终于奠定今日中国近一千万平方公里的辽阔疆域，为中华文化的滋生繁衍提供了广大天地。

中华文化的发祥地不仅领域阔大，而且地形地貌的繁复、气候的丰富多样，亦为列国所罕见。

埃及和美索不达米亚的地形地貌大体只有一种格局：山岭沙漠包围的冲积平原，气候均属干燥亚热带；印度虽然有较复杂的地形，其气候却基本囿于热带；至于希腊和印第安诸古文明所依托地区的地形和气候，更局限在某一类型。唯有中华文化的发祥地东亚大陆地形地貌复杂，且兼具几乎所有的气候带。

中国地势西高东低，山地、高原和丘陵约占三分之二，盆地和平原约占三分之一。山脉多东西走向，河流因而也多东西走向，故古来中国东西行较易，而南北行较难，南北运河的开凿正是为解决这一问题应运而兴的。

中国大部属温带和亚热带，最南部伸入热带，最北部伸入亚寒带。降雨量的大势是东部充沛而西部稀少，这是古来东部为农耕区，西部为畜牧区的自然基础。

上述辽阔而复杂的地理形势，为中华文化的多样化发展提供了条件。东临大海、山海兼备的齐鲁文化不同于处在"四塞之地"的秦文化，地居中原的三晋文化不同于南方的楚文化，同在长江流域的而分处上游、中游、下游的巴蜀文化、楚文化与吴越文化又各有特色。至于在湿润的东部发展起来的农耕文化与在干燥的西部发展起来的游牧文化，更是大相径庭。这些文化类型的形成当然更直接受到人文因素的作用，不过，地理环境的多样性毕竟是文化多样化发展的基础。

辽阔而复杂的地理形势不仅提供了文化多样化发展的可能性，而且为文化中心的转移创造了前提。

几千年来，中华文化的中心，大体沿着自西北而东南的方向转移。这从各朝代文明的中心——首都的迁徙轨迹中，可约略看出端倪。

与多数外国拥有较稳定、单一的首都不同，中国的京城多次转移。从古罗马到现代意大利，首都一直在罗马；巴黎自五世纪至今依然是法国首都；英国从中世纪七国战争之后始终立都伦敦。而中国古代先后涌现过数以百计的都城，其中尤以安阳、西安、洛阳、开封、南京、杭州、北京七大古都著称于世。

位于河南北部的安阳是目前所确认的中国最早的古都——殷墟的所在地，殷王朝曾在这里统治天下二百七十三年。东晋十六国与南北朝时期，又有后赵、冉魏、前燕、东魏、北齐相继在与安阳互为隶属的邺城立都。因而安阳有"五朝故都"之称。

地处关中平原的西安及其周围地区，山河拱戴，是所谓"四塞之地"，自西周起，先后有十一个王朝在此立都。西周在丰、镐，秦在咸阳，西汉、新莽，前赵、前秦、后秦、西魏、北周、隋、唐均在长安（即今西安）立都，刘玄、赤眉、黄巢、李自成曾在此建立政权，东汉也一度设都于此。自周至唐，西安一带作为都城的时间前后一千一百九十一年，故人称"千年古都"。

位于河南西部、黄河支流洛水流域的洛阳，"处天地之中"，从东周起，历东汉、曹魏、西晋、北魏、后梁、后唐七朝，隋炀帝与唐代武则天也曾从长安迁都于此。洛阳因而有"九朝名都"之誉。

"开封古城，七朝都会"。位于黄河以南豫东平原上的开封，曾为战国时期的魏国都城，五代时期的后梁、后晋、后汉、后周以及北宋，又以此为京师。后期金朝，为了回避蒙古人狂飙似的进攻，曾从燕京迁都开封。

"江南佳丽地，金陵帝王州"，位于长江下游的南京，在公元三至六世纪，是孙吴、东晋、南朝宋、齐、梁、陈，及五代南唐的首都。明初洪武、建文及永乐前中期立都于此。十九世纪中叶的太平天国也在此设都，称天京。辛亥革命后，孙中山领导的中华民国又立都南京。

水光潋滟、山色空蒙的杭州，地处杭嘉湖平原南端。五代吴越国与南宋曾以它为京城所在。

北京，中华人民共和国的首都。它曾依次是春秋时代的燕都蓟城，五代十六国时期前燕的都城，金朝中都、元代大都以及明清两代京师所在地。

七大古都分布于中华大地的中、西、南、北、东，似乎散漫无序，然而，它们又决不是凌乱的杂凑，古都位置的更替，隐含着天生的规则与意义深刻的历史机缘。

殷商以来，黄河中下游，也即中原一带，是全国最富饶的区域，又接近王朝版图的中心，是兵家必争之地，把握住中原，意味着把握住天下，因此，从殷周至隋唐，国都始终在中原徘徊。今安阳、西安、洛阳一带被多次选为国都，原因盖出于此。

在黄河流域以政治经济中心雄踞中华之时，长江流域的开发已取得长足进展。以户口论，西汉时北方与南方呈三比一的优势；到东汉时，则变为六比五，已大体持平。[①] 若以汉、唐、宋三朝为坐标点加以比较，其人口状况如下：

---

① 参见谭其骧：《论两汉两晋户口》，《禹贡半月刊》第一卷第七期。

地区 人　口　比　例 时代	黄河 流域	长江 流域	珠江 流域
西汉平帝元始年（公元2）	70.5%	20.9%	1.6%
唐玄宗天宝年间（公元742—756）	61.4%	25.4%	2.8%
北宋神宗元丰元年（公元1078）	34.8%	58.4%	6.8%

南方的崛起，尤以两晋、两宋为关键时期。

公元四世纪，因西晋政治腐败，导致八王之乱，匈奴贵族刘渊（？—310）建立分裂政权"汉"，开胡人入主中原之先河。至晋怀帝永嘉四年（310），刘汉武装攻陷洛阳，俘晋怀帝，杀洛阳三万余人，史称"永嘉之乱"。此后，七十万北方士女南迁，洛阳大族也纷纷逃越黄河，出现"洛京倾覆，中州士女避乱江左者十六七"① 的状况。琅琊王司马睿在建康（今南京）建立东晋政权，更促使长江流域经济、文化迅速发展。自此，每当北方发生战乱，人民如潮水般南迁，几成通例。如唐代"自至德后，中原多故，襄邓百姓、两京衣冠，尽投江湘，故荆南井邑，十倍其初"②。李白晚年曾目睹北方人民南逃的惨况，有诗云："三川北虏乱如麻，四海南奔似永嘉。"唐代"安史之乱"、北宋"靖康之变"，都曾导致大批中原人的南下，加速了长江流域、珠江流域、闽浙沿海及云贵高原的开发。较之北方，南方的经济水平自晋、唐以至于两宋逐渐驾而上之，正所谓："秦汉以前，南北壮而东南稚也，……至于宋代，而壮者已老，

---

① 《晋书·王导传》。
② 《旧唐书·地理志》。

稚者已壮矣。"唐代有"赋出天下而江南居十九"之说，宋代更
有"苏湖熟，天下足"① 的谚语。元代立都于燕，"而百司庶府
之繁，卫士编民之众，无不仰给于江南"②。明清南方经济的重
要性更有增无已。

　　然而，经济重心的南移，并不意味着政治—军事重心的随
之南移，因为后者的确立除经济因素外，还自有别种动力，如
地理位置居中以驭四方、择都的习惯性标准、抗御北方胡人是
基本战略考虑等等，使得经济重心已经逐渐南移的诸王朝，大
多仍将首都设于北方。不过，仍然设置于北方的政治—军事中
心必须依凭东南财赋的支撑。隋炀帝开凿通济渠，并与唐代武
则天先后从长安迁都洛阳，北宋更进一步将京师东移开封，以
靠近运河干道。唐宋之际中国古都在东西轴线上，有一种自西
向东迁移的明显态势。

　　从宋代开始，东北契丹、女真等半农半牧民族兴起，农耕
民族与游牧民族冲突交往的重点区段已由长城西段转至长城东
段。再加之运河淤废，黄河泛滥，无论是政治、经济，还是军
事、交通，关中、河洛已丧失控扼天下的地位，自宋室南渡以
后，长安、洛阳、开封等古都已不具备昔日制内御外的强劲功
能，以至元、明、清三朝，国都与黄河中下游无缘。长安更名
安西、西安，形象地表明它已由一国雄都变为一方重镇。

　　以宋代分界，此前中国都城主要在东西轴线上移动，此后
主要在南北轴线上移动。南宋立都临安，金朝立都燕京，崛起
于北方草原的蒙元以大都为京师，成帝业于东南的朱元璋又建
都南京，燕王朱棣从侄儿建文帝手中夺权，是为明成祖，他把
首都迁到自己的根据地北平，升北平为北京，借天子之威，镇

① 《古谣谚·大学衍义补》。
② 《元史·食货志·海运》。

慑北方游牧民族，自此，北京成为明清两代国都。而兴兵南方的太平天国和中华民国又相继定都南京。

上下三千余年间，从安阳殷墟到北京紫禁城，中国古都此消彼长，它们大体沿着东西、南北两条轴线移位，这正透露出中国经济重心的转移、诸政治集团的更迭、民族关系的弛张。

关于中国文化中心的转移，明清之际思想家王夫之有相当精辟的论述。他在讨论"华夷之别"时，提出一个十分深刻的见解：华夷的不同，在乎文野，而一个地区可以由野变文，也即由夷变夏。反之，一个地区也可能由文变野，也即由夏变夷。他说：

> 吴、楚、浙、闽，汉以前夷也，而今为文教之薮；齐、晋、燕、赵，唐隋以前之中夏也，而今之椎钝駤戾者，十九而抱禽心矣。①

王夫之用唐以来先进的北方渐趋落后，蛮荒的南方则长足进步的事实，证明华夷可以易位。

王夫之还具体指明中国文化中心转移的总趋势是"由北而南"：

> 三代以上，淑气聚于北，而南为蛮夷。汉高祖起于丰、沛，因楚以定天下，而天气移于南。郡县封建易于人，而南北移于天，天人合符之几也。天气南徙而匈奴始强，渐与幽、并、冀、雍之地气相得。故三代以上，华夷之分在燕山，三代以后在大河，非其地而阑入之，地之所不宜，

---

① 《思向录·外篇》。

天之所不佑，人之所不服也。①

王夫之还以明朝之例说明文化中心南移的情形：

> 洪、永以来，学术、节义、事功、文章皆出荆、扬之产，而贪忍无良、弑君卖国、结宫禁、附宦寺、事仇雠者，北人为尤酷焉。……今且两粤、滇、黔渐向文明；而徐、豫以北，风俗人心益不忍问。②

黄宗羲（1610—1695）也有与王夫之近似的观察和论述。他指出：

> 秦汉之时，关中风气会聚，田野开辟，人物殷盛，吴楚方脱蛮夷之号，风气朴略，故金陵不能与之争胜，今关中人物不及吴会久矣。③

王夫之、黄宗羲关于中国文化中心南移的描述。是"征元以可闻之实"作出的判断，因而是符合历史真情的。王夫之在此基础上更作出范围广大的推测：

> 地气南徙，在近小间有如此者。推之荒远，此混沌而彼文明，又何怪乎!④

在近代，辽阔的中国发展也是不平衡的，文化中心进一步

---

① 《读通鉴论》卷十二。
②④ 《思问录·外篇》。
③ 《明夷待访录》。

向东南转移。东南沿海成为中国近代文化的能量发射中心。

中国接受西方近代工业文明的冲击和影响，跨入近代社会门槛，是从东南沿海开始的。"得风气之先"的地区是广东，随后是福建和江浙。东南沿海诸省最先涌现一批"睁眼看世界"并进而"向西方求真理"的人物，如福建林则徐、严复，广东洪秀全、洪仁玕、郑观应、康有为、梁启超、孙中山，江浙冯桂芬、王韬、马建忠、张謇、章太炎、鲁迅等等。与这些先进人物的出现互为因果，近代工商业、近代新学和近代政治运动也由东南诸省和海外华侨社会中发轫。上海的江南制造总局开中国机器工业的先河，康有为在广州创办的"万木草堂"成为维新派养成所，梁启超在上海主笔的《时务报》是变法喉舌，广东更成为孙中山领导的革命运动首先活跃的省份。而近代新学、近代政治运动连同近代工商业在东南诸省兴起后，以锐不可当之势，向内地延伸、发展，形成由南而北、由东而西的运动方向，这与中国古代经济文化重心由北而南、由西而东的迁徙方向恰好相反。

同东南沿海相比，近代中国的北方和西北较为落后、保守，在一个长时间，"北洋势力"是近现代中国反动阵营的代名词。而长江中游诸省，尤其是湖北、湖南，正处在较开化的东南与较封闭的西北的中间地带，借用气象学语言来说：长江中游处在湿而暖的东南风与干而冷的西北风相交汇的"锋面"，因而气象因素繁复多变，乍暖乍寒，忽晴忽雨。如果说，整个近现代中国都卷入了"古今一大变革之会"，那么，两湖地区更处在风云际会的漩涡中心。诚为晚清鄂籍留日学生所说，近代湖北是"吾国最重最要之地，必为竞争最剧最烈之场"，而"竞争最剧最烈之场，将为文明最盛最著之地"① 这并非虚夸的惊世之论，而是有远见的预测。湖南在十九世纪后半叶与二十世纪上半叶对中国社会变革发挥的巨大作用，是举世皆知的；湖北则在二十世纪初叶崛起为仅次于上海的工商业基地，继而成为辛亥革命首义之区、大革命心脏地带、土地革命的主战场之一。

就近代中国社会变革而论，确乎是发难于东南沿海，而收实功于华中腹地，进而又推向华北、西北，呈现一种东方不亮西方亮，此伏彼起的不平衡发展状态。这正是中国这样一个幅员辽阔、地理环境繁复多样的东方大国的特色所在。

---

① 张继煦：《叙论》，《湖北学生界》第一期。

第九讲　中国古代经略海洋的成就与局限

人们习惯于把中国称之"大陆国家"，这当然是因为中国地理大势以陆疆占优、中国人以经营陆上著称，但此说失之偏颇，而此一偏颇正透露出传统的大陆—农耕文明对海洋、海权的忽略。中国其实是一个负陆面海、陆海兼备的国度。中华先民在向大陆深处开疆拓土的同时，也曾于波涛万里的海上建功立业。

一、中西海洋观比较

中国地处一面向海的板块状东亚大陆，自古形成自己的海洋观，与西方海洋观比较，特色鲜明。

（一）地中海—北大西洋国家的海洋观

腓尼基人、希腊人、罗马人自古即被称为"海上民族"①，

———————

① 古埃及铭文称腓尼基人、希腊人为"海上民族"。

他们利用地中海提供的航运之便，纵横于南欧、西亚和北非。被马克思称作"卓越的商业民族"的两亚腓尼基人（在今叙利亚、黎巴嫩一带），早在三千年前，其商业及殖民活动便遍及地中海沿岸。地处巴尔干半岛南端及爱琴海群岛上的希腊人，从公元前1600年左右的迈锡尼时代，到公元前500年前后的古典时代，以至公元前200年前后的希腊化时代，先后在地中海和黑海（时称"好客海"）沿岸广建商业基地和殖民城堡，到亚历山大大帝（前356—前323）时期，更建立横跨欧、亚、非三洲的庞大帝国，"希腊化"的范围所及，东至印度边境，西至大不列颠岛，地中海成为亚历山大帝国的"内湖"。这一事业的完成，与希腊人较充分地利用海洋的交通之便颇有干系。

时间进入近代，欧洲的航海业重心从地中海转到更为辽阔的大西洋。先是葡萄牙人、西班牙人，继而是荷兰人（被称之"海上马车夫"）、英国人，掌握了更复杂的航海手段，征服大西洋以至全球四大洋，率先走向世界。西方人从资本的原始积累时期、产业革命时期到现代新技术革命时期，愈益充分利用海洋，将资本繁衍、殖民扩张、商品及技术传播的范围伸抵海角天涯，"美洲的发现，绕过非洲的航行，给新兴的资产阶级开辟了新的活动场所"①。海洋，为近代工业文明提供了纵横驰骋、争雄比胜的领域。

争夺出海口、制海权，成为世界近代史上的一大主题。原为内陆国的沙皇俄国走向近代的过程，在某种程度上也就是通向海洋的过程。彼得一世（1672—1725）作为俄国近代化之父，其重要实绩就是从瑞典人手里夺取波罗的海出海口。他1703年在芬兰湾涅瓦河口的三角洲，建立起一座通往海洋的港口城市，

---

① 《共产党宣言》，《马克思恩格斯选集》第1卷，人民出版社1972年版，第252页。

1713 年又把首都迁到这里，将其命名为圣彼得堡，俄国自此摆脱了内陆国的局限。以后，承继彼得事业的叶卡捷琳娜二世（1729—1796）等又继续扩大对黑海、波罗的海海岸的占领，并向北开辟摩尔曼斯克港，取得通向大西洋的不冻口岸；向东掠取远东滨海地带，并一度侵占中国的大连湾，而且还力求取得波斯濒临印度洋的港口。彼得大帝及其后继者的勃勃雄心是：俄罗斯帝国不满足于做一个陆上强国，它还要角逐大洋，加入海洋民族行列，成为一个海上强国。德意志人和日本人作为后起的资本主义民族，也孜孜不倦地发展海洋事业，与英、法等老牌殖民帝国角逐于大洋之上。

德国哲学家黑格尔正是秉承从古希腊人到近代西方人眷恋大海的传统，在《历史哲学》中对海洋发出由衷的赞叹：

> 大海给了我们茫茫无定、浩浩无际和渺渺无限的观念；人类在大海的无限里感到他自己底无限的时候，他们就被激起了勇气，要去超越那有限的一切。大海邀请人类从事征服，从事掠夺，但同时也鼓励人类追求利润，从事商业……他便是这样从一片巩固的陆地上，移到一片不稳的海面上，随身带着他那人造的地盘，船——这个海上的天鹅，它以敏捷巧妙的动作，破浪而前，凌波以行……①

这熔哲理和诗情于一炉的文字，把海洋看作导向财富和新世界的通道。这是作为"海上民族"的西方人吟咏的一曲海洋颂。

（二）传统中国的海洋观

与西方人大相径庭，中国人同海洋的关系，对海洋的认识

---

① 黑格尔：《历史哲学》绪论之《历史的地理基础》。

和情感，则显示了一种"大陆民族"的特有风格。

中国人自古即注意发展交通事业，但侧重点在陆上而并非海上。诗云："周道如砥，其直如矢"①，便是对周代陆路交通的赞誉。《左传》载，晋文公修整道路，宾至如归，是他成为盟主的一大因素。② 单襄公到陈国（今河南淮阳），看到道路废塞，便断定陈国将灭。③ 这都是古人重视陆上交通的明证。至于海洋交通，却未能提到国家兴亡的高度来看待。

中国并非内陆国，有着漫长的海岸线，中国古代也不乏向海洋谋求民生利益的卓越人物，但他们主要着眼于鱼盐之利，而较少侧重航运的展开。如周初姜尚受封于地瘠民贫的营丘滨海处，"于是太公劝其女功，极技巧，通鱼盐，则人物归之"④。春秋时，管仲向齐桓公进"官山海"之策，力主官营食盐的生产和销售，以达富国利民的目的。⑤ 在姜尚、管仲利用海洋的谋略中，少有发展海运的内容。

从海洋在中国人观念世界所处的地位，也表现出大陆—海岸民族的性格。例如，在被中国人视作"国之大事"的祭祀活动中，名山所获得的贡奉远多于大海，泰山尤其被历代帝王所封禅、拜祭，而海洋却较少受此惠顾。当然，中国人也并未忘记祭水，但河川置于海洋之前，"三王之祭川也，皆先河而后海"⑥。这种重陆轻海、先河后海的倾向，很早就熔铸进中国人的世界观念和文化心态，在文学、艺术、哲学中，都有所表现。

---

① 《诗经·小雅·大东》。
② 《左传·襄公三十一年》。
③ 《国语·周语》。
④ 《史记·货殖列传》。
⑤ 《管子·海王》。
⑥ 《礼记·学记》。

　　白日依山尽，黄河入海流。欲穷千里目，更上一层楼。①

　　黄河远上白云间，一片孤城万仞山。②

　　大漠孤烟直，长河落日圆。③

　　此类名诗所展现的，正是一个大陆—海岸民族所特有的视野和壮阔襟怀，与希腊人在荷马史诗中对蔚蓝色的爱奥尼亚海和克里特岛的陡峭岩岸的反复歌咏，格调大异。

　　中国古代诗文也有议及海洋的，但多以为海洋深不可测，阔无边际。"海隅出日，罔不率俾"④，"方行天下，至于海表，罔有不服"⑤，显然以海际为天边。至于"相土烈烈，海外有截"⑥ 之说，讲到商汤的十一世祖相土功业显赫，使海外威服，但这里的"海外"仅限于渤海等近海的边沿地带（如山东半岛）。中国文学的先导之作《诗经》与《楚辞》除有"宗于海"、"指两海以为期"这类偶尔旁及海洋的文字外，并无以海洋、航海为主题的篇章。

　　先秦诸子也较少论海。孔子、孟子都生活在滨海的邹鲁地区，但他们都没有冒险远航的经历（其他先秦诸子也无远航经历），却长年乘车奔走游说于黄河中下游的列国之间。他们偶尔也提到过海洋，如孔子说："道不行，乘桴浮于海，从我者其由与！"⑦ 把海洋作为政治失意后避世的处所。孟子说："观于海者

---

　　① 　王之涣：《登鹳雀楼》。
　　② 　王之涣：《凉州词》。
　　③ 　王维：《使至塞上》。
　　④ 　《尚书·君奭》。
　　⑤ 　《尚书·立政》。
　　⑥ 　《诗经·商颂·长发》。
　　⑦ 　《论语·公冶长》。

难为水，游于圣人之门者难为言。"① 把海洋作为因其深广而叹为观止的对象。总之，孔孟论海，都有虚拟和借喻的意味，而少见海洋知识的具体记述。孔子还说：

> 知者乐水，仁者乐山；知者动，仁者静；知者乐，仁者寿。②

在孔子的知识体系里，"仁"一向高于"智"，他把安定的山置于易动的水之上。这正显示了一个"大陆—海岸型"思想家追求稳定的风格，与有着丰富航海经历和海外知识的泰勒斯、柏拉图、亚里士多德等古希腊哲人存在着明显的差异。

秦汉以后，义人描写、议论海洋的不在少数，《海赋》《览海赋》《沧海赋》一类诗义大都把海洋想象为吐星出日、神隐怪匿的世界，这显然是站在大陆岸边向"茫茫沧海"突发奇想，较少有入海弄潮儿的经验谈。如在东汉史学大家班固（32—92）的笔下，海洋里有"三神山"——蓬莱、方丈、瀛洲等，其上呈现这样一番仙景：

> 风波薄其裔裔，邈浩浩以汤汤，指日月以为表，索方瀛与壶梁。曜金谬以为阙，次玉石而为房，其芝列于阶路，涌醴渐于中堂。朱紫彩烂，明珠夜光，松乔坐于东序，王母处于西厢。③

从战国以至秦汉，列国诸侯，如齐威王（？—前320），齐

---

① 《孟子·尽心上》。
② 《论语·雍也》。
③ 《览海赋》，《艺文类聚》卷八。

宣王（？—前 301），燕昭王（？—前 279）；帝国皇帝，如秦始
皇（前 259—前 210），汉武帝（前 156—前 87），都把大海视作
神秘之域，以为那里有仙人栖息，有不死药藏于其间，永生的
侈心促使那些帝王三番五次派人出海寻觅，最著名的一次是秦
始皇派徐福率童男童女东去，据说徐福到达东瀛扶桑，但不死
药自然无法获得，结局也只能是"终不见归"。

班固的海洋观显然与威宣燕昭、秦皇汉武们的幻想一脉相
承，神异有余而理性不足。

以后，李白（701—762）等诗人对大海的吟咏，也不出"海
客谈瀛洲，烟涛微茫信难求"① 之类，视大海为神秘莫测之乡。

唐宋以降，随着航海业的拓展，尤其是"海上丝绸之路"、
"海上陶瓷之路"的开辟，中国人的海洋知识趋于具体化。元代
宋无曾随元军舰队远征日本，他目睹"碧汉迢遥，一似桴槎于
天上"的壮美海景，体验到"银涛汹涌，几番战栗于船中"的
航行滋味，其长篇组诗《鲸背吟》将"所历海洋山岛，与夫风
物所闻，舟舰所见，各成诗一首"②，是海洋知识的汇集。至于
明代郑和随行人员的著作，有更丰富的航海实践作基础，如马
欢的《瀛涯胜览》、费信（1388—?）的《星槎胜览》、巩珍的
《西洋番国志》等，包含大量对海洋的实际考察内容，非《览海
赋》一类文字所可比拟。然而，中国人作为一个"大陆—海岸
型"民族，重陆轻海的倾向并未因郑和下西洋等远航壮举所改
变，中国人的海洋观和海洋知识，以及整个海洋事业也未获得
大规模展开的动力。黑格尔洞察到这一症结，他在《历史哲学》
中论述海洋文明的重要性之后指出：

---

① 《梦游天姥吟留别》，《李太白文集》卷十二。
② 《鲸背吟集》，《四库全书》第 1214 册。

这种超越土地限制、渡过大海的活动，是亚细亚各国所没有的，就算他们有更多壮丽的政治建筑，就算他们自己也以大海为界——就像中国便是一个例子。在他们看来，海只是陆地的中断，陆地的天限；他们和海洋不发生积极的关系。①

综上所述可以得见，我们惯常所称中华传统文化具有"大陆型"性格，与具有"海洋型"性格的古希腊、古罗马文化大相径庭，并非单从地理环境和地缘政治着眼，而是从自然—人文相综合的文化学视角出发，综合考察海洋与大陆在某一民族文化的生成过程中分别发挥怎样的历史作用，分别对某一民族的经济生活和观念世界产生过何种性质、何等强度的影响。

二、"经略海上"：从海上丝绸之路到郑和下西洋

古代中国素以经营陆疆著称，其实，先民也曾开辟颇具声色的海洋业绩。在16世纪这个争夺航海优势的时代，有人产生中国式的海洋战略思想，明人郑开阳（1503—1570）在《海防图论》、胡宗宪在《筹海图编》中，从防御倭寇袭扰出发，提出"经略海上"构想，这固然局限于近海，又出于防守，却反映了初级的海权诉求，也彰显了中国悠久的卫海、用海传统。

（一）16世纪以前中国曾拥有领先世界的造船及航海技术

中华民族较早就掌握了制造和驾驭舟楫的能力，在这方面显示出毫不逊色于其他民族的技巧。《周易》称，黄帝、尧舜时代即

---

① 黑格尔：《历史哲学》绪论之《历史的地理基础》。

"刳木为舟，剡木为楫，舟楫之利，以济不通"①。《墨子》说："其为舟车何以为？车以行陵陆，舟以行川谷，以通四方之利。"②

古代中国农耕文明发达，官营手工业技术先进、规模宏大。从古代造船及航海技术发明的中西比较，可大略看出中国航海水平在 16 世纪以前曾处于领先地位：

技术项目名称	中国采用大致年代	欧洲采用大致年代
摇橹	前 1 世纪	17—18 世纪
平衡式梯形斜帆	2—3 世纪（？）	15 世纪末
船尾舵	1—2 世纪	12—13 世纪
平衡舵	11 世纪	18 世纪末至 19 世纪
水密隔舱	古代	18 世纪
船壳包板	11 世纪	16 世纪以后
车船（轮船）	8 世纪	16 世纪（？）
航海指南针	11—12 世纪	12 世纪末至 13 世纪初
利用八面风	12 世纪初	16 世纪

由于太平洋的辽阔无际、难以征服，中国人的海上航行，汉以前主要限于"禆海"③，即近海、内海。《史记·货殖列传》提及的番禺（广东）的"珠玑、犀、玳瑁、果、布"等，便是经由近海商路流传到中原的。汉唐以降，则有"海上丝绸之路"的开辟，出现"外国之货日至，珠香象犀玳瑁奇物溢于中国，

---

① 《周易·系辞下》。
② 《墨子·节用上》。
③ 战国末年阴阳家邹衍把近海、内海称"禆海"，把外洋称"大瀛海"。见《史记·孟子荀卿列传》。

不可胜用"① 的局面，"附舶东两洋"的人日渐增多。

(二) 古代中国的远航

中华民族曾焕发过相当雄健、恢弘的"拓边精神"，但是，西汉卫青（？—前106）、霍去病（前140—前117），东汉窦宪（？—72），唐代李靖（571—649）、高仙芝（？—735）们拓边的锋锐，主要指向亚欧大陆腹地。"黄沙百战穿金甲，不破楼兰终不还"②，正是那一时代热血男儿向西北拓展的悲壮心情的表征，汉唐如此，元明清亦复如此。这大约是因为在古代，中华民族国防的生命攸关处和对外贸易的侧重点不在海疆而在陆疆，尤其在西北陆疆。

中国古人的远航成绩也是相当惊人的，据张光直（1931—2001）等人研究，约四五千年前，华人先祖就横渡太平洋，抵达墨西哥、秘鲁。近来有学者提供了殷人东渡墨西哥的若干证据。③ 当然，这类假说尚需更充分的考古材料证明，而且，即使这类假说成立，华人先祖横渡太平洋，因其没有返馈信息，故并未给中国人的生活及其文化带来实际影响。

以游牧民族入主中原的元世祖忽必烈（1215—1294）企图远征日本列岛，也许是中华帝国大规模征服海外国度的唯一一次尝试。

(三) "海上丝绸之路"

古代的中西交通开辟，除陆上丝路之外，还有海上丝路，它正式发端于汉武帝时期，兴于隋唐，盛于宋元，明初达到高

---

① 韩愈：《送郑尚书序》，《昌黎先生全集》卷二十一。
② 王昌龄：《从军行七首》其四。
③ 参见范毓周：《殷人东渡美洲新证》，《寻根》2011 年第 2 期。

峰，明中叶以后因"海禁"而衰落。"海上丝绸之路"又分两路：

甲，"两航线"：从沿海沿江港口（广州、泉州、张家港等）出发，南向至南洋群岛，经马六甲海峡后西行，入印度洋，至南亚、西亚、东非。《汉书·地理志下》载，汉武帝曾派遣使者并招募商贾，从日南（时为汉地日南郡，在今越南中部）、徐闻（今属广东）、合浦（今属广西）乘船出发，沿中南半岛东岸南行，至湄公河三角洲的都元国（今越南南部）、湄南河口的邑卢没国（今泰国曼谷南），再南下至马来半岛东岸登陆，穿越地峡，至马来半岛两岸，步行至夫甘都卢（今缅甸丹那沙林），登船入印度洋，到达黄支国（今印度东南海岸），南下至已不程国（今斯里兰卡），然后东航，驶抵马六甲海峡，泊于皮宗（今新加坡皮散岛），再航行于南海，返回日南郡。[①]《汉书·地理志》此段文字，是正史中关于海上丝路的最早确切记述。

此后的海上航道（包括郑和下西洋）大体是此一线路的沿袭和拓展。这条航线今天仍极具重要性，中国大宗商品的进出口多沿其进行，如每年进口的二亿多吨石油，主要航线为：波斯湾—霍尔木兹海峡—印度洋—马六甲海峡—南海—中国诸港口，故昔日的"海上丝绸之路"、"海上陶瓷之路"，演为今日的"海上石油之路"，乃中国经济的生命线。

汉代船舶吨位低，只能沿海岸航行，故紧邻中南半岛的广东徐闻，是汉代开辟的南下航线的起始港，曾有"欲拨贫，诣徐闻"的古谚，可见海上丝路主要是经商致富的航道。唐宋元明，随着海船吨位的增大、航海技术的提高，海上丝路的起始港移往较靠近经济中心的番禺（今广州）、登州（今烟台）、扬

---

① 参见《汉书·地理志下》。

州、明州（今宁波）、泉州、张家港等处，航运规模已非汉时可比。宋、元时，侨居广州、泉州的外商多达数万人，广州、泉州堪称世界级巨港。

乙，"东航线"：由沿海沿江港口出发，东行，越黄海、东海，至朝鲜半岛、日本列岛。

习常的说法，中国与朝鲜半岛的海上交通始于商周，与日本列岛的海上交通始于汉魏。而征之以大量的考古材料，可以发现，中国与朝鲜半岛、日本列岛的海上交通，利用季风及海洋环流，早在新石器时代即已展开，秦汉以后则较成规模地进行，三国东吴以降，东航线达到较高水平。

海上丝绸之路的输出物资，汉唐以丝绸为代表；宋元明以陶瓷器为代表，故又称"陶瓷之路"或"香瓷之路"（输出瓷器，输入香料）。东航线除丝绸、陶瓷之外，还有一项商品——书籍，自两汉以下，各种汉籍沿东航线输往朝鲜、日本，成为东亚汉字文化圈形成的一大助力。

（四）郑和七下西洋

古代中国的航海事业，明初的郑和下西洋达到登峰造极的程度，其规模和航海水平，当时都世无其匹。

郑和（1371—1435），本姓马，回族，云南昆阳人。其祖父、父亲皆到过伊斯兰教圣地麦加，马氏是一个有着航海远行传统的家族。明洪武年间，明军征云南，被俘，后入燕王朱棣（1360—1424）藩邸为宦官，参加"靖难之役"，以监军从征有功，赐姓郑，擢内官监太监。朱棣称帝后，派郑和于永乐三年（1405）、五年、七年、十一年、十五年、十九年六次率船队通使西洋（今印度洋）诸国。宣德六年（1431）最后一次下西洋。前后28年间七次下西洋，遍历中南半岛沿岸、南洋群岛、南亚次大陆沿岸、阿拉伯半岛，最远曾达东非沿岸和红海海口。

郑和率领当时世界最庞大的舰队：船 300 余艘，率 800 余文官、400 余将校、数十位通事（翻译）、180 名医官及 10000 余士卒、水手、工匠。舰队以旗语、钟鼓联络，浩荡而有序。此后，扬名于世的西班牙"无敌舰队"（1588 年成军）也只有 130 艘兵船与运输船，规模远不及郑和舰队。截至第一次世界大战以前，各国海军亦无规模可比郑和舰队者。

郑和远航有联络西洋诸国以共同抗御西亚帖木儿汗国的谋略，也可能有寻找不知所终的建文帝的设想，但七下西洋的实践表明：决无向海外作军事征服的意图，也不是为着推销商品，而是从侄儿建文帝手里夺取皇位的永乐皇帝企图通过"宣威海外"以提高声誉的一种努力，所谓"振纲常以布中外，敷文德以及四方"①，"耀兵异域，示中国富强"②。随郑和远航的浙江会稽人马欢在《纪行诗》中说：

皇华使者承天敕，宣布纶音往夷域。

明确表示郑和下西洋是以"宣布纶音"为主要目标的御用的政治远航。这时的海运主要服从专制帝王的需要，与广大民众的生活较少发生联系，民间海运往往受到压抑。直至明清，当京杭运河因黄河泛滥等原因导致淤塞，漕粮北运出现困难时，不少有识之士纷纷上"经略海上"、恢复海运的条陈，却很少奏效。

总之，郑和下西洋作为一次政治性远航留载史册。当然，这一罕世之举得以进行，自有明代经济发达作后盾，在客观上

---

① 费信：《星槎胜览自序》。
② 《明史·郑和传》。

也促进了中国与南亚、西亚、东非各国的经济文化交流，对当时的社会经济生活发生了相当影响：

> 自永乐改元，遣使四出，招谕海番，贡献毕至，奇货重宝，前代所希，充溢库市，贫民承今博买，或多致富，而国用亦羡裕矣。①

同时，这次远航与倡导者永乐皇帝出身东南近海处有关。明人茅元仪（1594—1640）指出：

> 唐起于西，故玉关之外将万里；明起于东，故文皇航海之使，不知其几十万里，天实启之，不可强也。②

这是一种颇有文化地理眼光的分析。然而，"先后七奉使，……凡三十余国，所取无名宝物不可胜计，而中国耗费亦不资"③ 的郑和下西洋，终因没有获得社会经济生活的有力支持，当倡导者永乐皇帝辞世不久，便遭到广泛攻击。一个名叫刘大夏（1436—1516）的朝臣的言论，颇能代表当年士人对海外远航的价值评判：

> 三宝太监下西洋，费钱粮数千万，军民死且万计。纵得奇宝而回，于国家何益？④

---

① 《佛郎机传》，《殊域周咨录》卷九。
② 《占度载序》，《武备志》卷二四〇。
③ 《明史·郑和传》。
④ 《古里》，《殊域周咨录》卷八。

站在以农业型自然经济为生计的大陆民族的立场上，郑和下西洋确乎是劳民伤财而又无补于国的"弊政"，其戛然中止也就并不奇怪了。

永乐帝身后，朝廷中反对下西洋一派占据上风，洪熙帝朱高炽（1378—1425）于即位之初（1425）便颁诏"下西洋诸番国宝船，悉皆停止"。宣德帝朱瞻基（1398—1435）即位后，主张下西洋一派略有抬头，郑和在宣德五年（1430）进行了第七次，也即最后一次航行。

三、梁启超对郑和下西洋发问

郑和身后，下西洋屡遭朝野抨击，成化年间（1465—1487），正值南欧人发起世界性远航的前夕①，而明朝朝廷却继续进行抹杀郑和业绩的工作：将郑和下西洋的档案销毁，远航"宝船"也不许再造。郑和下西洋居然以一大"弊政"遭到谴责和制止而宣告终结。这与"实实在在第一次发现了地球"②的意大利人哥伦布（约 1451—1506），葡萄牙人达·伽马（约1460—1524）、麦哲伦（1480—1521）远航以后，在资本原始积累、殖民扩张推动下西方人的航海活动澎湃汹涌、一发而不可收的情况形成鲜明对比。

对于中西间关于远洋航行的相反遭际，思想敏锐的近代启人梁启超曾唏嘘慨叹不已，并提出值得深长思之的问题：

---

① 哥伦布 1492 年春奉西班牙女王伊萨贝拉之命，携带致中国大汗的信件，从巴罗斯港起航，横渡大西洋，抵达中美洲的巴哈马群岛；达·伽马 1497 年奉葡萄牙国王努艾尔之命，从里斯本出发，探求通达印度的新航路。

② 恩格斯：《自然辩证法·科学历史摘要》。

及观郑君，则全世界历史上所号称航海伟人，能与并肩者，何其寡也。郑君之初航，当哥伦布发现亚美利加以前六十余年，当维嘉达哥马发现印度新航路以前七十余年，顾何以哥氏、维氏之绩，能使全世界划然开一新纪元，而郑君之烈，随郑君之没以俱逝。我国民中稍食其赐，亦几希焉。则哥伦布以后有无量数之哥伦布，维嘉达哥马以后有无量数之维嘉达哥马，而我则郑和以后，竟无第二之郑和。噫嘻，是岂郑君之罪也。[1]

梁启超提了一个深沉的历史性问题：

为什么"哥伦布以后有无量数之哥伦布"，"而我则郑和以后，竟无第二之郑和"？

此一发问，人称"梁启超问题"，类似英国学者李约瑟的发问："为什么近代科技和工业革命没有发生在经济最繁荣的中国？"

15 世纪初叶的郑和下西洋，在航海史上如彗星现空，灿烂于一时，又转瞬即逝，而且无以后继，中国人终于失去加入 15—16 世纪之交的世界性地理大发现行列的机会，也即退出率先进入近代文明的机会，中国在近古以至近代渐次落伍的历史也由此埋下伏笔。造成这种遗憾的原因，当然不能归之郑和这位旷代英杰，而只能从大陆—海岸民族的生活环境、生产方式、政治制度和观念世界的特征中追寻。

---

[1]　梁启超：《祖国大航海家郑和传》，《饮冰室合集》专集之三，中华书局 1989 年版。

四、明清"海禁"及近代弛禁

秦、汉、唐、宋、元、明诸朝，中国的海洋事业并未落后于世界水平，然而，到明中叶以后则渐入颓势。这与明清两朝出于专制统治的需要，采取闭关锁国的国策有关。明清两朝竞相厉行海禁、迁界政策，大大妨碍了海运（尤其是民间海运）的发展。而此间西方海洋事业突飞猛进，中国海洋事业明显地落伍了。

明朝的海禁政策持续 200 多年，明初，洪武四年（1371）诏令"濒海民不得私自出海"①，拉开了海禁序幕，进而禁止近海人民建造三桅以上大船下海与外国贸易，违者照谋朝廷叛罪处斩，永乐年间官营海运大有发展，郑和下西洋为一时盛举，但民间海上外贸仍遭禁绝，严令"原有海船者，悉改为平头船，所在有司，防其出入。"② 平头船无法远航。嘉靖年间，朝廷颁旨"不许制造双桅以上大船，并将一切违禁大船，尽数毁之。"各沿海省地方政府也纷纷下达指令："私造双桅大船下海者，务必要一切捕获治之，""查海船但双桅者，即捕之。""沿海军民，私与贼市，新邻舍不举者连坐。"③

明代压抑海运的苛政，其根本原因当然深藏于自然经济和专制政治之中，而直接缘故往往是朝廷企图以封闭海疆以防御外敌。清初学者顾炎武（1613—1682）指出：

永乐间，以渔人引倭为患，禁片帆寸板不许下海。后

---

① 《明太祖实录》卷七〇。
② 《明成祖实录》卷二七。
③ 参见《明世宗实录》。

以小民衣食所赖，遂稍宽禁。嘉靖三十年后，倭患起，复禁革。①

清初康熙间，曾开放海禁，沿海商人一度"广置洋船，海上行走"。② 但又受到封疆大吏的阻挠，如江苏巡抚张伯行诬上海商人张元隆结交海盗一案③，便是典型事例。

雍正以后，尤其是乾隆间，正式实行闭关政策，限定广州一口通商，并对民间海运横加干涉，"故有以四五千金所造之洋艘，系维朽蠹于断港荒岸之间，……沿海居民，萧索岑寂，穷困不聊之状，皆因洋禁"。④ 到鸦片战争前后，中国人的海洋事业已大大落伍于世界步伐，当西方殖民者的炮舰驶抵国门之际，中国仍处于"茫茫大海，从无把握"⑤ 的可悲境地。

美国军事理论家马汉（1840—1914）在 1890—1905 年间撰写后来被称之"马汉海权论三部曲"：《海权对历史的影响1660—1783》、《海权对法国革命和法帝国的影响 1793—1812》、《海权与 1812 年战争的联系》，提出"海权"概念，强调海权与国家兴衰休戚与共。而清代中国忽视海权，这既是中国近代落伍的表现之一，也是中国近代落伍的原因之一。近代中国一些先进的人们已意识到这一点。梁启超说：

> 海也者，能发人进取之雄心者也。陆居者以怀土之故，而种种之系累生焉。试一观海，忽觉超然万累之表，而行

---

① 顾炎武：《天下郡国利病书》，浙江下。
② 《东华录》卷九十四，康熙五十三年十月。
③ 参见张伯行：《正谊堂文集》卷一，《海洋被劫三案题请敕部审拟疏》卷二，《沥陈被诬始末疏》。
④ 《论南洋事宜书》，《鹿洲初集》卷三。
⑤ 《中西纪事》卷二三。

为思想，皆得无限自由。彼航海者，其所求固在利也，然求之之始，却不可不先置利害于度外，以性命财产为孤注，冒万险而一掷之。故久于海上者，能使其精神日以勇猛，日以高尚，此古来濒海之民，所以比于陆居者活气较胜，进取较锐，……①

这是有了新的世界观念和进取精神的中国人抒发的海洋颂。梁氏还直接呼唤国人走向海洋，学习"海国民族"的开拓精神：

吾闻海国民族思想高尚以活泼，吾欲我同胞兮御风以翔，吾欲我同胞兮破浪以飏！②

孙中山在中国第一部系统完备的现代化总体设计书《建国方略》中，规划了交通事业的发展计划，其中又尤其注重海运，"兹拟建筑不封冻之深水大港于直隶湾（即渤海湾——引者）中"，"使与纽约等大"；在杭州湾建"计划港"，"作为中国中部一等海港，远胜上海也"；"以上海为东方大港"，"首先解决此泥沙问题，然后可视上海为能永成为一世界商港也"。"改良广州为一世界港"。③此外，还为各海港与内地的陆路和河运联络作了周密设计，其意即在打破封闭，使中国走向海洋、走向世界，与列强争雄比胜。这正切中中国现代化的要害。

"海禁"在近代的突破，固然是中国人自身作出的一个历史选择，而西方资本主义殖民者的东来，无疑也是迫使中国统治者放弃"海禁"的强大外力。"在英国的枪炮面前，满清王朝的

---

① 梁启超：《地理与文明之关系》，《饮冰室合集》文集之十四。
② 梁启超：《二十世纪太平洋歌》，《饮冰室合集》文集之十六。
③ 孙中山：《建国方略》，《孙中山全集》第六卷，中华书局1981年版。

声威扫地以尽；以天朝为万古不朽的迷信破灭了；与文明世界的那种野蛮而密不通风的隔绝已被侵犯；互相交往的通路打开了"①。中国"海禁"的突破，标志着地理—人文环境的历史性转变，意味着一个新时代的来临。

---

① 马克思：《中国革命和欧洲革命》（1853 年 6 月 14 日《纽约每日论坛报》）。

第十讲 秦至清是"非封建"社会

　　自20世纪20、30年代之交的"中国社会史论战"以来，中国学界主流逐渐倾向于将秦至清两千余年称"封建社会"，此后，在"五种社会形态"框架内，此论更成为流行说，"封建"便与古义（封爵建藩）和西义（封土封臣）双双脱钩，也有悖于马克思的封建原论。

　　实考史迹不难发现：秦汉以降两千余年社会的基本面并非早已成为偏师的"封建制度"，秦以下诸朝代虽仍然封爵建藩，但主要是"虚封"，而并非"实封"，受封贵胄"赐土而不临民"，"临民"（对民众实施行政管理）的是朝廷任命的流官。列朝也偶有"实封"（如汉初、两晋、明初），很快导致分裂（诸如"吴楚七国之乱""八王之乱""靖难之役"），朝廷又大力"削藩"，强化中央集权的郡县制。秦至清制度的基本走势是——贵族政治、领主经济被官僚政治、地主经济所取代，其主流是一种"非封建"的社会。从严复、孙中山、章太炎、梁启超到钱穆、梁漱溟、李剑农、费孝通等注重中国历史自身特点的学人，一再阐明此点。秦至清两千年，从大格局言之，是由经济上的地主制、政治上的专制帝制综合而成的社会形态，不宜称"封建时代"，马克思、恩格斯深悉此中精义，综览其全部论著可以得见，唯物史观创始人从未将前近代中国称之"封建社会"，而以"专制社会""东方专制社会"相称①。

中国的"封建制"行之殷周，与"宗法制"互为表里，故殷周可称之"宗法封建时代"，承其后的秦至清两千年，可称之建立在地主经济和官僚政治基础上的"皇权时代"。以下先分述作为"皇权时代"的秦至清两千年间的贯穿性两制度（地主经济和官僚政治），进而考究二者的合成关系，以获得关于此两千年社会形态的确切表述。

一、贯穿秦至清的"民得买卖"的土地制度（地主制）

封建社会的一个基本特征，是土地所有是一种政治特权，是上级领主封赐给下级领主的，土地不得自由买卖。春秋战国以降，封建领主制开始向地主制转化，秦至清土地制度的主流已与封建性渐行渐远。

（一）从"田里不鬻"到土地渐趋私有

地主制可以完整表述为"田土私有的地主—自耕农制"，这是秦汉至明清间占主导地位的土地制度。在这两千余年间，土地国有（王有）与私有并存，而在实际上土地私有占据主导，皇家及贵胄也世袭领有土地，但并非基本的土地所有制形态。

在农耕文明时代，土地是财富的根本，所谓"有土此有

---

① 《马克思恩格斯选集》第1卷，人民出版社1995年版。

财"，故土地制度是农耕文明时代经济及社会制度的基础。殷商西周实行土地不得买卖的分封采地（连同其上的农奴）制度，如《礼记》所称"田里不粥（鬻）"（田地不得买卖），《管子》所称"农之子恒为农"（农人不许转作他业），《左传》所称"农不移"，《孟子》所说"死徙无出乡"（农人至死不得迁移），都是对封建时代土地制度及农民身份状态的典型表述。这种情形至西周末开始发生变化。《史记·周本纪》载，西周晚期的宣王（？—前782）变革体制，王畿"不籍千亩"，废除籍田（公田），田土分给直接生产者。至东周，公田、私田并存，领主与农人相对和谐相处等状况，在《诗经》的《小雅》、《周颂》中的农事诗（如《甫田》《大田》《楚茨》《信南山》《载芟》《良耜》等篇）里有所表现。

土地转让始于西周中期（西周青铜器铭文有记载），广泛展开于春秋，有些学者将此称之土地私有化，其标志是田土自由买卖。然实考春秋史迹，其间"有土地运动，却无土地市场"①。刘泽华先生指出，春秋"土地运动主要是在诸侯与诸侯、诸侯与卿大夫、卿大夫与卿大夫之间进行的"，其方式有封赏、迁徙土著以重分土地、索取、以土地作政治性交换、对土地作政令性调整等②。记载春秋时期土地买卖（"贾"）的材料仅有《左传》上的一条："戎狄荐居，贵货易土，土可贾焉"③，不过，这里所说的是戎狄的牧场可以"贾"，而不是指作为耕地的"田"可以买卖。至于韩非子说，春秋末年"中牟之人，弃其田耘，卖宅圃"④ 常被引作田土买卖的例证，其实也不可靠，因文

---

①② 刘泽华：《中国的王权主义》，上海人民出版社2000年版，第21—22页。

③ 《左传·襄公四年》。

④ 《韩非子·外储说左上》。

本明确区分：出卖宅圃（住房及其周边的菜圃），抛弃农田，并未言及出卖农田。总之，春秋时农田买卖的原始材料尚称缺如。

《汉书》载战国中期"除井田，民得买卖"①，这是东汉人班固对西汉人董仲舒评论商鞅变法的追记。《史记》载赵括"日视膏……地可买者买之"，这是讲的实在的土地买卖，然已是战国末年的事情。称战国田土"可买者买之"，大体能够成立，但材料并不丰富。战国已普遍出现拥有小片土地的编户农人，但他们还受到国家的超经济掠夺，有一定程度的人身依附。

土地私有制行于春秋则多有确证，其时出现向国家缴税后垦殖者可以自耕、自获的"私田"，春秋晚期鲁国收取实物地租的"初税亩"②、"履亩而税"③，以及"郑子产作丘赋"④，均为记载私田纳税的著名例子，表明当时在封建领主制的"公田"之外，已别开"私田"局面。战国时，鼓励垦殖私田是列国变法的题中之义，如魏文侯（？—前396）时的李悝（前455—前395）变法，即主张"尽地力之教"。楚悼王（？—前381）时的吴起（？—前381）变法、齐威王（？—前343）时的邹衍（约前305—前240）改革，都有此类题旨，而秦孝公（前381—前338）时的商鞅（约前390—前338）变法，使土地私有制得以普及。商鞅一派论者所作《商君书·徕民篇》，记述秦国召来三晋之民开发秦国荒地，使私田大增，"任其所耕，不限多寡"。地主—自耕农经济长足发展，使秦"国富兵强天下无敌"。而秦代"使黔首自实田"，土地私有才算有了法律保障。需要特加说明的是，秦汉时期虽然土地私有渐居主流，但土地王有（国有）

① 《汉书·食货志》。
② 《左传·宣公十五年》。
③ 《公羊传·宣公十五年》。
④ 《左传·昭公四年》。

却始终是最高理念，所谓"普天之下莫非王土"，故唐人陆赞称：

> 土地，王者之所有；耕稼，农人之所为。①

秦汉以下，土地制度多有变化，东汉、魏晋南北朝，与门阀贵族制相伴生的领主庄国制抬头，自由农民向依附民转化，社会的封建性复振，故有中外史家将魏晋南北朝称之"准封建社会"、"变相封建社会"不无道理。中唐以后，地主制恢复并发展，土地私有的地主—自耕农经济形成大势，自耕农即编户农民（中央政府登录入籍的农民），是农业劳动者主体，也是朝廷赋役的基本来源。这种农民不像欧洲中世纪的农奴那样有着严格的人身依附，但地权甚不稳定，破产或成为地主的佃农，或成为贵胄的佃户。列朝都发生过贵胄甚至皇帝的超经济土地兼并，以明代为例，太祖赐公侯以下庄田多者万亩，亲王田十万亩②。孝宗、熹宗勋戚庄田达数百万亩，神宗更广占民田为皇庄，并欲封赐爱子福王四百万亩③。但就总体而言，上列情形并未扭转土地私有的地主—自耕农制大格局。对于这种大势，马端临有一总括性论述："故秦、汉以来，官不复可授田，遂为庶人之私有，亦其势然也。虽其间如元魏之泰和，李唐之贞观，稍欲复三代之规，然不久而其制遂隳者，盖以不封建而井田不可复行故也。"④

---

① 陆赞：《陆宣公集》卷二，浙江古籍出版社1988年版。
②③ 《明史·食货志》。
④ 马端临：《文献通学·自序》，《影印文渊阁四库全书》，台湾商务印书馆。

（二）区分"领主制"与"地主制"

在讨论中国古代经济、社会制度时，区分"领主制"与"地主制"至关紧要。"领主制"与"地主制"是两种不同的土地占有方式。

"领主"。其土地得自帝王或上级领主的封赐，称"封地"、"采邑"。领主占有土地是一种政治特权，不得转让与买卖。领主在领地享有行政权、司法权，所辖庶众对领主有着法定的人身依附。领主制为封建制度的构成要素，"封建领主制"是其完整的命名。

"地主"。与领主占有土地是一种自上而下封赐所得的世袭政治特权相异，地主的田土并非封赐所得，而是自经营、自买卖的私产。广义的地主，指一切拥有私田者（包括自耕农）；狭义的地主，指拥有较多私田者，他们将一部分或全部田土租佃给农民进行小农经营，或雇佣无地者耕种。农民向地主交租（劳役地租、实物地租和货币地租），无强烈的人身依附，却保有一定程度的宗法性依存关系。秦汉至明清，地主占有土地与自耕农占有土地并存，而地主占有土地居统治地位。秦汉以下两千余年的土地制度及农人身份状况虽多有起伏，但就总体言之，这是土地可以买卖、农人有一定程度身份自由的时代。秦汉以下的农人，虽然深受剥削压迫，但其一般并未负荷法定的人身依附枷锁，改事他业、迁移住地在法律上不成问题，这与欧洲中世纪的农奴（俄国作家屠格涅夫的《猎人笔记》等作品作过生动描述）颇有差异。

费正清比较中、欧、日土地制度后说：

封建主义这个词就其用于中世纪的欧洲和日本来说，

所包含的主要特点是同土地密不可分。中世纪的农奴是束缚在土地上的，他自己既不能离开也不能出卖土地，而中国农民则无论在法律上和事实上都可自由出卖或购进土地（如果他有钱的话）。①

费正清将中世纪的欧洲与日本归作一类，将中国归作另一类。而两类的分水岭即在于：土地可否自由买卖。中国乡村土地买卖有多种方式，据黄宗智对华北三个村庄的调查，明清以降土地买卖的方式有"典卖"（以典当转让土地）、"绝卖"（彻底出卖）、租佃（以出租方式转让土地）等形态。围绕这种交易而起的纠纷和诉讼不少，清代和民国的地方法庭对此类案例多有受理②。围绕土地买卖这样的一次性交易，常有中介人居间调解，而这些中间人并非职业性经纪人，而是自有他业的村民临时担任③。这都是土地自由买卖早成惯例的表现。

应当指出的是，战国以降的土地买卖是有限度的，专制国家干预土地所有权，试图直接掌控土地的努力始终没有放弃，即使在宋代，虽然国有土地可以买卖，但朝廷通过职役收夺，又在实际上把部分土地权收归国有。但是，秦至清土地可以转让买卖，毕竟成为大势，与封建领主制之下土地不得转让买卖的情形大相差异。

大体言之，中国古代以土地制度为核心的经济形态经历了两个阶段：

（1）封建领主制阶段，西周至春秋；

---

① 费正清：《美国与中国》，张理京译，商务印书馆1987年版，第26页。

② 黄宗智：《民事审判与民间调解：清代的表达与实践》，中国社会科学出版社1998年版，第37—42页。

③ 同上书，第56—57页。

（2）地主制阶段，战国至清，其间以中唐为界，又分为前期的贵族—地主制时期，后期的地主制时期。

中国古史分期应当充分考虑这一阶段性差异。

（三）地主制与宗法制、君主专制的紧密关系

周秦之际以降的地主制社会，始终与宗法制、君主专制相为表里。下以中唐以后的段落加以说明。中唐以降，土地私有制进一步普遍化，土地买卖频繁，所有权转移迅速，加之诸子平均析产，使财富一、二代后即行散离。北宋张载在《经学理窟·宗法》中描述这种情状："今骤得富贵者，止能为三四十年之计，造宅一区，及其所有，既死则众子分裂，则家遂不存。"①鉴于此，张载力倡"收宗族，厚风俗，使人不忘本，须是明谱系世族与立宗子法。"②程颐（1033—1107）认为士大夫均应立家庙、四时祭祖③；南宋朱熹（1130—1200）也主张"明谱系，收世族，立宗子法"④，意旨都在严格宗法制度。这些构想，除政治、伦理层面的考虑外，防范因土地私有、诸子析产导致家族财富流散，也是重要目的。可见，地主制需要借助宗法制的维系力量，这是巩固农耕经济及其社会秩序的一种内在要求。

地主—自耕农制的基础，是小农业与家庭手工业相结合的自然经济。自然经济是高度分散的、封闭的，需要一种统合机制，去实现某些大目标（如兴修水利、开辟道路交通、抵御异族入侵、维持社会秩序等等），于是君临一切的、强势的专制国家在分散的小农经济的广阔地基上巍然矗立。而专制君主政治则多把地主视作可靠的依凭阶层，秦汉两代均明令商人不得为

---

① ② 张载：《张载集》，中华书局1978年版，第259页。
③ 程颢、程颐：《二程集》第二册，中华书局1981年版，第352页。
④ 《制度》，《近思录》卷九。

官。又明令无资产者不能择补为吏①，此即汉景帝所谓"有市籍不得官，无赀又不得官"②。那么，什么人既有资产又非市籍经商者呢？当然只有地主。地主成为专制帝王选拔官吏的基本群体。隋唐以下实行科举制，虽无身份限制的明文规定，但能长期接受儒学教育，又孜孜不倦追逐仕途的，主要也是那些有产而无市籍的地主子弟，"耕读传家"成为许多地主—自耕农家庭的自诩之语。当然，唐宋以下商人子弟渐入科举行列，读书晋仕者也不在少数。

二、贯穿秦至清的官僚政治

封建制的又一基本属性，便是分封、世袭的贵族政治。中国的殷商西周（及某种程度上的魏晋南北朝）实行此种制度，西欧中世纪、日本三幕府（镰仓、室町、江户）亦实行类似制度，称其为"封建社会"（魏晋南北朝可称"亚封建社会"），名实相符。而晚周以降，尤其是秦汉以下，分封、世袭的贵族政治淡出主流，而代之以考选、任命的官僚制，中央集权的专制君主政制愈趋强化。

（一）纵贯两千年余年的君主专制

与欧洲、日本相比较，中国历史的一大特色，是专制王权的早熟与长期延续。

中央集权的专制王权，早在公元前5、4世纪的战国即已初兴，齐、魏、赵、韩、秦、楚、燕七雄相继建立君主统摄大政

① 参见《史记·淮阴侯列传》。
② 《汉书·景帝纪》。

的郡县制国家，法家及时总结其要旨。商鞅学派说："权者，君之所以独制也"，"权制独断于君，则威。"① 又说："故君操权一正以立术。"② 法家集大成者韩非（约前280—前233）更将君权"圣化"，他说："事在四方，要在中央，圣人执要，四方来效。"③ 他还视"君"为"道"的人格化，君的使命是"体道"。这都是对专制君主集权制度的合理性、必要性所作的论证。而秦朝一统六合，使这种"独制"、"独断"的"要在中央"的君主专制在全国得以实现。秦王政二十六年，丞相王绾、御史大夫冯劫、廷尉李斯等上尊号议，站在权力峰巅的秦王嬴政，集"三皇""五帝"之名，取"煌煌上帝"之意，构成至高无上的"皇帝"称号④，使专制王权获得帝制形态，"圣人执要"的专制帝制，至此实至而名归。

以公元前221年嬴政（前246—前211在位）称制"始皇帝"为端绪，至公元1912年清朝末代皇帝溥仪（1907—1912在位，年号宣统）逊位止，专制帝制历时2132年，共有492个皇帝登极。此间政制起伏跌宕，而大势是中央集权于涨落间愈趋强化。以选官制度为例，汉行选举制，中央集权的官制大奠；两晋行九品中正制，特权贵族把持政柄。隋代废止乡官，剥夺贵族在出生地拥有的政治权利，又废止九品官人法，代之科举制，庶族士子得以登仕，中央集权官制复振。唐承隋制，科举趋于完备，但吏部铨选官员，辅以体貌、言谈取仕，突显贵族式选官标准。至宋代，科举制方摆脱贵族主义，帝王得以直接选拔庶族士子，中央集权的官制更落到实处。故秦以下政制虽

---

① 《商君书·修权》。

② 《商君书·算地》。

③ 《韩非子·外储说右上》。

④ 参见《史记·秦始皇本纪》。

多有更张，但总的走势是君主专制趋于强化。

中国的帝制与专制相共生，对此史学界多有共识。不过，也有论者认为中国的帝制不一定专制，如孙中山《民权主义六讲》第二讲提到，中国帝王的专制程度不及欧洲中世纪晚期的专制君主。钱穆《国史大纲》引论更详述中国帝王并不特别专制，批评"谈者好以专制政体为中国政治诟病"，"妄疑中国历来政制，惟有专制黑暗，不悟政制后面，别自有一种理性精神为之指导也"①。故关于中国君主制度的专制性问题，需略加辨析。

（二）释"专制"

作为汉字古典词，"专制"有独享、独占、独断专行之意，《韩非子·亡征》："婴儿为君，大臣专制"；《史记·穰侯列传》："范雎言宣太后专制，穰侯擅权于诸侯……于是秦昭王悟，乃免相国。"《淮南子·泛论训》说："周公事文王也，行无专制。"高诱注："专，独；制，断。"苏轼《策略第一》："权臣专制，擅作威福，是诛之而已也。"纵观诸古典，所用"专制"，多指贵戚、大臣独断专行（《淮南子》称周公"无行专制"，即不专制，然"专制"一词仍指独断），所谓专固君宠而擅权（如《申子·大体》说"一臣专君，群臣皆蔽"）而很少发现谈帝王专制的用例，这大约因为认定帝王本应专权，所谓"天下事无大小，皆决于上"②，故无须议论帝王（即"上"）的专制。

至近代，受西欧及日本概念的启示，"专制"的含义扩大为一种政体的名称，梁启超将作为政治制度的"专制"定义为：

---

① 钱穆：《国史大纲》，商务印书馆 1948 年版，第 12—13 页。
② 《史记·秦始皇本纪》。

专制者，一国中有制者，有被制者，制者全立于被制者之外，而专断以规定国家机关之行动者也。①

近代日本人用汉语旧名"专制"对译英语 absolutism，井上哲次郎（1855—1944）编译的《哲学字汇》，在 Absolutism 条目下，对应的汉字词为"专制主义"。

在西方，Absolutism（"专制主义"或"专制制度"），是法国18世纪启蒙思想家孟德斯鸠（1689—1755）在《论法的精神》（中文本，商务印书馆1978年版）中提出的一种政制形式。孟德斯鸠在古希腊亚里士多德（前384—前322）的三政体说（君主政体、贵族政体、民主政体）基础上，提出"共和政体、君主政体、专制政体"三分法。君主政体、专制政体都由一人主政，然而君主政体的君主遵循成文法治国，专制政体则不然——"专制政体是既无法律又无规章，由单独一个人按照一己的意志与反复无常的性情领导一切。"② 孟德斯鸠又将"主权者以胁吓为主义"的政体称"专制制度，以与"主权者以温和为主义"的政制相区别。

严复把孟德斯鸠《论法的精神》译作《法意》，其三种政体的国家分别译名为公治国、君主国、专主国。严复在《孟德斯鸠列传》中还将《法意》的三政制命名为："曰民主，曰君主，曰专制。其说盖原于雅理斯多德。"

关于政治体制，近代日本的分类为君主专制、君主立宪、贵族专制、民主制③。通常认为，专制制度多与君主政体相共生，也可以依存于贵族政体、共和政体，其特点是最高统治者

① 梁启超：《梁启超全集》第三册，北京出版社1999年版，第1454页。
② 孟德斯鸠：《论法的精神》上，商务印书馆1978年版，第8页。
③ 福泽谕吉：《文明论概略》，商务印书馆1992年版，第34页。

独揽国家大权，实行专断统治。自孟德斯鸠以来，一些西方学者将中国视作专制制度的典型，并认为中国的专制制度与君主政体结合在一起，合称"专制君主政制"。法国汉学家谢和耐在《中国国家权力的基础和局限》中指出，中国帝王受到礼制和官僚体制的限约，其专制程度不及西欧中世纪晚期的某些君主。宣称"朕即国家"的法王路易十四（1638—1715），其专制性便在清朝康熙皇帝（1654—1722）之上。

诚如钱穆所言，秦汉以降，"王室与政府逐步分离，民众与政府则逐步接近"①；又如谢和耐所言，中国的皇权受到礼制与官僚体制的限约。这些都是中国历史实态的一部分。然而，就总体言之，中国的帝制虽然受到礼制与官僚体制的限定，但礼制与官僚体制又臣服于帝王的威权，"口衔天宪"的帝王随时可以变制、罢官，故中国皇权的专制性是不容置疑的。自秦以下，皇权至尊、至大，是一个基本的事实。中国的专制等级制固然与宗法制相为表里，但往往更具强势，《红楼梦》第17至18回描写贾元春省亲荣国府，祖母（贾母）、父亲（贾政）、母亲（王夫人）见了贵为帝妃的孙女或女儿元春，或"路旁跪下"，或"帘外问安"，所谓"未叙家人之情，先行君臣之礼"，这正是专制皇权至尊至上的表现。行过君臣大礼之后，接下来才是孙女（女儿）元春"一手搀贾母，一手搀王夫人"，以行孝敬。

（三）中、西、日政制比较

如果说，西欧中世纪末期形成的专制王权虽日益张大，但始终受到教会、贵族、领主、市民的制衡，那么，中国的专制皇帝却总领政治、军事、财经、文教大权，除冥冥上苍（天）、

---

① 西嶋定生：《中国古代帝国形成史论》，《日本学者研究中国史论著选译》第二卷，中华书局1993年版，第12页。

圣人的教言、祖宗传下的礼制成法以外，难有约束帝王的实际力量。以丞相为首的官僚系统秦汉时相当强劲，唐宋便等而下之，明清更不成阵式，而皇权则与日俱增。当然，作为专制帝制产物的农民战争，可以推翻旧王朝，另建新王朝（谓之"易姓革命"），此为帝王的一大隐忧，故施行"仁德"以抚慰庶众、强化镇压机制以摄制庶众，成为专制皇权"霸王道杂之"①的因由。故尔，被视作柔性的"德治"与被视作刚性的专制"貌似对立，实则相通，"德治主义，其实与专制主义具有表里的关系"，"最为有德的君主同时也是最具专制的君主"②。

值得一提的是，中国的专制君主既掌政权，又兼控神权，"皇帝"的称号便意味着地上君主与上天主宰（至上神）的合一或同一，这与欧洲中世纪神权与王权分离的情形大不相同。欧洲帝王需要执掌神权的教会为之加冕，连蔑视教会的拿破仑一世（1769—1821）在称帝时也要举行教会加冕仪式（巴黎的卢浮宫悬挂着描绘此一场面的巨幅油画，笔者参观时，在此画前盘桓良久，拿破仑那种既轻视教会、又要利用教会的神态，在其脸部表情和身体姿势中隐约可见）。在欧洲列国，帝王得到神权的认可与护佑，是王权取得合法性并得以运行的必要条件。而中国则不然，皇帝高踞宗教之上，以至有皇帝册封宗教领袖的事例（如清朝雍正帝、乾隆帝向达赖喇嘛和班禅额尔德尼颁赐金册），皇帝又往往被尊为至上神（宋徽宗称"道君"、慈禧太后称"老佛爷"之类）。

中国政权、神权一元化的君主专制，也与日本天皇掌神权而多不理庶政的情形颇相径庭。在日本中世和近世，有"禁里"

---

① 《汉书·元帝纪》。

② 西嶋定生：《中国古代帝国形成史论》，《日本学者研究中国史论著选译》第二卷，中华书局1993年版，第60—61页。

（天皇）与"公仪"（幕府）两个中心，存在"二重组织"、"祭政二重主权"，所谓"天界信仰的支配者"与"地界信仰的支配者"是分离的，由此形成"天皇不亲政传统"①。日本天皇的皇宫称"云居"，宫中皇室称"云上人"，也包含不理世俗政务之意。当然，日本"天皇不亲政"也不能一概而论，奈良时代和平安时代的天皇有亲政之例，明治、昭和等近代天皇更秉执大权，曾"独自垄断精神权威和政治权威"②。但就总体言之，日本存在"祭政二重结构"，不同于中国合神权、政权为一体的专制帝制。

福泽谕吉曾这样比较中日两国政制：

中国是一个把专制神权政府传之于万世的国家，日本则是在神权政府的基础上配合以武力的国家。中国是一个因素，日本则包括两个因素。③

福泽所说"中国是一个因素"，指"至尊"而又"至强"的专制君主统治一切；"日本是两个因素"，指"至尊"而无实际政权的天皇与"至强"而无精神最高权威的幕府将军并列统治。这便是所谓"公·武"二重结构，"公"即公家，指皇室及公卿；"武"即武家，指幕府。中日两国前近代的政体差异，便是专制君主制的一元结构与公武二元构造的对照。

秦汉以下，中国的王朝频繁更迭，但专制君主制却传承不

---

① 洞富雄：《天皇不亲政的传统》，东京新树社 1974 年版，第 9—16 页。
② 远山茂树：《明治维新时期的天皇及天皇制》，《日本学》第六辑，北京大学出版社 1996 年版，第 51 页。
③ 福泽谕吉：《文明论概略》，商务印书馆 1992 年版，第 18 页。

辍,所谓"二千年来之政,秦政也"①,又所谓"百代都行秦政制"②。这种"秦政"式的专制君主政制愈演愈烈。秦汉尚有"掌丞天子,助理万机"③ 的丞相,所谓"一人之下,万人之上",然西汉以下朝廷也一直在寻求控制相权的办法,如西汉武帝建内朝以削减相权,东汉光武帝以尚书台取代"三公"之权,皆为此例。东汉、魏、晋、隋、唐,高门大族享有政治特权,州牧、方镇则各领封疆,实权在握,构成中央皇权之外的势力中心。至宋代,贵族制消弭,武人交权(所谓"杯酒释兵权"),地方权力被朝廷分割、直辖,终于实现了集权于朝廷。延及明清,更集权于帝王个人,自明太祖以降,废除丞相制,并相权入君权,六部直接受制于皇帝,号称"无宰相之名,有宰相之实"的内阁大学士,也只有"票拟"权(建议),而无"批红"权(决策),在多数情形下不过是帝王的秘书。这都是明清君主集权达于极致的突出表现。

三、秦至清是地主经济、官僚政治基础上的
"非封建"的"皇权时代"

以上分述秦汉至明清的贯穿性二制度,以下结合"宗法制"试作综论。

(一)"宗法制"、"地主制"、"官僚政治"共存并行

秦汉至明清的两千余年间,社会制度层面虽多有变化,但"宗法制"、"地主制"与"专制帝制"三项要素贯穿始终。

---

① 谭嗣同:《仁学》卷二。
② 毛泽东:《七律·读〈封建论〉呈郭老》。
③ 《汉书·百官公卿表》。

宗法制是列朝皇统及贵族继承所遵之制，此制在民间也保有自治、自律形态，所谓家有庙、祠有产、宗有谱、族有规，提供了宗法制的物化网络。建立其上的宗法观念，则被加工为官方哲学和普世伦常，由"忠、孝、节、义"等德目构成的宗法伦理，为朝野所共认同遵。宗法制被地主制、专制帝制倚为社会根蒂和精神源泉。

地主制以土地私有为特征，是秦汉至明清间农业社会的常态性制度（魏晋至唐中叶，领主经济、贵族政治较为强势，唐中叶以下，地主经济、官僚政治愈占上风），也是庶族士子登仕参政的物质基础，选举、科举制的取代世卿世禄制，官僚政治的取代贵族政治，均深植于地主—自耕农经济的土壤之中。秦以下两千余年社会的非封建性质，盖由土地私有的地主制所决定，此制奠定了专制帝制的宽阔深厚的物质基石。

官僚政治自秦汉以下传承不辍，改朝换代而此制神髓不变，所谓"汉承秦制、宋承唐制、清承明制"，显示了专制帝制及其各相关制度的强劲延续力。帝王"以制命为职"（朱熹语），反映帝王意志的"诏令"通过垂直的官僚系统布达四方，经由郡县制、流官制，实现中央对广土众民的掌控。朝廷又经由选举、科举，君主与庶民对接，从而扩大了专制政治的社会基础，具有流动性而又臣服于朝廷的士大夫阶层，是高度分散的农业社会得以整合的力量。

"宗法制"、"土地私有制"与"官僚政治"三者并非独立并列，而是互为表里、彼此补充的，它们相与共生、浑然一体——

男耕女织、土地私有、城乡一元的自然经济，是宗法制与专制帝制存在的经济基础，又被其反哺并受其保护；

集权而又流动的官僚政治与自在自律的宗族组织形成二重

结构：在行政管理上是中央集权的郡县制，而在民间社会又有宗法制织造的广大而富于韧性的网络，形成国家"专制权力"与"社会基层权力"的彼此分工"国法"与"人情"的相互契合①。这种"宗法—专制"二重社会结构与地主—自耕农制的经济形态相互维系；

官学私学并存互动、学仕一体的文教—选官体制，儒释道三教共弘的信仰格局，都在上述社会结构、经济形态内繁衍，并为之培养人才、提供观念支撑。

以上诸层面融汇成的自足性机体，具有顽强的延传能力。直至近代，在工业文明焕发的内外因素作用下，宗法专制帝制才逐渐解体，作为秦汉至明清两千余年一贯政制退出历史舞台的标志，1912 年 2 月 12 日清帝退位诏书说：

> 今全国人民心理多倾向共和，南中各省既倡议于前，北方诸将亦主张于后，人心所向，天命可知。予亦何忍因一姓之尊荣，拂兆民之好恶。是用外观大势，内审政情，特率皇帝将统治权公诸全国，定为共和立宪国体，近慰海内厌乱望治之心，远协古圣天下为公之义。②

历史沉重的册页终于翻过，然而其神髓未灭，余韵流风影响久远。

（二）秦以下社会拟名：宗法地主专制社会

综论之，秦汉以降两千余年间，在中国长期延续的，不是

① 黄宗智：《民事审判与民间调解：清代的表达与实践》，中国社会科学出版社 1998 年版，第 213—219 页。
② 中国近代史学会编：《辛亥革命资料丛刊》第 8 册，上海人民出版社 1981 年版，第 183 页。

渐居次要的"封建制度"，而是由宗法制、地主制、专制帝制综合而成的社会形态。在西欧、日本有典型表现的封建化的三特征——农人农奴化、土地庄园化、政权多元化，中国秦汉至明清的大势与之背反，故秦汉至明清冠以"封建社会"，显然不得要领，而称之"宗法地主专制社会"，似可昭示这两千余年间社会组织、经济结构、政治体制诸层面的基本特征，又可简称"皇权时代"。

对于此一拟名，笔者不敢自是。

这一点睛之笔，还须求之高明，并寄望于来日。

第十一讲 乱世裂变——魏晋南北朝文化

　　"话说天下大势，分久必合，合久必分"① 这种分合转化不仅表现在国家政治上，文化进程也大体遵循此例——殷商西周是一元官学时代；东周则离析出多元私学；秦汉又力加整合，几经试验，终于定型为以儒为宗，兼纳道法阴阳的一元帝国文化；魏晋南北朝近四百年间（185—581），社会破碎，一元帝国文化随之崩解。这种"分而合，合而分"的周期性转换，并非平面式的循环往复，乃是螺旋式上升过程，每一次"分"，意味着文化朝丰富多元发展；每一次"合"，意味着文化向深刻综汇迈进。而魏晋南北朝再次出现的文化多元走向，则是对经学弥漫的两汉一元帝国文化的反动，是人文自觉的一次生动耀现。

---

　　① 《三国演义》第一回开篇语。

一、社会动荡与名教危机

东汉末年的黄巾起义和董卓之乱，是一个分崩离析时代的开端。此后四百年间，豪族拥兵割据，王室贵族叠相杀戮，北方胡人乘势大规模进入中原，兵连祸接，政权变更频繁：先有魏、蜀、吴三国鼎立，继起的西晋统一（265—316），仅维持半世纪即演为离乱，在北方，先有十六国割据，后有北魏、东魏、西魏、北齐、北周的嬗递；在南方，则有东晋、宋、齐、梁、陈的更迭。与汉帝国集权政治崩溃同步，魏晋以降世家大族崛起，其庄园自成社会，不仅经济上自给自足，"闭门而为生之具以足"①，而且拥占兼宗法、军事、生产性的私人武装——部曲。这使得豪族具有参与政权的充分条件，而脆弱的朝廷不得不依靠并拉拢豪族。于是，出身门第成为参政的首要因素。魏文帝曹丕（187—226）开始推行的"九品中正制"，由门阀士族代表出任州郡"中正"，中正根据家世、才德将辖区人才列为九品，上报朝廷，朝廷按品级任官。这是有利于门阀士族参政的制度，造成政治贵族化和权力分散的大势。

庄园经济导致的割据性，使朝廷对学术的干预弱化，而"山岳崩溃"式的社会离析，更令人"悟兴废之无常"，哀"人生若尘露"，连一代雄才曹操（155—220）也发出"对酒当歌，人生几何"的苍凉悲鸣，这相较于乐观进取的秦汉文化精神全然另成格调。随之而来的，便是经学与名教的衰颓。

经学在两汉享有"国宪"地位，士人"咸资经术"，然而，魏晋间"汉师拘虚迂阔之义，已为世人所厌"，"公卿士大夫罕

---

① 《颜氏家训·治家》。

通经业"①。魏帝曹髦（241—260）巡视太学，以经学史上一系列自相矛盾的问题反复诘难经师，令经师瞠目结舌。这与汉代帝王亲临太学讲经恰成反照。

与经学式微相联系的是名教危机。名教，即以正名定分为主要内容的礼教。它以儒家哲理化的伦理学说为内涵，以承继西周宗法礼制的程式化礼仪规则为形式。两汉是名教定型时期，其标志便是"三纲五常"的提出。名教的伦理规范和礼仪程式全然围绕"君为臣纲，父为子纲，夫为妻纲"以及"仁义礼智信"展开。然而，魏晋南北朝间社会动荡的风暴，使纲常名教受到空前强劲的冲击。

"君臣父子，名教之本。"而恰在君臣、父子伦常问题上，魏晋间名教遇到严重挑战。

对"君为臣纲"提出责难的是"非君论"和"无君论"。"竹林七贤"之一的阮籍（210—263）所著《大人先生传》说："君立而虐兴，臣设而贼生。坐制礼法，束缚下民。"东晋鲍敬言则以为"古者无君，胜于今世"，力主取消国君，建立"无君无臣"的乌托邦社会。②

"父为子纲"也遭到魏晋人非议。祢衡（173—198）曾与孔融（153—208）交谈："父之于子，当有何亲？论其本意，实为情欲发耳。子之于母，亦复奚为？譬如寄物瓶中，出则离矣。"这类言论在礼教盛行的汉代是不可想象的，出自孔子后裔参加的谈话更难设想。

士人的放达，是当时礼法废弛的原因和结果。《世说新语》记载其时名士"皆以任放为达"，追求感官刺激甚至散发裸身以

① 《南史·儒林传》。
② 参见《抱朴子·诘鲍》。

饮；妇女也一反"妇德"，游山玩水，饮酒谈玄，"代子求官，为夫诉讼"①。经学式微，名教危机，标志着儒学陷入困境，所谓"儒者之风益衰"，"为儒者盖寡"②，代之而起的便是"玄风独振"③。

二、玄学·清谈

"玄"有深奥、玄妙之意，所谓"玄而又玄，众妙之门"④。《老子》、《庄子》、《周易》"总谓三玄"⑤，而这三部典籍正是魏晋学人依据的文本，故其学称之"玄学"。这一称谓，早在晋宋人笔下已可得见，如"云本无玄学，自此谈老殊进"⑥，"为丹阳尹，更置玄学于南郊外"⑦。

玄学伏流于两汉，而正式创始人则是魏时的何晏（？—249）与王弼（226—249）。何晏著《道德论》、王弼作《易注》、《老子注》，用老庄思想糅合儒家经义，倡言"贵无"，认为"无"是一切事物的根本，作为具体事物的"有"，皆生于无。"贵无"运用到社会政治领域，便是以无为本，以有为用，无是自然，有是名教，"名教出于自然"。

西晋时，向秀（约227—272）和郭象（？—312）注《庄子》，修正何晏、王弼的观点，认为"有"是自然存在，并不生于"无"，因而"名教即自然"，论证现存社会关系和政治制度

① 《颜氏家训·治家》。
② 《梁书·儒林传》。
③ 《文心雕龙·论说篇》。
④ 《老子》第一章。
⑤ 《颜氏家训·勉学》。
⑥ 《晋书·陆云传》。
⑦ 《世说新语·文学》。

合乎天道自然。

玄学开辟了一个思辨时代，名士们剖玄析微，"注而不竭"，在论辩中有通（正面解释议论）、有难（发难致诘）、有胜（辩论取胜）、有屈（辩论失败），"兼辞条丰蔚，甚足以动心骇听"①。由此形成清谈风格。

清谈，亦称"清言"或"玄言"，上承汉末清议，从品评人物转向以谈玄为主，用老庄思想诠释儒家经义，摈弃世务，专谈玄理。由魏、晋延及齐、梁，士人争相摹效，往往"至暮忘餐，理竟不定"。其弊端是往往流于"利口谀辞"，转堕"口耳之学"；其长处是发展哲理思辨，开出疑义相析的风气，且不论年资，以友交会，与两汉经师的师道尊严迥然相异。

玄学思辨成果泽及魏晋间各门学科，刘勰（约465—约532）的《文心雕龙》和钟嵘（？—约518）的《诗品》都有前所罕见的严密理论系统和深刻美学内涵；其时的科技也具有鲜明的理论思维特色。如王弼强调，"析理"须借助数学，而数学应当是"理胜"学科②。其时数学家也以"析理"的自觉去探求数学问题，如三国魏人刘徽在《九章算术注》中提出"情推"、"贵约"原则，祖冲之（429—500）依此原则测算出圆周率 π 的值在 3.1415926 和 3.1415927 之间，欧洲一千多年后才达到这一计算精度。北魏人贾思勰的《齐民要术》是我国保存至今最早的完整农书，其理论思维也比较突出，首先要求系统观察，其次根据性能统一法则进行学科分类，而性能统一，正是玄学"体用不二"原理的映现。

总之，玄学的发展使魏晋六朝成为"中国周秦诸子以后第

① 《世说新语·文学》。
② 《周易略例·明爻通变》。

二度的哲学时代"①。其思辨成就为隋唐佛学和宋明理学所继承。

三、文学自觉

魏晋以降，儒学失落，文学艺术从儒学伦常的樊篱中解放出来，认识文学艺术自身特征的"缘情"说和"神思"说脱颖而出。这是中国文化史上值得一书的现象。

先秦的诗论以"言志"为主，两汉经学更把文艺全然视作礼教工具。魏晋时"缘情"说渐占上风，如西晋陆机（261—303）在《文赋》中提出："诗缘情而绮靡"的观点；刘勰的《文心雕龙》认为"诗者，持也，持人情性"；钟嵘的《诗品》强调诗歌的特征是"动天地，感鬼神"，"摇荡性情，形诸舞咏"。与此同时，魏晋文论重视"神思"，陆机的"心游万仞"，葛洪（284—364）的"心存魏阙"，都是强调艺术想象；刘勰更主张"寂然凝虑，思接千载"，"悄然动容，视通万里"，如此方能"传神"、"畅神"。高度重视形象思维，承认文学艺术自身的规律，使文学摆脱经学的附属地位，以"经国之大业，不朽之盛事"②登上大雅之堂，这是魏晋文化的一大进步，文学由此进入"自觉"时代。

魏晋南北朝的文学艺术实践也闪耀着文学自觉的光焰。

以诗歌而言，"三曹"、"建安七子"的作品气势雄伟，慷慨悲壮，如曹操《龟虽寿》"老骥伏枥，志在千里，烈士暮年，壮心不已"，《观沧海》"秋风萧瑟，洪波涌起。日月之行，若出其中。星汉灿烂，若出其里"，气韵深沉，风格苍劲；曹植

---

① 宗白华：《美学散步》，上海人民出版社1981年版，第177页。
② 《典论·论文》。

（192—232）的诗"粲溢今古，卓尔不群"[①]；陶渊明（376—427）辞官归隐的诗作兼有平淡与爽朗之胜；谢灵运（385—433）令两晋盛行的玄言诗告一段落，开山水诗之先河，所谓"庄老告退，而山水方兹"[②]。鲍照（约414—466）、庾信（513—381）使五言诗、七言诗趋于成熟，李白、杜甫均从其吸取营养。总之，建安诗和六朝诗，上承诗经、楚辞、汉乐府，下启唐诗。

民歌在魏晋南北朝呈现繁盛景象。《孔雀东南飞》、《木兰诗》千古传诵；东晋南朝的《子夜歌》、《西洲曲》，十六国、北朝的《陇上歌》、《敕勒歌》脍炙人口。

魏晋间的散文也多有佳篇。诸葛亮（181—234）的《出师表》情真意切，感人肺腑，所谓"出师表惊人文字，千秋涕泪"；嵇康（224—263）的《与山巨源绝交书》"非汤武而薄周孔"，嬉笑怒骂，直抒胸臆；李密（224—287）的《陈情表》抒写与祖母"形影相吊"的深情，语气恳切，委婉动人；陶渊明的《桃花源记》有曲折新奇的故事，有栩栩如生的人物，更刻画没有剥削压迫，百姓"怡然自乐"的理想世界，为千古之至文。人称现代文豪鲁迅"托（托尔斯泰）尼（采）思想，魏晋文章"，正是赞颂鲁迅与魏晋文风的洒脱深刻古今相照。

魏晋南北朝还是小说的开创时代。刘庆义（403—444）的笔记小说《世说新语》，记述汉末、魏、晋士大夫言行。此间的志怪小说，开唐代传奇先河，又启发明清神魔小说。

书法艺术自汉末渐为人们重视，至魏晋南北朝已名家辈出，尤以东晋王羲之（321—379）、王献之（344—386）父子成就最

[①]　《诗品·魏陈思王植》。

[②]　《文心雕龙·明诗》。

高。羲之一变汉魏以来质朴书风，成妍美流便的新体，被推尊为"书圣"，其代表作《兰亭序》等历来为人所心慕手追。

四、佛教华化与道教融汇儒佛

魏晋南北朝儒学衰微，"高人乐遗世，学者习虚玄"，这种社会风尚当然有利于倡言"空无"的佛教发展。东汉虽有人信仰佛教，但只准西域人奉祠，汉人出家为僧，朝廷明令禁止。曹魏已有汉人做和尚，为"汉地沙门之始"，此后汉人出家为僧者渐多，以至高僧辈出，寺庙普建。仅据《洛阳伽蓝记》所载，西晋时洛阳即有白马寺、东牛寺等大型寺庙十座，沙门甚众。

佛教在中国的发展，提出对佛经译文质量的较高要求，于是有中土僧侣的西行取经，著名者为后秦法显（约337—约422），他历时十三年，遍及南亚，取归佛经，译出《大般泥洹经》等五种，又记述旅行经历，成《佛国记》（亦称《法显传》）。

在法显西行取经后二年，鸠摩罗什（343—413）从中亚来华，译出佛经九十八部。他精通梵文和汉语，所译佛经，既能符合原经旨意，保存"天然西域之语趣"，又与中国传统相应，文圆意通。

在中外僧人的共同努力下，佛经大量译出，注疏讲经之学也随之发展，在这一过程中，佛教逐渐中国化。东晋佛学大师道安（314—385）总结汉代以来的禅法与二系学说。其弟子慧远（334—416）一方面强词佛法是"不变之宗"，著《沙门不敬王者论》，维护佛教对政治的超越性，另一方面又调和佛学与儒学名教的矛盾，用佛学融合儒玄，这是印度佛教演为中国佛教的一个开端。竺道生（355—434）则倡言"一阐提皆得成佛"

之说，认为"一阐提"（"断善根"的音译，意指恶人，难救药之人）也可以修炼成佛，并首创顿悟成佛说，这都使佛教赢得更大普及性，开出中国化佛学的理路。南朝梁武帝（464—549）则以"菩萨皇帝"身份，提出"三教同源"说，把儒道释三教始祖孔子、老子、释迦牟尼并称"三圣"，认为三教可以相互辉映。此后不久，一个华化佛教宗派——天台宗在浙江天台山创立，标志着中国佛学走上独立发展道路。

佛教在魏晋南北朝间的广泛流播，重要物化成果，其一是寺院的广为兴建，所谓"天下名山僧占多"。唐人杜牧诗云："南朝四百八十寺，多少楼台烟雨中"，便是极言南朝佛寺之多。其实，南朝佛寺何止四百八十，仅据《南史·郭祖深传》载，梁朝"都下佛寺五百余所，穷极宏丽，僧尼十余万，资产丰沃"。

其二是巨型石窟造像。在今甘肃、陕西、山西、河南、新疆、四川等地保有许多石窟和数以千计的佛像。最著名者，一为甘肃西部的敦煌莫高窟，晋太和元年（366）始建，历北魏、西魏、北周、至隋、唐五代、宋、元各朝都在此开凿，现存石窟四百多个，佛像2450尊，为石刻艺术精品；二为山西大同云冈石窟，魏文成帝（452—465在位）时始建，几百年间开凿五十多个洞窟，现存造像五万尊；三为河南洛阳龙门石窟，始凿于北魏孝文帝迁洛后第三年（497），中经东魏、北齐、北周、隋、唐诸朝，连续营造四百多年。现存佛龛二千一百个，佛像十万尊。此外，还有甘肃炳灵寺石窟、麦积山石窟等。

与外来佛教华化的同时，道教在魏晋间一方面吸收佛学，衍出轮回成仙说，善恶报应说，天堂地狱说；另一方面进一步与儒学糅合。东晋葛洪著《抱朴子》，内篇言"神仙方药""养生延年"，外篇讲"人间得失，世事臧否"，其基本思想是以神仙养生为内，儒术应世为外，一面把道家术语附会金丹、神仙教理；一面坚持儒家纲常名教。此后，粗疏的早期道教（如太平道、五斗米道）演变为有较严密的组织和科律的金丹派道教，其教义反对佛教的消极寄望来世，而主张今生享受人间乐趣，其前提是讲求延年益寿，而炼丹、服丹又是延寿之法。北魏寇谦之（365—448）改革道教，创新天师道，不主张依赖吐纳交接之术和服食丹药，认为"修学长生"应以礼拜求度为主。

佛、道二教在魏晋南北朝的兴盛，与统治者的大力提倡颇有干系。佞佛尤甚的是南朝帝王，如宋文帝（407—453）、齐文宣王、梁武帝、陈武帝（503—559）、陈后主（553—640）等人。其中梁武帝曾广建佛寺，带头吃素，扶植寺院经济，一次布施寺院往往千万以上。他还四次舍身同泰寺为"寺奴"，每次都由百官用"钱一亿万"将他赎回。北朝魏太武帝（408—452）则崇奉新天师道，几乎立道教为国教。

有佞佛者必有灭佛者。一方面，儒士从护卫名教出发，著文斥佛教"使父子之亲隔，君臣之义乖，夫妇之和旷，友朋之信绝"①；另一方面，有的帝王为着保证朝廷赋役，伸张中华王道正统，起而灭佛。如北魏太武帝诏令坑杀沙门、焚毁寺院、没收寺产。但北魏后期诸帝重新佞佛，北周武帝（560—578 在位）遂再禁佛、道二教，又下诏灭佛，使"释子减三百万，皆复军民，归还编户"②，增加了国家财赋兵役来源。北魏太武帝、北周武帝的灭佛，与以后的唐武宗、周世宗灭佛，合称"三武一宗灭佛"，佛教史称"法难"；而从中华文化的总体进程论，则是儒佛道三教彼此消长及社会政治经济矛盾运动的产物。

---

① 道宣：《叙列代王臣滞惑解》，《广弘明集》。

② 《房录》卷十一。

五、文化的冲突与融合

经过夏、商、周至秦、汉约一千八百年，一个以汉族为主体的多民族国家初步形成。魏晋南北朝四百年间，则是继春秋战国以后又一次更大规模的民族迁移和民族融合高潮。北方及西北、东北的匈奴、鲜卑、乌桓、羯、氐、羌等"胡"族先后进入中原，纷纷建立政权。南方及西南的越、蛮、奚、俚、僚等族也与汉族发生交互关系。

游牧或半农半牧民族的"胡"文化与中原农耕人的"汉"文化长时间交会，在冲突中走向融合。

胡、汉之间的"文化距离"，导致胡、汉文化质的差异性。然而，这种质的差异性决非恒久不变。文化冲突中的对立面不可避免地在冲突中改变自身原有结构，从对方吸收于己有用的文化质，从而在调整、适应的过程中趋于一体化。魏晋南北朝胡、汉一体化便表现为胡文化的"汉化"与汉文化的"胡化"。

对于胡文化来说，抛弃旧质，以适应新的农业文明环境是首当其冲的急务。然而，在胡文化解体的态势面前，胡人中不可避免地产生守旧心态，竭力维护被摇撼的游牧文化根基。如拓跋焘杀贺狄干，是因为"见其言语衣服类中国，以为慕而习之，故忿焉，既而杀之"①。入迁内地的胡人表现出强烈的"扬胡抑汉"倾向。《北史·高昂传》云："时鲜卑共轻中华。"以"汉"一字构合成形形色色带侮辱性的恶称，便是"轻中华"的表征之一。陆游《老学庵笔记》卷三言："今人谓贱丈夫曰'汉子'，盖始于五胡乱华时。北齐魏恺自散骑常侍迁青州长史，固

---

① 《北史·贺狄干列传》。

辞之。宣帝大怒曰：'何物汉子，与言不就。'此其证也。""抑汉"与"扬胡"同时并存，胡人被尊奉为"国人"，在政治上、经济上享有多方面特权。

然而，在先进的汉文化的包围下，胡人中"守旧派"的抗拒终归是徒劳的，与"马背中领生活"相割离的中原胡人终究被纳入"汉化"轨道。

胡文化"汉化"通常是通过两个渠道进行。一是由胡人统治者采用汉族统治的组织形式并推广儒学，从而以强力推进胡文化发生质的变化。匈奴人、汉国的创建者刘渊，前赵的刘曜，羯人、后赵的石勒，氐人、前秦的苻坚、苻融，羌人、后秦的姚苌、姚襄都在这方面作出努力。公元五世纪初统一北方的鲜卑拓跋魏更在儒化—汉化上有突出动作。还在魏道武帝时期，拓跋魏通过征聘、使用汉族士大夫，与儒家政治沟通关系，至魏明帝拓跋嗣与魏显祖拓跋弘时期，拓跋族上层集团的儒化已达到一个新的水平。儒家文化的渗透，使北魏统治层中产生许多儒者兼拓跋贵族的人物。

北魏孝文帝元宏（467—499）是推进鲜卑拓跋族汉化的英俊人物，公元493年，他以南征为名，把都城从今山西迁到中原洛阳，这不是一般的都城迁徙，而具有重大文化转型意义。山西大同（时名平城）地处恒山之北，处于游牧文化氛围之中，而洛阳处于古来神州中心，迁都于此，既能显示北魏政权为中国正朔所在，又有利于加速对汉文化的吸收。正是在古都洛阳，魏孝文帝在经济基础与上层建筑两大领域推行一系列汉化改革，奖励鲜卑与汉人通婚，改鲜卑姓氏为汉姓，参照南朝，制定官制朝仪，从风俗礼制到语言服饰全面割断鲜卑拓跋族与旧有文化的纽带，大踏步地实现社会体制的汉化与观念的汉化。而全然以《考工记·匠人》王城规划制度为营建蓝本的北魏都城洛阳，则以其规整严密的坊里，等级秩序分明的道路系统以及宫城居中、左祖右社、前朝后寝的布局宣示着汉文化的胜利。

由于胡文化的汉化不是以本族经济文化发展为动力的文化迁演，而是在汉文化环境的规范下，以政治需要为动力的文化转型，因而，统治集团的儒化往往走在全族汉化的前面，从而为胡文化的整体性汉化创造前提条件。

胡文化"汉化"还有第二个途径，这便是入迁内地的胡人在"与华民错居"的情势中，不仅"语习中夏"，"多知中国语"，而且潜移默化地受到汉文化观念意识的影响。胡人的性观念本颇为开放，"女儿自言好，故入郎君怀"。但在汉文化影响下，也出现男婚女嫁有待于"父母之命"的观念，如北朝乐府《折杨柳枝歌》咏道："问女何所思？问女何所忆？阿婆（北朝呼母为婆——笔者注）许嫁女，今年无消息。"儒家的贞操，观念开始影响胡人。

胡文化"汉化"是多方面的，它不仅表现在政权结构专制化，经济方式农业化，观念意识儒学化，而且表现在昔日的胡人转而以"汉人"的姿态去对待其他胡族。如鲜卑与柔然，在血缘上具有亲缘关系，但北魏鲜卑反而视柔然为"胡"。太武建六镇，北魏、东魏"起长城之役"，皆为防柔然进攻，其情势颇与秦汉筑长城御匈奴相似。至此，北魏统治者已转化为防御游牧民族"钞掠之患"的农业文明保护者。

在胡文化"汉化"过程中，儒生士大夫扮演了关键角色。十六国与北朝时代，大批北方汉族儒士纷纷出仕胡族政权。他们遵循《孟子·滕文公》"用夏变夷"之论，以先进的诸夏文化去影响、改造"蛮"、"夷"。北魏高闾据"入中国则中国之"的理论展开的"中原正统说"（统有中土，即为正统），崔浩（？—450）、高允（390—487）依"能行中国之道，则中国之主"观念展开的"文化正统说"（凡遵奉中国文化者皆得视为正统）便是入仕北朝的汉族士大夫的安身立命之论。正是基于如上观念，封奕、阳裕、张宾、程遐、王猛、薛瓒、尹玮、崔浩、高允、王松寿、苏绰等一大批有才干的士大夫活跃在非汉族政权的舞台上，为在中原重建社会秩序而努力。

汉族儒士改造胡文化的主要途径是以胡族上层为中介，倡导儒学，建设汉式政权组织以及与农业社会相适应的经济制度；倡兴文教，打击保守贵族势力，努力改易"胡风国俗"。汉族儒士与儒化了的胡族上层统治者的共同努力，使北方胡族政权对儒学的重视较东晋南朝有过之而无不及。《洛阳伽蓝记·景宁寺》载陈庆之语："此中谓长江以北尽是夷狄，昨至洛阳，始知衣冠士族并在中原，礼仪繁盛，人物殷阜。"胡人政权组织不仅沿袭汉人政治体制，而且还颇有补益。儒者托古的太子国学便在胡人政权下首先实现，苻坚令太子及公侯百僚之子就学受业于国子学，为太子国学先声。中原社会经济亦迅速从战乱中复苏、发展起来。一些民歌描述胡人统治区域内社会繁荣；安定情景："长安大街，两边种槐，下走朱轮，上有鸾栖"；"远游武威郡，遥望姑臧城，车马相交错，歌吹日纵横"；"路出玉门关，城接龙城坂。但事弦歌乐，谁道山川远"。北魏洛阳工商业兴隆发达，"天下难得之货，咸悉在焉"。《魏书·地形志》记载，北魏时全国人口比西晋太康年间多了一倍。虽然北魏末年爆发各族大起义，其后又有东魏、北齐与西魏、北周的长期对峙，但经济发展的势头仍然不衰。迨至北周统一北方，北方的人力、物力终于超过南方，从而为隋统一全国，实现公羊家所倡言的"大一统"打下基础。

胡文化虽受容于汉文化系统，但是这种加入绝非机械组合。在进入汉文化轨道的过程中，胡文化也以其固有特质对汉文化系统加以冲击、改造。蛮野但充满生气的北族精神，给高雅温文却因束缚于礼教而冷淡僵硬的汉文化带来新鲜空气。北魏崔浩说："漠北醇朴之人，南入中地，变风易俗，化洽四海。"[①] 指的便是这种趋势。随着诸多民族整合为新汉族的进程日益深化，汉胡交会的效应逐渐充分显示，终于推出璀璨的隋唐文化。

---

① 《魏书·崔浩传》。

第十二讲 袭常与新变的明清文化

　　史学的功能，要者在展开历史发展过程，明其变易，方能识破兴废成败之底里。孟子曰："观水有术，必观其澜。"① 观史亦然，须从历史流程（尤其是转折处）着眼。讨论明清文化，需要将其置于中国乃至世界历史波澜壮阔的进程中加以考究。

一

　　明（1368—1644）清（1644—1991）是秦汉以下帝制系列的末端，但这个末端并非细枝微节，而是相当庞大繁复的，与帝制雄阔的开端——秦汉遥相照应。

　　周秦之际发生中国制度史上的一次大更革。秦代（前221—前206）是宗法封建分权的"周制"向宗法君主集权的"秦制"变异的节点，这种由"多"而"一"的转折，在春秋战国数百

---

　　① 《孟子·尽心上》。

年间已然萌动，故王夫之《读通鉴论》称战国为"古今一大变革之会"。经由这种变革，至"秦王扫六合"，一统天下，方正式确立"郡县代封建"的君主集权政制，自此形成的定势，笼罩中国史程达两千年之久，人言："历代皆行秦政制"，即此之谓也。然而，这精要的概括只讲出史迹之半，秦以下两千年并非单行"秦制"，或如某些昭示"仁政"的帝王及谋士宣称的纯以"周政"治天下。真实情形是：主法的"秦制"与儒家概括的"周制"互为表里、相与交织，帝王无一不左手持儒家经典、右手挥法家利剑，汉宣帝讲了实话："汉家自有制度，霸王道杂之，奈何纯任德教，用周政乎！"①。

明清是两千年宗法君主集权社会的晚期，周秦两制交集的制度一如秦汉以来之惯常，不过秦制尤其昭彰，其弊端被时之有识者批评，谋求变革的呼声此起彼伏，清初顾炎武称自己所处时代"已居于不得不变之势"②。秦以下，有过汉晋更革、唐宋更革，但那都是在农耕文明—君主集权政治大格局内部的调整。中国历史上突破上述格局、以工业文明—民主政治为目标的大更革，在清末民初方得以展开，而明代及清代前中期恰值这一大转折的前夜，其国内表征是资本主义萌芽和早期启蒙文化出现，国际条件是西方近代文化初入中国。然"萌芽"幼弱、"启蒙"声希，明清文化主流延续着秦汉以降的常态，而扬弃性的文化变革在潜滋暗长，所谓"常"中寓"变"、"变"中有"常"，故明清文化宜以"袭常与新变"概括。

---

① 《汉书·元帝本纪》。
② 《军制论》，《亭林文集》卷六。

二

明清处于历史发展的特别节点，略言之——

第一，自秦汉以降，历经多个王朝兴替（不算地方割据政权，列入正史的朝代有：秦、西汉、东汉、魏、西晋、东晋、宋、齐、梁、陈、东魏、西魏、北周、北齐、隋、唐、后梁、后唐、后晋、后汉、后周、北宋、南宋、西夏、辽、金、元、明、清），而明清是与当下最为切近的两个王朝。此点似乎无须言说，却因其为研讨明清史不可轻忽的基点，故仍当阐明。

去古未远的明清可称之"近古"，其制度与文化，综汇前代，无论从积极意义还是从消极意义言之，都为近现代中国提供了最直接的遗产。这里且不议制度文化与形而上的观念文化，即从可触摸的形而下的器物文化论，唯明清保有较丰富的可供今人观摩的实存体。以建筑为例，中国历朝宫殿无算，但秦之咸阳宫、阿房宫，汉之长乐宫、未央宫，唐之太极宫、大明宫、兴庆宫，宋之艮岳，多毁于"改朝换代"的战火，消弭于历史尘埃，只可通过司马相如《上林赋》、曹植《铜雀台赋》、杜牧《阿房宫赋》一类美文，遥想当年宫阙的壮丽，留下远望凭吊的惆怅。今人能实在见到的完整皇殿，只有明清紫禁城，那太和殿、中和殿、保和殿的伟岸，彰显帝制的威严；那藏品之渊富，昭示中华声明文物的精深博大。先秦以下，京师、州县城垣更难以数计，当下仍然屹立的南京城、西安城、荆州城、平遥城等硕果仅存者，皆明清所建。战国以降，累代筑长城数万里，而完整保存至今的砖筑长墙只有明长城，吸引中外游客的渤海边山海关、金山长城、八达岭长城、慕田峪长城、甘肃嘉峪关，在在如是。若以典籍为例，巨型类书《永乐大典》、最大辞书

《康熙字典》、超级丛书《四库全书》无不集成于明清。

在一定意义上，经由"近古"明清，方能辨识"中古"汉唐、"上古"先秦；透过"近古"明清，方能了然近现代的由来有自。

第二，两朝五百余年是中国史上连续统一时间较长的阶段，只有两汉集合的四百余年统一时段略可与之比肩。

明代从政制、军制、财制、文教制诸方面使掌控一统帝国的秦制得以强化，亦注意发挥周制的调适功能；清承明制，但张大了民族压迫要素（清前期尤甚），又较充分地融汇周制与秦制，集皇权制度之大成。明清的重要历史作用是，使秦汉以来一统国家的建构得以完备与强化，再无分权势力尾大不掉。如果说，汉代封国、郡县并列，唐代节度使掌握军政，导致藩镇割据，国家分裂不时发生（西汉吴楚七国之乱、西晋八王之乱，东晋后的五胡十六国、唐后的五代十国为剧演），而明清制度则杜绝分裂的可能，各种外力与内力皆不足以真正撼动统一大局。然而，明清使秦制极端化，专制罗网严密以至苛酷，障碍社会近代转型，束缚人的自由发展。明清制度的双重功能，为明清后时代提出维护"一统"与突破"专制"这颇相扞格的两大使命，容易顾此失彼，中国近代化进程因以崎岖错综。

第三，明朝是最后一个汉人王朝，清朝是继元朝后第二个少数民族入主中原的大一统王朝。

传统中国有几个重大分野，为士众念念于兹，其中与"君子小人之辨"相提并论的，便是"华夏夷狄之辨"。明清易代不仅是一般意义上的改朝换代，还有"华夷换位"含义，这是非同小可的一大变故，黄宗羲称之"天崩地解"[1]，王夫之称作

---

[1]　黄宗羲：《留别海昌同学序》。

"地坼天乖"①、"天崩地裂"②，不仅震撼中国，在朝鲜、日本等汉字文化圈诸国也引起强烈反响。因此，清末的社会变革，不仅要实现时代性递进（农业文明向工业文明转化，皇权专制向宪政民主转化），还要解决作为人口主体的汉族的民族性存续问题（太平天国与辛亥革命都曾以"反清复明"作号召，"排满"具有最广泛的民众动员作用）。更重要的是，时至清中叶以降，国人在抗御西力东侵之际达成中华民族共识，这是尤具深远意义的新的民族主义命题。古老的"华夷之辨"又叠加近代民族理念的形成，构造了近古数百年，尤其是晚清数十年朝野竞相求解的绝大题目，多少事变、多少人杰都围绕此题运转。这是明清史的复杂性超迈前朝的所在。

中国建立近代民族国家、形成文化认同，是在明清五百余年的错综进程中得以实现的。一个众族共生、多族互动的古老大国铸造近代民族国家共同体，较之单一民族国家（如日本、德意志）的近代立国远为困难。而明清两代为此提供了丰富的经验教训。值得详辨的是，清朝既有民族压迫深重的一面（以满人入主中原初期为甚，清末推出满洲亲贵主导的"皇族内阁"为其回光返照），又有满汉成功交融的一面（汉人士子在清朝发挥重要作用，康雍乾诸帝对汉文化的精深修养为其表征），还有实现诸民族亲和的一面（朝廷特设承德避暑山庄接待北方及西北诸族首领，展示了谋求民族团结的智慧），识者当全面观照，不可偏执一端。

第四，两朝皇权制度完备，汉、唐、宋抑制皇权的要素（如贵族权、相权等）被大为裁抑，明清攀援至君主集权制的

---

① 王夫之：《五十自定稿·长相思》。
② 王夫之：《忆得·放杜少陵文文山作七歌》。

顶峰。

明代削夺封建贵族权力（永乐以后诸封王"授土而不临民"，王侯未获诏旨不得进京、不得相互联络，禁止干预地方政务），废除秦汉以来沿袭千余载的丞相制度，皇帝直辖六部和行省三司，内阁成为皇帝处理政务的秘书，还受司礼监制衡，又有厂卫严密监控，皇权几近极至。清承明制，明代中央集权体制基本照单全收，但保留满蒙贵族特权，又增设军机处，皇帝在几名近臣辅弼下独揽朝政。明清的皇权政治多有"不衷古制"的弊政（如明代频繁更迭以致杀戮首辅、廷杖处罚朝官，清代以文字狱恐吓士人，令其就范文化专制），其流弊之一是败坏官风、挫伤民气。现代哲人反思的"官腐民懦""精神胜利""看客心理"等"国民劣根性"，其近源正在明清专制政治对官民的精神戕害。

明清皇权专制达于极端，而声讨皇权专制的思潮也潜滋暗长，但皇权制度根深蒂固、皇权思想影响力劲拔，久久控扼朝野，即使清末革命洪涛掀翻帝制，而民主政治仍遭遇难产，这与明清皇权专制的强势遗传颇有干系。

第五，进入地主—自耕农经济成熟期，达到农业文明的最高水平。

明清的生产力规模，早期工业国尚不能望其项背。综合各种统计，18世纪前后的中国GDP约占全球二至三成①，其经济体量世界第一（但大而不强），并对早期工业国的产品有相当排拒力，而丝绸、瓷器、茶叶深受海外欢迎，因此外贸一直巨额出超。史载：18世纪中叶，中国每年出口欧洲的生丝约1万担，价值约140万两白银；英国人斯当东著《英使谒见乾隆纪实》

---

① 参见安格斯·麦迪森：《中国经济的长期表现：公元960—2030年》，上海人民出版社2011年版。

记述：乾隆间，每年由外国商船运到欧洲的华茶约 2000 万磅，价值近 400 万两白银。当时正值西班牙等殖民主义国家在美洲墨西哥等地开采、冶炼白银，西方以之换取中国产品。从明万历开始，西班牙银元（时称"本洋"）流入中国，清中叶达到高峰，中国成为白银库存量最多的国度，德国人贡德·弗兰克著《白银资本》载：1545 年到 1800 年，从海外流入中国的白银大约 6 万吨。1/3 到 1/2 的美洲白银，最终输向中国，西方因以发生"银荒"。直至 19 世纪初中期，"世界工厂"英国的商品也难以打入"农业—手工业紧密结合"的中国市场，于是通过鸦片贸易使白银从中国大量外流，又令中国人体质精神双双孱弱，成"东亚病夫"，以便驱使。此祸延绵百年。

明代中后期，既有资本（白银），又有国际市场，长江三角洲、晋东南等地商品经济繁荣，"机户出资，机工出力"的工场手工业发展，区域商品市场形成，晋商、徽商、浙商名满天下，在经济、文化、社会诸领域颇有建树。然而，"农业—手工业紧密结合"的生产方式对商品经济的抑限，专制皇权（通过皇庄、皇店、矿监、税使）对民间工商业的超经济剥夺，使资本主义萌芽如大石镇压下的植物，难以健康发展，一度享誉天下的工商品牌大多成"断尾蜻蜓"（晋商、徽商乃至广东十三行中的著名的商号皆未延传下来），绝少像日本的住友（1590 年开端）、三井（1673 年开端）、三菱（1870 年开端）、安田（1863 年开端）那样持续发展数百年的工商企业。此种情形延至当代，调查显示，今之日本有 150 年以上历史的企业高达 21666 家，而中国仅有"六必居"、"张小泉"剪刀、"陈李济"、"同仁堂"等为数极少的"百年老字号"（多为餐饮业、中药店及小手工业）。

明清鼎革之际大规模战乱的摧折，使商品经济遭受重挫（"嘉定三屠"、"扬州十日"正发生在工商业经济、市民文化最发达地区）。清初减免明代"三饷"、实行"摊丁入亩"，此皆善政，对复兴农业经济功不可没，"康雍乾盛世"由此奠定物质基石，然这类"轻徭薄赋"举措皆不逾古典范域，并无近代新机制可言，故清中"盛世"不过是旧道踱步。明史专家李洵说，明清"只有资本主义萌芽时期，而没有资本主义确立时期"。诚哉斯言！

第六，国际环境异于往昔。

如果说汉、唐、宋面临经济落后、武功强劲的游牧民族来袭，"御胡"是基本的国防任务，明代依然如此（抵御北元和满洲），然晚期又有携西方早期近代文明的传教士来访，在中国文化池塘吹起涟漪。这是继晋唐间南亚佛学入华之后，中国文化线与外来文化线的第二次交会。清中叶以降更有经济先进、船坚炮利的西洋殖民者入侵，国防重心从西北"塞防"转为东南"海防"，中国遭逢数千年未遇之强敌。晚清面临"三千年未有之大变局"，已无法沿固有轨迹运行，被动卷入世界近代化滚滚洪涛之中。

明初有郑和七下西洋（1405—1433）的空前绝世壮举（航海技术之高、船队规模之大，均在此后半个多世纪的西方诸次远航之上），展示了高级农耕文明和一统帝国的富强和对外展拓能力。然而，此一远航虽推进了商贸发展，然主旨并不在此，昭显帝威才是宏愿所在。乏于经济收益及社会动力的政治性远航被时人视为劳民伤财、无益有害的弊政，在发动者永乐帝、实行者三宝太监相继辞世后，必然人亡政息，难以为继，不仅自弃巨舰，连远航档案都加以销毁。诚如梁任公《祖国大航海家郑和传》所谓：哥伦布、达·迦马后有无量数哥伦布、达·迦马，"而我则郑和以后，竟无第二之郑和"。加之明清两朝相继厉禁民间海洋航运，中国自行退出15世纪末开端、一发不可收的世界大航海潮流（也就止步于近代工商业文明的门槛之外），中国在中世纪的"先进"地位就此打上句号，等待着四百年后西洋人以枪炮和工业品击破闭锁的国门。

自己终止"走出去"，必然被外人"打进来"，这是明清史昭示的教训，也是从分散趋向整体的近代世界史作出的结论。

三

文化的某些成分（如风俗习惯、行为方式、艺术形式的若干断面），不一定有先进落后之别，如中医与西医、筷子与刀叉、京剧与歌剧、水墨画与油画，各具特色、各有优长，不必作线性比较；而物质文化（以生产力水平为主要标志），还有制度文化及观念文化的某些部分，在历史行程中后浪逐前浪，存在先进落后的线性序列。以后一侧面而论，明清五百年，是中国在世界文化总进程中，从先进跌入后进的历史转折阶段。

"华夏民族之文化，历数千载之演进，造极于赵宋之世"（陈寅恪语），宋代生产力及科技、文化水平领先世界，明至清初大体与欧西持平，清中叶以降则落入"后进"行列。这并不是清代在衰退，而是因为自恋于"天朝上国"，同步徘徊，被国人十分陌生的工业化西洋及后起的东洋日本弯道超越（鸦片战争中国败局已定之际，道光皇帝还不知对手英吉利是何方神圣，是否与大清接壤；中日甲午战争时，清方朝野对新兴的日本茫然无知），陷入落后挨打困境。

近代以前，国人以"声明文物之邦"傲视群伦，很少作文明水平的国际比较，我们只得从外国人的评华言论中略见大貌——

元初入华的意大利人马可波罗对大都、杭州充满景仰，对

"契丹"（实为中国）文明的先进性多有佳评；明末清初来华西人利玛窦、艾儒略、汤若望、白晋、张诚等留下多种对中国的观察记录，褒贬杂陈，却未见从总体上指中国"落后"的言论。

18世纪的西欧，推崇中国文明（伏尔泰、魁奈等）、贬抑中国文明（亚当·斯密、孟德斯鸠等）并存，然推崇占主导。18世纪末叶以降，随着英国工业革命的成效以加速度显现，中西文明水平差距急剧拉大，发现中国落后的西人，由凤毛麟角变得如过江之鲫。乾隆五十八年八月（1793年9月）为乾隆帝祝寿的英国使臣马戛尔尼，窥破貌似强大的"中华帝国"的虚弱本质，将清朝称之"泥足巨人"。这是外人关于中国已入颓势的较早评述。

19世纪入华西洋传教士、商人、军人、外交官、学者的中国见闻录，更充满指中国"落后"的记录（林乐知、李提摩太、戈登、赫德等人的评华言论有许多尖锐批评）。同为后进国的日本于江户幕府末期，在锁国两百年后，首次派官船"千岁丸"造访中国上海，随船日本武士原先多对文化母邦中国怀有敬畏，但他们目睹的清朝，一片破落景象，官腐民弱，日本武士的中国观遂由崇仰转为鄙夷，甚至萌生"率一万骑，扫平中国"的狂念。须知，那时的日本尚处半殖民地弱势状态。①

至于中国人，在门户开放后也开始注意中外比较，发现自身的落后，如冯桂芬《校邠庐抗议》有六"不如夷"之论（"人无弃材不如夷，地无遗利不如夷，君民不隔不如夷，名实必符不如夷"，"船坚炮利不如夷，有进无退不如夷"）。而承认落后，正是奋起直追的开端，"始则师而法之，继则比而齐之，终则驾而上之。自强之道，实在乎是"。王韬更一反仅仅把西力

---

①　冯天瑜：《"千岁丸"上海行——1862年日本人的中国观察》，商务印书馆2001年版。

东渐视作灾祸的观点，认为这同时也是中国进步的契机，他1864年所撰《代上苏抚李宫保书》指出："合地球东西南朔九万里之遥，胥聚于我一中国之中，此古今之创事，天地之变局，所谓不世出之机也。"

自孙中山以来，觉醒、有担当的中国人高唤"振兴中华"，便是要抓住这"不世出之机"，从近二百年颓势中超拔出来，追向世界文明的先进行列。

四

以上概述明清所处的历史方位，由此派生的明清文化因以呈现"集古"——"萌新"的双重属性。

其一，明清是中国古典文化的总汇期。

典籍整理、文化集成工作自明而清，以空前浩大的规模展开，类书《永乐大典》、《古今图书集成》，辞书《康熙字典》，丛书《四库全书》均为中国乃至世界相关典籍之最。

订正、考释古典的考据学始于明中叶（杨慎等为代表），清中叶更为学术主流，代表学者有以惠栋为首的"吴派"（沈彤、江声、余萧客、江藩、王鸣盛等）；以戴震为首的"皖派"（段玉裁、程瑶田、金榜、孔广森和王念孙、王引之父子等）；阮元代表的"扬州学派"（任大椿、焦循、汪中等）。乾嘉考据学对古代典籍作系统整理、对传统文化作全面总结，使得数千年来各个学科、各个领域的专门之学得到发掘、彰显和条理化。其研究对象重在古籍、古史、古器物，治学态度如"老吏断狱"，"实事求是"、"无征不信"，其理性态度、实证方法，与近代科学并无二致，对中国乃至日本的近现代学术影响深巨。

明清集传统科学技艺之大成，药物学巨著李时珍的《本草纲目》，农学总成且汲纳西学的徐光启《农政全书》，手工业技艺百科全书宋应星的《天工开物》，地学杰构徐宏祖的《徐霞客游记》，造园绝世经典计成的《园冶》，沿袭两百余年的雷氏建筑术（仅国家图书馆就珍藏"样式雷"两万多张建筑图样），等等，均达到前工业时代的最高科技水平，即使今日观之，也颇有发明、发现方面的启示。

其二，程朱理学主导精神世界，继之心学崛起，又复归于程朱，构成明清形上学的圆圈，晚清新学勃兴方突破此一圆圈。

自晋唐以降，佛教与道教在信仰世界的影响力愈益增强，儒学退守，至宋明，儒者在消化吸收佛道思辨成就的基础上，展开类似晚周孟子"辟杨墨"的"辟佛老"努力，一种思辨化的、以伦理为核心的新儒学——理学在宋代兴起，提供克服信仰危机和道德危机的精神武器。中经元代，至明清，朝廷推尊理学，将二程朱熹论证的"纲常""天理"规定为伦理、政治指针，《四书》朱注成了科举考试范本。富含理性和民本精神的儒学，因为官方片面伸张、强力推行而趋于僵化，衍为一种御用的"制度化儒学"，礼教渐趋严密地桎梏公私精神生活，与亚里士多德学说在欧洲中世纪教条化的情形颇相类似。而明中叶崛起的阳明心学，强调个体心性修为，倡导"致良知""知行合一"，有思想解放的意蕴在。由阳明学衍生的泰州学派反映市民阶层突破礼教樊笼的诉求。

与心学在明末走向空疏相抗衡，眼光投向社会实际的经世实学也有发展（自明末至清末多种"经世文编"的修纂显示此学的昌盛），架设通向近代新学的桥梁。

极端的专制皇权激发明清之际"非君论"涌动，在市民文化及党社文化中产生出继承并超越先秦"民贵君轻"说的"新民本主义"，不仅谴责个别暴君、昏君，其批判锋芒普遍地指向

"今之君"，即秦汉以降皇权专制制度下的全体帝王（黄宗羲《明夷待访录》、唐甄《潜书》为代表作）。明清之际，黄宗羲、顾炎武、王夫之、唐甄代表的早期启蒙思潮别开生面，但在皇权高压下，此种思潮只能暗流潜行（"待访录""潜书"两书名传神地表达了此种窘态），且在清中叶沉寂百余年，嘉道间的龚自珍、魏源重振其说，成为近代民主思想的前导。而近代新学萌动之际，颇多对"晚明遗献"的借助，这正是一种"以复古求解放"的历史辩证法之显例。

其三，伴随城市经济发展，市民文学蓬勃兴起。

俗谓：中古至近古文学主潮经历了"唐诗—宋词—元曲—明清小说"几阶段。小说确乎是近古最具特色的文学样式。明清小说从"魏晋志怪志人—唐代传奇—宋元话本"一路走来，渐成洋洋大观。传奇、话本都是短篇，明清短篇精进不已（明末"三言二拍"，清代《聊斋志异》皆短篇集合），更涌现长篇巨制，讲史小说《三国演义》，英雄小说《水浒传》，神魔小说《西游记》，世情小说《金瓶梅》、《红楼梦》成为古典文学新的楷范。

明清出现将小说、戏曲提升到与诗文并列地位的议论，甚至认为其教化功能可与经书相比配。明人李贽称《水浒传》和《西厢记》"皆古今至文"[1]，公安三袁服膺其说；清人金圣叹称："天下之文章，无有出《水浒》右者；天下之格物君子，无有出施耐庵先生右者。"明清小说在思想及手法上一创全新格局的是《红楼梦》。

小说、戏曲繁荣，文学走出象牙塔，活跃于市井勾栏，为雅士俗众共赏。加上童蒙读物流行，中国传统文化的普及，以

---

[1] 《童心说》，《焚书》卷三。

明清为最。

其四，"西学东渐"、"东学西渐"双向互动。

明末清初，西欧耶稣会士东来，与徐光启、李之藻、王徵等中国士人协同译介西方文化成就（《几何原本》《同文算指》《坤舆万国全图》《远西奇器图说》等），清代顺康两朝，皇室爱好西学。与此同时，数以百计的来华耶稣会士又向西方译介中国经典及社情，此为欧洲启蒙运动的一种精神借鉴。西学东渐、中学西渐乃17、18世纪中西文化史上的盛事。由于清廷和罗马教廷两方面的原因，这种东西文化互动在清代雍正、乾隆前后中断百余年。清末以降，伴随西力东侵，马礼逊、丁韪良、傅兰雅等欧美新教传教士来华，在宗教殖民的同时传播西方近代文化，李善兰、徐寿、华蘅芳等中国士人有辅译之功。严复等启蒙思想家躬亲西学译述，使"西学东渐"在更高层面和更广范围得以展开，进化论、民约论、民权论、自治论、民族国家论及科学技术传入中国，激起波澜，学堂、报纸、图书馆等近代文化设施雨后春笋般涌现，新文学艺术、自然科学、社会科学得以专科发展，知识分子取代士大夫成为文化人主体。王国维把"西洋之思想"比拟为"第二之佛教"，并预期对中国学术文化作出创造性贡献的，必是中西之学的"会通"者、"化合"者。[1] 王国维断言："异日发明光大我国之学术者，必在兼通世界学术之人，而不在一孔之陋儒，固可决也。"[2] 梁启超更寄望中西文化"结婚"，以产出健美的"宁馨儿"，以强吾宗。

新学取代旧学似成一不可逆转之势，然被统称"旧学"的传统文化自有其深巨潜力和广远影响力，在近现代文化进程中发挥无可替代的、或显或隐的作用，故"且居今日之世，讲今

---

① 王国维：《论近年之学术界》。

② 王国维：《奏定经学科大学文学科大学章程书后》。

日之学，未有西学不兴而中学能兴者，亦未有中学不兴而西学能兴者"①。中西文化激荡（既相冲突又相融汇）构成清末民初的重要景观，戊戌变法前后展开的中西古今的体用之辩，透露中西会通的广度、深度及难度（此辩在学理层面、社会实践层面一直延伸到今天）。

---

① 王国维：《国学丛刊序》。

第十三讲 从明清之际的早期启蒙文化到近代新学

一、"新学"与"西学"之辨

中国近代文化史贯穿着"古今中西"之争。"在'五四'以前，中国文化战线上的斗争，是资产阶级的新文化和封建阶级的旧文化的斗争。在'五四'以前，学校与科举之争，新学与旧学之争，西学与中学之争，都带有这种性质。"① 由于中国近代新学是在西学输入的直接影响下发展起来的，因此，中国近代文化史上"西学"与"新学"这两个概念有许多交叉之处。十九世纪中叶以后，西方殖民主义用巨舰、鸦片和商品打破清帝国紧闭的大门，古老的中国一向赖以维系社会人生的"圣经贤传"连同硬弓长矛，一齐败下阵去。创巨痛深的打击，使一

---

① 《毛泽东选集》（合订本），第689—690页。

些中国人从"子曰诗云"的迷梦里惊醒过来，转而学习西方，引入许多新的技术艺能、思维范畴、学说体系和社会理想，以至中国近代新学从内容到形式都深受西学的熏染，不少新学家亦言必称西学。这样，人们往往把新学看成全然是"外铄"的意识形态，看成是西学的东方翻版，当作没有民族文化根基的"海外奇谈"。此类见解显然失之偏颇。这首先是因为，西学同中学一样，也有新旧之分，但以往中国人很少注意到这一点。直到被誉为"近代玄奘"的严复方指出，元明以前，西方"新学未出"，人们论及物理、人事，都崇奉"雅里氏"（今译亚里士多德），与中国人尊信孔子无异，这时西学与中学没有大的差距。明中叶以后，"柏庚（今译培根）起英，特嘉尔（今译笛卡儿）起法"，奈端（今译牛顿）、加理列倭（今译伽利略）继起，新学方兴，"而古学之失日著"①。也就是说，西学在十六世纪以降才发生从"古学"到"新学"的转变，即由古代中世纪文化向近代文化的演进。而从十六世纪末叶以来，中国人接触的"西学"也是新旧杂糅的。明末清初来华的耶稣会士对东西文化交流卓有贡献，但他们译介的"西学"，其主体是西方的"古学"，当时正在欧洲冉冉上升的"新学"（如哥白尼的"日心说"、伽利略的物理学以及文艺复兴时期的人文主义），利玛窦、汤若望等人讳莫如深；十九世纪末、二十世纪初由西方传教士韦廉臣、李提摩太主持的"广学会"标榜"广西国之学于中国"，但他们译介的"西学"重点不在"治人"之学（社会学说）和"治物"之学（自然科学），而在"治神心"之学②，这种"治神心"之学正是欧洲中世纪的神学，属于"古学"范围。因此，笼统地说"西学即新学"，既未全面反映西学的实际

① 《天演论》卷下，第80页。
② 参见李提摩太：《教务本末》下。

状况，也与"西学东渐"的历程不甚吻合。

不应当把"新学"与"西学"相等同的原因还在于，中国近代新学固然受到西学的启迪和推进，但这种外来文化只有通过中国社会内部的因素才能发挥作用。这里且不论新学的特定形态受到中国近代经济政治条件的制约，仅就新学因袭着中国文化传统这一点而言，便不可将新学与西学混为一谈。陈寅恪曾揭示文化史上一个"虽似相反而实足以相成"的通则——各个民族和国度对外来文化"无不尽量吸收，然仍不忘其本来民族的地位"[①]。中国自两汉、六朝、隋唐到宋明，对于从印度传入的佛教文化便是吸收中有改造，斗争中有融合，结果形成"你中有我，我中有你"的文化复合体："禅宗"等中国化的佛教以及包含着若干佛学内容的新儒学——"理学"。在近代，先进的中国人向西方寻求真理，进而构筑自己的思想体系时，也没有忘却自己的民族文化之"根"，而是在不同深度和广度上"会通中西"，并在近代中国特定的历史条件下作出再创造。康有为便申明，他的学说体系是参合中西哲理，穷究天人之变的产物；孙中山也说："余之谋中国革命，其所持主义，有因袭吾国固有之思想者，有规抚欧洲之学说事迹者，有吾所独见而创获者。"[②]

中国近代先进的人们创立"新学"时"因袭吾国固有之思想"，是一个很大的题目，这里不能全面展开研讨，本文所要着重论述的是——新学的近代性虽然在很大程度上由西学所赋予，但它的某些基因还深藏在近古民族文化的母胎之中。因此，我们在考察中国近代新学的特点及其形成史时，既要注意"西学东渐"这一横向运动的历程，也要探索近代新学与近古民族文

---

① 《金明馆丛稿二编》，《冯友兰中国哲学史下册审查报告》。
② 吴拯寰编：《孙中山全集》第4集，第1页。

化之间的渊源关系这一纵向运动的历程。只有对这两个方面进行综合研究，才能准确地把握中国近代新学的特质，了解它同西方新学的统一性和差异性，透视中国文化在走向近代的过程中怎样受到中华民族独有的心理素质、民族性格和文化传统的影响。

二、由"古学"走向"新学"的最初征兆

1840 年以前的中国是一个封建的国度，小农业与家庭手工业相结合的自然经济占据统治地位，在这种土壤上高耸着东方专制主义的政治制度，由这种经济政治体制所决定，并反转过来为这种经济政治体制服务的封建文化，笼罩着全社会，桎梏着各个阶层人们的头脑。然而，中国漫长的封建社会发展到明清之际，已开始步入晚境，社会生活的某些领域逐渐发生微妙的变化，这也是一个不能忽视的事实。

明清之际，指明代万历至清代康熙，也即十六世纪末叶和十七世纪的一百多年间。这是一个大动荡的时代，一些敏感的哲人不约而同地用"天崩地解"（黄宗羲语）"天崩地裂"（王夫之语）等惊人心魄的字句描绘自己的时代，决不是偶然的。十七世纪前后，中国延绵两千年之久的封建制度显露出一系列颓败的症候，而资本主义生产方式的萌芽在这个衰老社会的母体内初露端倪，自秦汉即已确立的封建专制主义的君主集权政治，则达到登峰造极程度，其弊端也暴露得淋漓尽致，朝廷与广大农民、工商业者甚至是相当一部分士大夫尖锐对立，"外论所是，内阁必以为非；外论所非，内阁必以为是"①，呈现一种

① 《东林学案》，《明儒学案》卷五八。《明史纪事本末》也有类似记载。

被统治者不能照旧生活下去，统治者不能照旧统治下去的危机状态。而明末农民战争和明清间的民族战争更有席卷全国之势，在其冲击下，相对静止时期被视作金科玉律的某些封建教条（如君臣之道、崇义贱利等等）露出了败象。以上势态，标志着中国的封建社会步入这样一种境地——这个制度全面崩溃的时刻还没有正式来临，但在这个制度内部进行自我批判已经有了必要性。与此同时，明代中后期商品经济的繁荣、活字印刷的普及，则为文化的发展提供了比较充分的物化手段，而此间西洋文明的输入，又开阔了人们的视野。凡此种种，都在知识的准备上为这一时代思想敏锐的文化人进行历史反思提供了可能性。宋应星便是在这一意义上称他所处的时代为"圣明极盛之世"①；方以智更体悟到自己这一代人达到了可以"坐集千古之智，折中其间"②的佳境。正是这一切，孕育并促成了明清之际早期启蒙文化的勃兴。

　　"启蒙文化"在世界文化史上的确定含义，是指十八世纪末叶法国资产阶级革命前夕出现的反对教会权威和封建制度，呼唤"理性王国"降临的资产阶级上升时期的新文化，其代表人物为伏尔泰、卢梭、狄德罗等启蒙大师。稍后，在德国（代表人物为莱辛、赫尔德）、俄国（代表人物为别林斯基、赫尔岑）也兴起了类似的文化运动。中国近代先进的人们在十九世纪末、二十世纪初引入的民权论、民约论、民主共和思想，主要便来自这种"启蒙文化"。与之相较，明清之际的文化思潮还存在着一大段差距。以十七世纪中国最富于战斗精神的政治哲学著作——黄宗羲的《明夷待访录》、唐甄的《潜书》与十八世纪法国启蒙运动政治学说的两部代表作——孟德斯鸠的《论法的精

---

　　① 《天工开物·序》。
　　② 《通雅·考古通论》。

神》、卢梭的《社会契约论》相比较，便可发现，它们虽然抨击封建专制帝王的猛烈程度不相上下，但黄宗羲、唐甄们提不出新的社会方案，而只能用扩大相权、提倡学校议政等办法限制君权①；用"人君能俭"之类的"善政"去实现"天下大治"②。而孟德斯鸠、卢梭们则拿出了以三权分立论为基础的君主立宪制、以人民主权论为基础的民主共和制等资产阶级国家蓝图。这表明，中国明清之际的进步思潮与欧洲十八世纪的启蒙思潮分属两个不同的历史范畴。前者是中世纪末期社会批判的产品，后者却是近代社会的宣言书。有些学人将这两种形态的文化等量齐观，显然不太恰当。

　　如果要在欧洲文化史上选择一个段落同中国明清之际的进步文化作比拟，无论从产生的背景还是从所包含的内容而言，都以欧洲封建社会存在的最后几个世纪（十四至十七世纪），也即严复说的西方"古学"转向"新学"的阶段发生的文艺复兴运动较为相当。这个文化运动产生的经济背景是，十四、十五世纪，"在地中海沿岸的某些城市已经稀疏地出现了资本主义生产的最初萌芽"③。而中国明代嘉靖至万历间（十六世纪中叶至十七世纪初叶），长江中下游等地的纺织、制瓷、矿冶等行业出现了类似的新的生产关系。文艺复兴的主旨是人文主义，其锋锐直指中世纪的神学蒙昧主义和禁欲主义。而中国明清之际诸大师则树起理性主义的旗帜，清算董仲舒等人编制的谶纬神学中的蒙昧主义和宋明理学中的禁欲主义，提出"饮食男女之欲，人之大共也"④，"私欲之中，天理所寓"⑤等新的命题。文艺复

---

① 参见《明夷待访录》中"置相"、"学校"诸篇。
② 参见《潜书》中"富民"诸篇。
③ 《马克思恩格斯全集》第 23 卷，第 784 页。
④ 《诗广传》卷二。
⑤ 《四书训义》卷二六。

兴的巨匠们在自己的作品中辛辣地嘲讽了僧侣和贵族，向教会的"精神独裁"提出挑战。而中国明代后期也出现这种抗拒封建独断论的思想流派。被称为"异端之尤"的李贽便直接对封建社会的偶像——孔子的权威表示了"大不敬"，他批评理学家们"亦步亦趋，舍孔子无足法"①；泰州学派的何心隐则置君臣、父子等封建伦常于不顾，所谓"人伦有五，公舍其四，而独置身于师友贤圣之间"②；十七世纪中国思想界的一支"异军"——傅山一反儒学独尊的传统，将周秦诸子与孔子等量齐观，并且提出"天下者非一人之天下，天下人之天下也"③。黄宗羲更认为"天子之所是，未必是；天子之所非，未必非"④，痛诋封建君主为"天下之大害"⑤；唐甄甚至詈骂道："自秦以来，凡为帝王者，皆贼也"，"杀人者众手，天子实为大手"⑥。这些大胆言论都是对中国封建社会的最高权威——圣人和天子提出的怀疑与抗议。诚如近人陈登原所说，贬抑君权，是明清之际思想界的一种趋势。⑦

与文艺复兴时期出现的薄伽丘《十日谈》一类反映市民情趣的作品相类似，明代中后期通俗文学也兴盛起来，它们一扫内容空虚、徒具华丽形式的"台阁体"和"文必秦汉，诗必盛唐"的文学复古主义，展现出火辣辣、活泼泼的生机。这种文学倾向的理论表现是李贽的"童心说"和公安三袁的"独抒性灵说"，其代表作品则有长篇小说《金瓶梅》，短篇小说集"三

① 《藏书·王通》。
② 《何心隐论》，《焚书》卷三。
③ 《霜红龛集·谈〈老子〉道常无名解》。
④ 《明夷待访录·学校》。
⑤ 《明夷待访录·原君》。
⑥ 《潜书·室语》。
⑦ 参见陈登原：《国史旧闻》第3册。

言"、"二拍",以及汤显祖的《临川四梦》等戏剧。这类作品或以无所顾忌的笔墨,记录了封建制度及其统治阶级的罪恶和道德的沉沦,将"风俗颓败,赃官污吏遍满天下"①的情状暴露无遗;或以生动的故事,栩栩如生的人物形象,反映了市民的意愿、渴求和价值观念,并提供了长江三角洲一带城镇中资本主义萌芽的经济细节;或以悲剧形式,直接抨击封建礼教的不合理,呼吁男女平等、婚恋自由,表现"真情"与"天理"的对立②,其反封建的尖锐程度已超过元杂剧《西厢记》,从而与学术领域批判理学的潮流彼此呼应,交相推引。

欧洲文艺复兴的使命之一是摆脱宗教教义的束缚,冲破中世纪经院哲学的烦琐和空疏,把人们的视线由虚渺的"天界"拉向真实的"人间",由"神性"转向"人性"。实实在在的自然界和社会现象,特别是人本身,开始成为研究和描写的对象。从这一意义上说,由"虚"走向"实",是欧洲文艺复兴出现的一种新的文化动向。无独有偶,在中国的明清之际,也兴起了清算明代学术的空疏,高张"经世致用"旗帜的"实学"。这是明清之际早期启蒙文化在学术领域里最引人注目的表现。

中国后期封建文化的主体是理学。历经宋元明三朝,理学的两种主要形态——客观唯心主义的程朱理学和主观唯心主义的陆王心学都建立起庞大的体系,它们分别从不同的本体论角度论证封建秩序的永恒性,将纲常名教归结为宇宙的本原——"理"或"心",因而深得封建统治者的青睐,被推尊为官方哲学和科举考试的范本。但随着封建制度走向衰微,理学在明代日渐陷入空疏和僵化的绝境,明代的正宗文化呈现一派腐朽气象:天下士人孜孜以求的科举经义都以朱熹的注疏为准绳,考

① 《金瓶梅》第三十四。
② 参见《牡丹亭》。

试更规定一种极端形式主义的八股文，文章内容又须"代古人语气为之"。这使得广大士人将"一生有用之精神尽消磨于无用八股之中"①，发展了摹仿古人、因循保守的作风；而明代中后期陆王心学传衍，理学进一步禅宗化，其末流更滋长了空谈心性的陋习，一些名士清流，自相标异，专立门户，玄黄互战，一味迷恋于冥想、游谈，"以无端之空虚禅悦，自悦于心，以浮夸之笔墨文章，快然于口"，"欲一切虚无以求妙道"②。那些高居庙堂的士大夫则高唱"存理灭欲"的谰调，极少有人致力于自然和社会实际问题的研究，"见钱谷兵马之数，条陈胪列之事，无不昏昏瞌睡，唯恐其言之不尽，甚至有掷而弃之者。及见阳攻阴刺，舞舌反唇之谈，则欣欣相告，寻绎无倦"③。这一切都表现了封建末世文化的颓唐。明朝灭亡后，一批士子痛定思痛，纷纷起来总结亡国教训，同声谴责八股之害和学风的空疏。清朝顺治初年，有人在北京大明门上张贴红纸，书曰："奉送大明江山一座"，落款为"八股朋友同具"。④这一嘻笑怒骂的揭帖，表达了士人们对明朝八股空言导致亡国的愤慨。朱舜水则沉痛指出，明亡于清，"亦中国士大夫之自取之也"，其祸根之一，便是"明朝以制义举士，……父之训子，师之教弟，猎采词华，埋头呫哔，其名亦曰文章，其功亦穷年皓首，惟以剽窃为工，掇取青紫为志，谁复知读书之义哉！"⑤ 顾炎武对明代中后期空疏的学风作了更为深沉的总结："以明心见性之空言，代修己治人之实学。股肱惰而万事荒，爪牙亡而四国乱，神州

_____

①④ 《纪闻类编》卷四。
② 《明语林》卷七。
③ 茅元仪：《石民四十集》。
⑤ 《中原阳九述略·致虏之由》，《朱舜水集》上册，中华书局1981年版，第1页。

荡复，宗社丘墟。"① 认为士风的颓败进而导致天下倾覆。王夫之则系统地从哲学上揭示了这种空疏学风的理论基础即陆王心学的谬误和思维教训。费密痛论"清谈害实"，认为这套空疏之学"何补于国！何益于家！何关于政事！何救于民生！"其流行的结果，必然导致"学术蛊坏，世道偏颇，而夷狄寇盗之祸亦相挺而起"②。唐甄也反对宋明理学家的空谈心性，认为"儒之为贵者，能定乱、除暴、安百姓也。若儒者不言功，……但取自完，何以异于匹夫匹妇乎！"③ 清中叶学者阮元指出了明代空疏学风对自然科学的阻碍："自明季空谈性命，不务实学，而此业（指天文，历算、数学）遂微。"④

总之，明代学术空疏的弊端，至其末年已大白于天下，一种与之相抗衡的"实学"便在明清之际应运而起。这一阶段的学风力矫"束书不观，游谈无根"之弊，易主观玄想为客观考察，改空谈为征实，把学术研究的领域扩大到自然和社会的众多实际领域，天文、地理、九经、诸史、河漕、兵工、山岳、风俗、吏治、财赋、典礼、制度、文物，莫不精究。如"实学"开创者之一徐光启"平生所学，博究天人，而皆主于实用"⑤，专志于"学务可施用于世者"⑥。顾炎武的风格也与之类似，他"综贯百家，上下千载，详考其得失之故，而断之于心，笔之于书，朝章国典，民风土俗，元元本本，无不洞悉。其术足以匡时，其言足以救世。"⑦ 明清之际实学派内部流派甚多，其知识

① 《日知录》卷七，"夫子之言性与天道"条。
② 《引道书》。
③ 《潜书》"辨儒"。
④ 《畴人传》卷四四，"西洋，利玛窦"。
⑤ 《农政全书》凡例。
⑥ 《徐氏家谱》"文定公传"。
⑦ 《日知录》序。

论也各有差别，如顾炎武的知识论接近于经验论，他治学"每一事必详，其始末，参以证佐"①；王夫之则近于理性论，他重视悟性，但又认为悟性离不开经验，主张"征之以可闻之实"②。这些不同的知识论有一个共通之点——以"实事求是"为治学圭臬，注意考镜源流，不泥守旧注古训，重视调查研究和第一手材料的占有，并有对外来文化兼容并包的阔大襟怀，从而将自先秦以来古典文化的优良传统发扬光大，达到我国文化史上又一个辉煌的高峰。

文艺复兴后期出现的培根、伽利略等科学巨人，开始运用近代思维的基本形态——数学语言和实验方法，同以思辨性和模糊性为特征的古代和中世纪学术有了根本区别。中国明清之际涌现的实学派的一个支脉——"西学派"，如徐光启、李之藻、王徵等人，虽然还不能像培根那样锻造出"新工具"，但他们继承中国古典科学传统，并吸收耶稣会士带来的欧洲自然科学成就，在思维近代化的道路上跨出了最初的步伐。例如，徐光启颇为重视"象数之学"，把它比拟为刺绣者的"金针"，掌握了它，就可以"明理辨义"、"立法著数"，由"数"达"理"，步入科学大殿的堂奥，"渐次推广，更有百千有用之学出焉"③。徐光启洞察到万事万物中部存在着量的特性和关系，"非度数不为功"④，因而他不仅在自然科学领域使用数学语言，而且把数学方法引入社会科学。在《农政全书·田制》中，徐光启对历史和现实的人口资料进行统计，发现"生人之率，大抵三十年而加一倍，自非有大兵革，则不得减。"这是世界上较早

① 《四库全书总目提要》。
② 《思问录》外篇。
③ 《几何原本杂议》，《徐光启集》卷二。
④ 《刻几何原本序》，《徐光启集》卷二。

明确提出的人口增殖率概念。徐光启还在《处置宗禄查核边饷议》中，针对明代"极弊而大可虑"① 的宗禄问题，进行数学分析，指出"自今以后，百余年而食禄者百万"，"为禄当万万石"，"竭天下之力，不足为赡"。由于徐光启的分析基于科学统计，因而他的警告较之一般朝臣的泛泛议论有力和确凿得多。此外，徐光启、方以智等人还十分重视实验方法，徐光启坚持以经验事实作为科学理论的唯一有效验证，他在天文观测和农学实验方面都作出了巨大努力。方以智更从理论高度肯定"质测"（实证科学）的重要性，认为"质测即藏通几（哲学）者也。"② 王夫之则赞扬方以智父子的"质测之学，诚思学兼致之实功。"③ 王夫之本人在论证物质不灭原理时，也是运用的实证方法："车薪之火，一烈已尽，而为焰、为烟、为烬，木者仍归木，水者仍归水，土者仍归土，特希微而人不见尔。一甑之炊，湿热之气，蓬蓬勃勃，必有所归；若盒盖严密，则郁而不散。汞见火则飞，不知何往，而究归于地。"④ 这种实证方法，在顾炎武的考证之学中也有所体现，他的音韵学研究，以"本证"与"旁证"相参验，系统地应用了归纳法，带有某种近代思维特征。

文艺复兴运动是以复兴希腊罗马灿烂的古典文化的外观出现的，但正如伏尔泰所指出的，文艺复兴的重大意义不在于复古，而在于创新。⑤ 与此相类似，明清之际的大师们是在阐扬先秦诸子和复兴"三代之制"的旗帜下，展开对封建制度及其意识形态的批判的。黄宗羲的《明夷待访录》高度赞美"古之君"

---

① 《明史·食货志》。
② 《物理小识·自序》。
③ 《搔首问》。
④ 《张子正蒙注·太和篇》。
⑤ 参见伏尔泰：《论各族的风尚与精神》。

的大公无私，愤怒谴责"今之君"的贪婪残暴；顾炎武也热情期待"三代之盛""徐还"。但他们的这些思想言论都并非真要复古，而是"以复古为解放"，"其动机及其内容，皆与欧洲之'文艺复兴'绝相类。"① 即借理想化的"三代之盛"去衬托"今世之弊"，用传说中的氏族民主制的某些精义谴责封建君主，以"百家争鸣"的诸子之学声讨盛行于中世纪的文化专制。恩格斯曾指出这类做法的真谛：在文艺复兴巨匠们重新展示出来的古希腊文化的光辉面前，"中世纪的幽灵消逝了"②。可见，这种"复古"本身就包含着前进的意味。王夫之曾以"六经责我开生面"的诗句，将早期启蒙文化貌似复古，实则创新的精神画龙点睛地指示出来。这正是历史老人遵循"否定之否定"的法则行事——中世纪以经院哲学和蒙昧主义否定了古代文化，而到了封建末世，在新世纪将至而未至的时刻，进步思想界还没有可能创作全新的体系，只能请出古典文化，借助它的某些带有民主色彩和唯物倾向的思想和古色古香的语言，去完成对封建蒙昧主义的自我批判。这正是中西早期启蒙文化共同的历史使命。

综上所述可以得见，在十六、十七世纪，当欧洲文化从"古学"走向"新学"之际，中国文化也发生了引人注目的变异。当然，此间中国文化向近代过渡的趋势不及欧洲鲜明，社会上占统治地位的思想仍然是理学，早期启蒙文化不过是在潜滋暗长。李贽、唐甄们的著作命名为《焚书》、《藏书》、《潜书》，黄宗羲将自己最重要的政治哲学作品称为《明夷待访录》，都生动地表现了他们的思想在当时是深受压抑的，不能公之于世，只能"藏之名山，传之后人"。早期启蒙文化发育不充分，

---

① 梁启超：《清代学术概论》。
② 《自然辩证法》，《马克思恩格斯选集》第3卷，第445页。

并处于非主流地位，正同当时经济领域资本主义生产方式只是稀疏、微弱的萌芽相对应。

三、早期启蒙文化的沉寂和复苏

各个民族和国度社会发展的大趋向虽然是同一的，但由于它们受到不同内外条件的制约，其前进的具体路径却呈现千姿百态的多样性。欧洲一些国家历经资本主义萌芽阶段，伴随着地理大发现、殖民主义扩张、世界市场建立，资本的原始积累顺利地得以完成，产业革命和资产阶级大革命接踵而至，这样，在十七、十八世纪，一批欧洲国家相继进入资本主义社会，与此同时，资产阶级文化越过文艺复兴这一朦胧的早春季节，在十八世纪和十九世纪之交迎来了辉煌的夏天。与此形成对照的是，在旧大陆东端的中国，由于"耕织并重"的自然经济难以突破，与之相伴生的封建专制制度和封建意识形态也特别强固，它们共同汇聚成一种巨大的惰力，阻挠社会进步。此外，中国历史上反复出现的游牧民族对中原地区农业社会的冲击，再次发生在明清两朝交替之时，长江三角洲等商品经济比较发达地区备受兵火之害，"扬州十日"、"嘉定三屠"之类惨绝人寰的战祸，使一系列繁荣的工商业城镇毁于一旦，这当然造成了资本主义生产方式萌芽的严重摧折。综合各方面材料看，直到清代乾隆年间，我国商品经济和资本主义萌芽的发展程度，才恢复到明代万历年间的水平。因此，同欧洲资本主义迅速成长的情形大相径庭的是，中国在十六世纪至十九世纪初叶，资本主义生产方式走过了"萌芽—夭折—再度萌芽"的曲折道路，整个社会的主体仍然停滞在封建制度的轨范之内，与社会发展的总趋向相吻合的是，这两三百年间，中国文化也步履蹒跚，十七世纪曾颇有声色的早期启蒙思潮，在十八世纪和十九世纪初叶却只回荡着零星的回音，这一阶段虽然也有戴震等人对理学的抗争，也出现过《红楼梦》这样从思想到手法都打破传统格局的文学巨著，但在文字狱一类文化专制政策的威压下，这一百多年间思想文化界是沉闷的，各学派间即或有所论争，但大都局限于传统儒学的范围之内，"百经宗孔孟，百行法程朱"①。在"家齐于上而教成于下"的理学笼罩下，广大士子或者执意揣摩八股时文，以图仕进；或者陷进故纸堆中，一味迷恋训诂考证，讳言本朝政事。"避席畏闻文字狱，著书都为稻粱谋"，十九世纪上半叶思想新鲜的龚自珍的这一诗句，表述了那个高压时代文化界的郁闷心情。十八世纪的学术出现了由"经世"向"逃世"退化的趋向，在这一百余年间，乾嘉学派盛极一时，"几乎独占学界势力"，呈现一种"古典考证学独盛的局面"②。这个学派虽然奉顾炎武为"开山祖师"，而且在考据的精密和条理化，以及考据的范围之广、成就之高等方面超过了顾炎武，但他们都缺乏顾氏那种"明道救世"的雄心，失却了"经世致用"的目标，而一味沉湎于古字古句的钻寻，"躲起来读经，校刊古书，做些古时的文章，和当时毫无关系的文章"③。这种整理古文化的工作，同欧洲文艺复兴巨匠借阐述古希腊文化以掀起人文主义狂飙的情形相去甚远，同明清之际早期启蒙大师活泼、犀利、富于社会批判精神的思想相比，也有所倒退。同时，在研究方法上，乾嘉间学者将微观考察、枝节剖析发挥到极致，取得了空前成就；但在宏观研究和历史理论的建造上却很少涉猎。乾隆间史学家章学诚便一针见血地指出同代人学风的流弊：

① 惠栋：《红豆山斋楹联》。
② 梁启超：《中国近三百年学术史》。
③ 鲁迅：《三闲集·无声的中国》。

"近日学者风气，征实太多，发挥太少，有如桑蚕食叶而不能抽丝。"①

正当整个中国社会连同其思想文化界陷入"万马齐喑"的困境而无以自拔的时候，十九世纪三四十年代，西方资本主义殖民者大举东侵，中国这个老大的封建帝国紧锁的大门被外人强行打破，而"与外界完全隔绝曾经是保存旧中国的首要条件"②，这个"首要条件"一旦丧失，封建的中国这具"木乃伊"便迅速风化，面临着一种前所未见的变局。一些敏感的士人在"海警飙忽，军问沓至"③的刺激下，开始把视野由故纸堆转向矛盾丛生，危机四伏的现实世界，从而在新的历史条件下，再次经历了文化潮流的大转变。

十九世纪上半叶，地主阶级改革派龚自珍、魏源首先举起改变学风的旗帜。龚、魏等人青年时代都受教于乾嘉学派，但他们面对"世变之亟"，痛感考证之学"锢天下聪明知觉，使尽出于无用之一途"④，他们对于清中叶一百余年间彼此对垒的汉学和宋学，都加以讥弹，并力图跳出其偏狭的格局，寻觅一种能够"经世救民"的思想武器。在当时那种历史条件下，他们一方面借助适于比附现实的今文经学，发挥《公羊传》三世说，讲解微言大义以干预时政，力主变法以谋富强；另一方面，又复兴十七世纪的实学传统以求筹边、御外之术，发扬明清之际的社会批判精神以向封建制度的种种病端开刀。清代文化主潮以此作契机，为之一变。此后，从早期改良主义者冯桂芬、王韬、马建忠、郑观应、薛福成、陈炽、何启等人，到严复、康

---

① 《文史通义》外编三。
② 《中国革命和欧洲革命》，《马克思恩格斯全集》第8卷，第217页。
③ 魏源：《圣武记》序。
④ 《武进季申耆先生传》，《古微堂外集》卷四。

有为、梁启超、谭嗣同，以至于资产阶级革命派，分别从不同角度推进这个新的文化大潮，终于形成浩浩荡荡的"新学"洪流。因此，在一定意义上，中国近代新学乃是对明清之际早期启蒙文化的"复归"，正如梁启超所说，他本人及其同道们的学说，是"残明遗献思想之复活"①。这是一个值得注意的论断，它对于我们把握中国近代新学的民族文化渊源，提供了有益的启示。当然，这种"复归"、"复活"决不是对往昔的简单重复，也不是在封闭体系内实现的，而是在西学强有力的刺激下完成的螺旋式上升的圆圈。

四、近代新学对早期启蒙文化的继承和发挥

恩格斯指出，任何新的学说"必须首先从已有的思想材料出发，虽然它的根源深藏在经济的事实中"②。十九世纪中后叶勃起的中国近代新学，除利用进口的西学作为出发点外，还要寻觅民族文化的依托形式，而明清之际的早期启蒙文化便是其现成的借用对象。这正与欧洲文艺复兴的文化成就充当十八世纪启蒙运动的前导相类似。

中国近代新学经历了一个相当复杂的发展历程。粗略言之，以甲午战争为界限，此前的新学家们（包括地主阶级改革派和早期改良主义者），主张在维持清王朝现存统治的前提下进行变革，以达到富国强兵、抵御外侮的目的。而明清之际的启蒙大师多是反清志士，不少人以明朝遗民终其身，其著作在清代前中期往往遭到冷落甚至禁止。甲午以前的新学家们既然尚未与清王朝的现存统治形式发生尖锐对立，也就很少直接提及明清

① 梁启超：《中国近三百年学术史》。
② 《反杜林论》，《马克思恩格斯选集》第 3 卷，第 56 页。

之际诸大师，但在学术路线上，却与之一脉相通。甲午以后，尤其是戊戌以后，随着民族危亡日渐迫在眉睫，清王朝作为"洋人朝廷"进一步激起各阶层民众的公愤，新学家们改革清朝旧制的意识趋于明晰，"排满革命"的呼声愈益高涨，这样，许多新学家便以明清之际诸大师的后继者自居，接过十七世纪前辈们的社会批判思想和民族主义旗帜。黄宗羲、顾炎武、王船山、朱舜水、吕留良等人的名字和著作，在二十世纪初叶的各家新学刊物上竞相出现，改良派和革命派都积极宣传明清之际诸大师的思想和操行。①

中国近代新学的两个发展段落虽然对明清之际早期启蒙文化采取了不尽相同的态度，但近代新学作为一个总体，与明清之际早期启蒙文化相承袭，则是显而易见的历史逻辑。近代新学继承并发挥明清之际早期启蒙思潮的所在甚多，以笔者管见，大体有如下几个方面。

第一，在"匡时济世"的历史责任感、"经世致用"的治学目的支配下复兴"实学"。

中国近代与明清之际的社会性质固然不同，但这两个时期都处在阶级矛盾、民族矛盾尖锐化的关头，某种类似的氛围使这两个时期的进步文化人产生一种强烈的忧国忧民、匡时济世的历史责任感。明末东林党人顾宪成宣称："士之号为有志者，未有不亟亟于救世者也"②，黄宗羲说东林党人"一堂师友吟风热血洗涤乾坤"③。近代进步文化人继承了这种以天下为己任的传统，他们面对"日之将夕，悲风骤至"的"衰世"，悲歌慷

---

① 参见《辛亥革命前十年时论选》。
② 《赠凤云杨君令峡江序》，《泾皋藏稿》卷八。
③ 《东林学案卷首》，《明儒学案》卷五八。

慨，"大言不畏，细言不畏，浮言不畏，挟言不畏"①。正是这种忧国伤时的悲壮心理，驱使着近代进步文化人步明清之际诸大师的后尘，以"经世致用"为研究学问的出发点，"梦中疏草苍生泪，诗里莺花（指罂粟花，喻鸦片战争）秭史情"，龚、魏以降的进步文化人著史、作文、吟诗，无不与民族兴亡、时局变幻息息相关。

如果说明清之际诸大师是怀着复兴故国之心，于"江山险要，士马食货，典制沿革，皆极意研究"②，那么，近代进步文化人则是为着挽救民族危亡而探讨"天地东西南北之学"③，力主"革虚而之实"④。他们尖锐批评清代盛行的"浅陋之讲章，腐败之时文，禅寂之性理，杂博之考据，浮诞之词章"⑤，认为这一套学问"民瘼之不求，吏治之不习，国计边防之不问；一旦与人家国，上不足制国用，外不足靖疆圉，下不足苏民困，举平日胞与民物之空谈，至此无一事可效诸民物，天下亦安用此无用之王道哉?"⑥ 这种对清中叶空疏学风的批评，与明清之际诸学者对明代学风之弊的抨击何其相似乃尔！近代进步文化界力图把人们的注意力从空谈性理、繁琐考据、科举利禄拉向解决现实问题的正道上来。龚、魏与林则徐、贺长龄、包世臣等人便针对禁烟、吏治、边防、海防、漕运等实际问题发表议论，开展研究，确乎做到了"一代之治，即一代之学"⑦。近代

① 《平均篇》，《龚自珍全集》，上海人民出版社 1975 年版，第 80 页。

② 王敔：《姜斋公行述》。

③ 吴昌绶：《定庵先生年谱》，《龚自珍全集》，第 604 页。

④ 《海国图志》叙。

⑤ 《劝学篇·循序第七》。

⑥ 《默觚下·治篇一》，《古微堂内集》卷三。

⑦ 《乙丙之际著议》第六。

进步文化人还继承王夫之，黄宗羲修当代史①，顾炎武著《天下郡国利病书》的传统，发挥章学诚"史学经世"的精义，一反清代史学详古略今，一味考订校勘的"考史"之风，致力于写"当前的活的历史"②。魏源的《道光洋艘征抚记》，便对刚刚结束的鸦片战争作了忠实记述，《海国图志》中的《筹海篇》总结了鸦片战争的教训。此后，研究本朝掌故的史著大量涌现。还有一些人讲求边疆地理（尤其是西北史地）以谋筹边，研究外国史地以谋对外，如龚自珍的《御试安边绥远疏》、《西域置行省议》、徐继畲的《瀛寰志略》、姚莹的《康輶纪行》、梁廷枏的《夷氛闻记》、夏燮的《中西纪事》、何秋涛的《朔方备乘》便是这类史地论著。晚清的经学方向也发生大改变，由训诂、典章、名物之学，转而讲解微言大义，以求通经致用，为变法图强服务。晚清进步文化人大量介绍西学，也意在以西学之"实"克服中学之"虚"。他们认识到："泰西之国岂天国耶？泰西之人岂天人耶？头同圆也，足同方也，趾同五也，肢同四也，心思之慧，才力之雄相为仲伯，而强弱之形，盛衰之势，判若天渊者何哉？务实学不务虚文者之故耳。"③ 这种概括，并不十分精当，但改变中国旧学之虚空，确乎是近代先进文化人的共同要求。而这种"诵史鉴，考掌故，慷慨论天下事"④ 的风气，在近代开创于龚、魏，而其前导则可追溯至明清之际诸大师。

第二，抗议封建君主专制的社会批判思想和战斗的民主

---

① 王夫之修《永历实录》，黄宗羲撰《明儒学案》，均属修当代史、当代学术史。
② 恩格斯：《〈路易·波拿巴的雾月十八日〉德文第三版序言》。
③ 《论实学》，《中外经世策论合纂》卷二四。
④ 《定庵文集》（世界书局版）卷下，第23页。

精神。

近代新学的政治思想，其中心点在于与封建专制相对立的民权主义。它萌发于龚自珍的"讥切时政，诋诽专制"，到早期改良派如陈炽等人，则直抒"国以民为本"① 的思想，戊戌六君子之一的谭嗣同更呼唤出"冲决利禄之网罗"、"冲决君主之网罗"、"冲决伦常之网罗"② 的呐喊。唐才常也有类似言论："天下非一人之天下，亿兆京垓人之天下也。"③ 这种民权思想当然受到西学的启迪，尤其是受到卢梭的《民约论》（今译名《社会契约论》）的影响，但中国的新学家们在当时即已指出，民权观念并非全然取自"西法"，中国"古已有之"，"任举《孟子》、《公羊》及六经中一言一例，无弗重民贵民，公权于民者"④。这自然是对《孟子》等典籍的现代化解释。其实，近代民权主义较切近的历史渊源是以《明夷待访录》为代表的明清之际的非议绝对君权的思想。梁启超对这一点有清楚的说明："我们当学生时代，（《明夷待访录》）实为刺激青年最有力之兴奋剂。我自己的政治活动，可以说是受这部书的影响最早而最深。"⑤ 又说："梁启超、谭嗣同辈倡民权共和之说，则将其书节钞，印数万本，秘密散布，于晚清思想之骤变，极有力焉。"⑥ 谭嗣同甚至认为"三代下无可读之书矣！"但黄梨洲的《明夷待访录》和王船山的《遗书》是例外，二书"皆于君民之际有隐恫焉"。⑦ 五四时期"只手打倒孔家店"的吴虞，是反对封建独

---

① 《庸书·旅人》。
② 《仁学》自序。
③ 《各国政教公理总论》，《觉颠冥斋内言》卷一。
④ 《辨惑》，原载《湘报》，后辑入《觉颠冥斋内言》卷四。
⑤ 《中国近三百年学术史》，第47页。
⑥ 《清代学术概论》，第32页。
⑦ 《仁学》卷下。

断论的健将，而他把明末的异端思想家李贽视作自己的前躯，他曾为李贽辩诬，批驳纪晓岚在《四库全书总目提要》中定李贽为"名教罪人"的说法①。章太炎在遣责清朝封建专制政权的苛酷暴虐时，也援引唐甄的《潜书》②。

总之，明清之际遣责封建专制君主的社会批判思想，是从先秦民本思想和中世纪各种抗议封建专制的异端哲学走向近代资产阶级民主、民权思想的桥梁，它为中国近代先进的人们接受西方民主政治观念提供了民族文化的深厚土壤。

第三，强烈的爱国主义和执著的民族精神。

明清之际的启蒙大师都是热切的爱国者，在明清间的民族战争中表现了不屈不挠的民族精神。"愁看京口三军溃，痛说扬州七日围。"③ 亡国之恨始终缠绕在这批坚贞的文士心头，明亡以后，他们或者削发为僧（如方以智），或者孤处穷乡僻壤（如王夫之、黄宗羲），或者远走他乡（如顾炎武），但都为复兴民族而著述不辍，"阒山中兮无人，蹇谁将兮望春"④，是这些哲人沉郁而又积极向上的民族精神的写照。他们的爱国主义，自然是旧式的，其民族思想停留在传统的"夷夏之防"的种族观念之内，"今族类之不能自固，而何他仁义之云云"⑤。但是，这种旧式的爱国主义和民族主义，作为反抗异族入侵、维护本民族的生存权利和文化传统的精神武器，自有其正义性。而近代中国人由于西方殖民者的侵略，面临更加深重的民族灾难，理所当然地与明清之际的爱国主义和民族主义发生共鸣。清末有不少革命党人提倡民族气节，以王夫之、顾炎武、张煌言为榜样。

① 参见《明李卓吾别传》，《吴虞文录》卷下。
② 参见章太炎：《驳康有为论革命书》。
③ 《赠朱监纪四辅》，《亭林诗集》卷二。
④ 《祓禊赋》，《姜斋文集》卷八。
⑤ 《黄书·后序》。

如章太炎本名炳麟，因仰慕顾炎武（原名绛）的民族精神，改为章绛，号太炎，他还在日本翻印王夫之和顾炎武的著作以及《张苍水集》。章太炎曾这样讲述自己"排满革命"思想的形成经过："余年十三四始读蒋氏《东华录》，见吕留良、曾静事，怅然不怡。……弱冠睹全祖望所述南田、台湾诸事甚详，益奋然愿为浙父老雪耻。次又得王夫之《黄书》，志行益定。"[①] 他还说，光复革命的思想，"不离吕（留良）、全（祖望）、王（夫之）、曾（静）之旧域也"[②]。这种思路在辛亥志士中颇有代表性。

当然，近代爱国主义和民族主义有其新的内容。章太炎便说："民族主义非专为汉族而已，越南、印度、缅甸、马来之属，亦当推己及之。"[③] 这是一种更广阔意义上的反对民族压迫、种族压迫的爱国主义和民族主义。至于孙中山、邹容、陈天华等人宣传的爱国主义，则有更鲜明的反帝色彩，突破了"夷夏之防"的旧樊篱，然而，明清之际启蒙大师阐扬的爱国主义和民族主义毕竟给近代爱国志士以激励和启示。

第四，注重发展生产，提倡工商业，对自然科学给予关注。

"安贫乐道"、"知足尚俭"、"重农轻商"、"重政务轻技艺"，是中国儒学的传统，它们是自然经济占统治地位的封建社会的典型意识形态。在明清之际，与商品经济发展、资本主义萌芽相伴生，出现了"工商皆本"[④] 的新观念，并产生了注意生产问题及自然科学的文化动向。这一时期涌现出潘季驯的《河防一览》、徐光启的《农政全书》、宋应星的《天工开物》、李时珍的《本草纲目》、方以智的《通雅》、《物理小识》等一系

---

① ②　《光复军序》，《检论》卷九。

③　《复仇是非论》，《别录》卷一。

④　参见《明夷待访录·计财三》。

列科技著作，进入我国古典科学技术的总结阶段。与当时的国防需要相联系，徐光启还提出"火器今之时务也"①，开始致力于冷兵器向热兵器的转变。当然，上述动向，后来中止或减缓下来，中国文化仍然在封建的故道内徘徊。这种格局直到近代方被打破。十九世纪中叶，徐寿、华衡芳等自然科学家重新翻读明清之际徐光启等人与利玛窦合作的科学著作和译作，"甚为欣羡，有惬襟怀"，并且感慨"忽述二百年而与此新理相觌面"②。

近代新学家重视生产和自然科学的并不限于自然科学家。王韬便反对以农为"本"、以工商为"末"的传统观念，认为"富强即治之本"③。他还著《火器说略》一卷，编著《西学辑存》六种，即《重学浅说》、《格致学提纲》、《光学图说》、《西洋天学源流》、《华英通商学略》、《泰西著述考》，广泛介绍自然科学知识。戊戌维新志士则创办《农学报》、《算学报》、《格致新报》等宣传自然科学的报刊，又在综合性报刊上开辟"格致"、"算学"专栏。谭嗣同在南学会举办的演说会上，讲述天文地理知识，向听众作科学启蒙。这种关注生产发展、重视自然科学进步的趋向，在明清之际开始萌动，尔后遭受压抑，到近代方得以发扬，直至五四时期提倡"德赛二先生"，仍在继续解决这个问题。足见以科学战胜愚昧，在中国是一件何等艰难的事情。

第五，重视社会风俗的研究和改造。

明清之际启蒙思想家在总结明代亡国的教训时，并未把眼光仅仅停留在统治阶层的弊端上面，他们还将视线投向了社会

---

① 《徐氏庖言》。
② 傅兰雅：《江南制造总局翻译西书事略》。
③ 《文录之编》卷二"兴利"。

风气、民间习俗等更为广阔的领域，认为"治乱之关，必在人心风俗"①。顾炎武在这方面尤有卓识，他引用罗仲素的话说道，"风俗者，天下之大事"，倘要"论世"，必须首先"考其风俗"②。这应当说是一种颇为深刻而进步的思想。顾炎武本人极重视风俗的研究，他的代表作《日知录》最所用意处，便在卷十三的论风俗。黄宗羲在《明夷待访录》中也提出"习俗"的改造问题，并力主革除奢侈的风俗习惯和宗教迷信。③ 近代新学家在这一点上，与顾炎武、黄宗羲一脉相通，他们为了引导国民冲破蒙昧主义的重重障壁，莫不高度重视风俗的改造，严复曾提出"鼓民力，开民智，新民德"④ 的口号；梁启超力主"振刷国民之精神"⑤；邹容更大声疾呼"拔去奴隶之根性，以进为中国之国民"⑥；章太炎也指出，革命"不仅驱除异族而已，虽政教学术，礼俗材性，犹有当革命者焉"⑦。维新派与资产阶级革命派都开展过一系列改造风俗的实际运动，如禁缠足、禁鸦片、提倡体育、讲究卫生、改变服装，乃至提倡工作和生活时间的条理化。尽管近代先进人物改造国民性的思想与明清之际启蒙大师的思想不可同日而语，但顾炎武等人注意到人心风俗对社会面貌的重大影响，注意到匡正风俗对社会进步的重要性，这一切无疑都给后哲以启示。从这一意义上说，维新派、资产阶级革命派，都是顾炎武等早期启蒙大师改造社会风俗思想的继承者和发扬光大者。

---

① 《亭林文集》卷四"与人书"九。
② 《日知录》卷一三"周末风俗"。
③ 参见《明夷待访录·财计三》。
④ 《原强》。
⑤ 《戊戌政变记》。
⑥ 《革命军》。
⑦ 《革命军》序。

第六，勇于并善于借鉴外来文化的开放精神。

中国历史上存在两种相对立的倾向：容纳、吸收外来文化的博大气象和深闭固拒的排外情绪。而明清之际的启蒙文化则继承了前一种优良传统，其卓越的代表人物是徐光启。徐光启与明末来华的利玛窦等耶稣会士以师友相处，为译介西方学术做了巨大的工作。徐氏学习西方文化，意在富国强兵，他在驳斥那些排外主义者时说："苟利于国，远近何论焉"[1]，他钦佩西方学术，固"其实心、实行、实学诚信于士大夫"[2]，这种学术可以使"国家致盛治"[3]。作为一个爱国主义者，徐光启还提出了"欲求超胜，必先会通"[4]的口号，可见，在他的规划中，"会通"中西只是第一步，"超胜"西学才是鹄的所在。在明末清初学术界中，对外来文化与徐氏持相仿看法的，还有李之藻、方以智、王应麟、王徵等人，他们认识到西学能"补开辟所未有"[5]，西学中"有中国累世发明未晰者"[6]，"翼我中华，岂云小补"[7]。徐光启等人会通中西学术的活动，显示了中国早期启蒙学者探求文化进步的开放精神。这种开放精神后来遭到扼杀，直到近代，中国人被西方炮舰惊醒，再度睁眼看世界，更大规模地重新开始了徐光启们会通中西的工作。以魏源提出"师夷之长技以制夷"为开端，先进的近代文化人纷纷学习西学，他们一反顽固派那种夜郎自大的愚蠢态度，承认中国有许多地方落后于西方，"人无弃材，不如夷；地无遗利，不如夷；君民不

---

① 《辨学章疏》，《徐光启集》卷九。
②③ 《泰西水法序》，《徐光启集》卷二。
④ 徐光启：《历书总目表》。
⑤ 方以智：《考古通说》。
⑥ 李之藻：《浑盖通宪图说序》。
⑦ 王应麟：《利子碑记》。

隔，不如夷；名实必符，不如夷"①。薛福成指出，应当去掉文
化上夷夏之别的陈腐之见，"衣冠语言风俗，中外所异也。假造
化之灵，利生民之用，中外所同也"②，科学"乃天地间公共之
理，非西人所得而私也"③。既然科学是无国界的，中国人当然
应该去学习它，而只有学习了外国人的成果，才有可能赶超外
国人，"欲胜人，必尽知其法而能变"④。其观点和语言都酷似
徐光启。谭嗣同更进一步指出："道非圣人所独有也，尤非中国
所私有也。……彼外洋莫不有之，以私诸中国，则大不可。"⑤
承认学理非中国所独有，而且外国有超过中国之处，这是一种
勇敢的科学态度。在谭嗣同之前三百年的徐光启便已经这样做
了，他指出，传教士带来的"显自法象名理，微及性命根宗"
的西学，"较我中国往籍，多所未闻"⑥。正是这种科学的精神与
爱国主义相结合，促使徐光启等明末士人致力于中西文化交流，
创造了十六、十七世纪东西"两大文明之间文化联系的最高范
例"⑦。而这种科学精神与爱国主义在近代的再度结合，则促成
了新学在中国的广泛传播，促使中国社会突破封建主义的沉重
压迫，走向近代世界，创造出并将进一步创造辉煌灿烂的新
文化。

---

① 冯桂芬：《制洋器议》。
②④ 《筹洋刍议·变法篇》。
③ 《庸庵海外文编》卷三。
⑤ 《思纬壹壹台短书》，《谭嗣同全集》。
⑥ 《修改历法请访用汤若望、罗雅谷疏》，《徐光启集》卷七。
⑦ 李约瑟：《中国科学技术史》第4卷，第2分册，第693页。

第十四讲　中华元典精神与近代化

本文称中国古老而又影响深远的典籍——《诗经》、《易经》、《尚书》、《春秋》、三《礼》① 等为"中华文化元典"，着意探索中国的近代化进程与元典包藏的基本精神的内在关系。

一、"记忆"联系着古与今

笔者之所以讨论"元典精神与近代化的相互关系"这样一个历史跨度极大的课题，乃是因为，人类本来就是古今贯通的"记忆动物"，能够继承过往时代积淀下来的文化遗产，百尺竿头，更进一步，而不必像动物那样，一代又一代在本能轨迹内徘徊。动物从脱离母体开始，就已具备遗传的物种属性，终其一生，大体停留在本物种的进化水平线上；人类则不然，其呱呱坠地虽然拥有了人的生物属性，却没有自然而然获得人的社

---

① 三《礼》指《仪礼》、《周礼》、《礼记》三部典籍。

会属性，人只有在完成两个"精神重演期"以后，才算得一个兼具动物性与社会性的真正的"人"。其一，是在婴幼儿阶段，个体通过一定社会环境的熏陶，迅速重演人类由动物到人的精神发展史。所谓"社会环境的熏陶"主要指成人对婴幼儿的影响，尤其是语言的传授，这是实现由动物到人的演变过程的必要条件。如果缺少这种条件，婴幼儿便丧失"重演"机会，始终停留在动物性阶段，无以获得人性特征，热带、亚热带地区（如印度及我国南方）的"狼孩""豹孩"现象即证明着这一点。其二，是从青少年时代开始，个体通过接受系统教育，承袭人类在以往数千年文明时代积累起来的文化成果，完成从野蛮人到文明人的过渡，在短暂的数年至数十年间掌握先辈的知识和经验，得以站在前人肩上，攀登更高的文化山峰。完成这后一"精神重演"进程的必要条件，是今人应当尽可能迅速地观照先辈在几千年间创造的文明成果，于须臾间"历经"千古，使个体生命期不过百年的人，成为"检阅"并"把握"全人类数千年文化成就的智者。反之，一个人如果丧失观照前辈经验的机会，即使脱离了动物界，也只能算作"野蛮人"。明代思想家王廷相（1474—1544）有感于建文帝之子自幼被明成祖幽禁，"龙凤之裔"成年后竟痴呆无知的事实发表议论道：

　　赤子生而幽闭之，不接习于人间，壮而出之，不辨牛马矣；而况君臣、父子、夫妇、长幼、朋友之节度乎？而况万事万物，几微变化不可以常理执乎？①

人能够超越动物界，了解万事万物的"几微变化"并运用

① 《石龙书院学辩》。

之，是因为人的每一代个体可以通过接受包括文化元典在内的种种文化遗产，迅速"越过"人类几千年间所经历的文明历程，达到一个新的起跑点。我们可以把这个过程称之为对先辈文明成果的"记忆"。一切"失忆者"都不具备创造新文化的基本条件。

中国是一个重史的国度，中国古人称"史"为"记事者也"①，揭示了人类的这种"记忆"特征，这实在是一个言简意赅的定义。重史的中国，也就是重记忆、重传统的中国。古希腊人则把"记忆"提升到神格。希腊神话说，"记忆女神"与主神宙斯结合，诞生九位掌管文化的缪斯，包括历史之神克莱奥，足见希腊人意识到一切精神文明都受惠于"记忆"的恩泽。希伯来元典《圣经》也一再出现"记忆"一词，以及"纪念标志"、"祭品"、"记录"、"纪念"、"铭记"等概念，这都是强调对过往事实及经验的不可忘怀。人类之所以能成为"宇宙的精华，万物的灵长"②，成为"天地之心"③，在相当程度上归功于这种对实践经验和思想加以"记忆"的能力，否则我们很可能不是与猿猴为伍，便是混迹于野蛮人群之中。

二、"三"对"一"的复归

笔者讨论近代化与元典精神的相互关系，除着眼于一般意义的"传统与现代"的辩证联系之外，还特别注目于"古代——中世纪——近代"三段历程中近代与古代的特殊关系，也即"三"与"一"之间的否定之否定关系。

---

① 许慎《说文解字》。
② 莎士比亚悲剧《哈姆雷特》主人公的台词。
③ 《礼记·礼运》。

　　自十七世纪开其端绪的世界性近代化运动已把人类引入一个创造能力空前巨大的时代。从文化史角度省视，仪态万方，矛盾错综的近代文化在摆脱中世纪羁绊，实现历史性飞跃时，往往借助于对古代文化某些因素的"复归"。当然，这种复归并非复古，而是一种螺旋式上升的进程。欧洲十四至十六世纪发生的文艺复兴运动便以复兴古希腊、古罗马形态出现，用古典的人文主义反对中世纪的神本主义，从而完成文化史上的一次跃进。十六世纪发生在中欧和西欧的宗教改革运动，是对中世纪桎梏人们的宗教秩序的叛逆，其表现形式则是对基督教元典——《圣经》原始精神的复归。马丁·路德（1483—1546）、加尔文（1509—1564）等宗教改革家猛烈抨击罗马教廷为首的天主教，倡言以《圣经》为信仰的最高准则，不承认教会享有解释教义的绝对权威，主张教徒个人直接与上帝相通，取消神职人员的中介作用。"文艺复兴"的崇尚古希腊，"宗教改革"的服膺《圣经》，都可以说是"元典精神"的发扬和再造，而欧洲文化正是在发扬和再造元典精神中赢得历史性进步的。

　　这种向"文化元本"、"民族元精神"汲取灵感，获得前进基点的文化现象不仅在西方出现过，在东方也几成通例，中国先哲曾以"复归其根"①、"原始反终"②、"反复其道"③ 概括这种现象。站在中国古代与近代分界线上的思想家龚自珍（1792—1841）对此有精要概括：

　　　　万物之数括于三：初异中，中异终，终不异初。④

---

①　《老子》第十六章。
②　《周易·系辞传上》。
③　《周易·复卦·象传》。
④　《壬癸之际胎观》第五。

这里将事物发展阶段分为三：一（初）、二（中）、三（终），二是对一的否定，三是对二的否定，却又是对一的复归。清末经学史家皮锡瑞（1850—1908）在论及清学演变时也指出：

> 学愈进而愈古，义愈推而愈高；屡迁而反其初，一变而至于道。①

龚，皮二氏所说的"终不异初"、"屡迁而返其初"，是中国古已有之的"无往不复"②思想的发展，其说以"万物一而立，再而反，三而如初"③立论，保留着循环史观的框架，却又透现出导向"否定之否定"律的因子，表明近世中国学人已朦胧意识到：一种文化在蜕变过程中，为了挣脱现状的束缚，有着发扬"元本精神"的趋向。而"元本精神"的发扬，正开创着民族文化的新生面。

考之以中国近代思想文化史，"返其初"，也即回归元典精神的现象，可谓俯拾即是。十九世纪中叶至二十世纪活跃在中国思想界的先进人物，从徐继畬、魏源到冯桂芬、郭嵩焘、王韬、薛福成、马建忠、郑观应、何启、胡礼垣，继之到康有为、梁启超、谭嗣同，进而到孙中山、章太炎、邹容，其具体见解虽各有差异，但批评"近古"（秦汉以来，尤其是明清的专制社会），崇尚"远古"（尧舜之时，三代之治），以此求新、求变，却是他们共同遵循的一条思维路向。这条思路似可称之为"返本开新"、"以复古求解放"。这里略举郑观应（1842—1922）的言论即可见近世新学家抨击近古、复归远古以求创新的运思

---

① 《经学历史·经学复盛时代》。
② 《周易·泰卦》。
③ 《壬癸之际胎观》第五。

方式：

> 我国教养之道，自三代以后渺矣无闻，政治民风江河
> 日下。……为今之计，宜废八股之科，兴格致之学，多设
> 学校，广植人才，开诚布公，与民更始。庶百王之敝可以
> 复起，而三代之盛可以徐还也。①

"三代之盛"正是中华元典描绘的"理想国"，近世中国改革家
每每以"复还三代之盛"号召天下，足见元典是常青的文本，
元典精神是与近代化运动有着深刻内在联系的常青精神。

当然，我们说元典精神是"常青"的，并非肯认其为超时
空的文化形态。事实上，元典及元典精神都在特定的空间与时
间轨道上运行。

首先，人类的文化具有共时的多元性，即存在着地域之差，
民族之别。埃及不同于印度，希腊迥异于中国，新大陆与旧大
陆的文明也各辟蹊径。诸民族依托特定的自然—社会条件，在
漫长的历史生活中形成自己的传统，确立了各别的动力定型，
而元典精神便是这种民族色彩鲜明的动力定型的集中表现，固
而中华元典、印度元典、希伯来元典、希腊元典各具特色，异
彩竞呈。

其次，人类的文化史还具有历时的一元性，也即从低级形
态向高级形态逐步演化的共同趋势。对于人类文化发展的一元
性递进，中外学者多有概括。意大利历史学家维科（1668—
1744）有一个承先启后的三段划分："神权时代"—"英雄时
代"—"人权时代"；德国狂飙派思想家赫尔德（1744—1803）

---

① 《盛世危言·教养》。

则把人类文化的历史进程概括为"诗的时代"—"散文时代"—"哲学时代"三个段落;唯心主义辩证大师黑格尔(1770—1831)认为人类文化的内在精灵—绝对精神经历了由"东方世界"、"古典世界"到"日耳曼世界"的发展过程,实证主义者孔德(1798—1857)则把历史分为"英雄时期"—"过渡时期"—"工业时期"三个阶段,与之相应的是"神学"—"哲学"—"科学"三种相递进的文化主潮。中国古代的历史进化论者也隐约透见到社会生产力、社会组织结构和社会意识形态的阶段性转化。成书于战国晚期的《商君书》将历史区别为"上世"、"中世"、"下世"三段,"上世亲亲而爱私,中世上贤而说仁,下世贵贵而尊官"。① 这里所谓的"上世"是指西周年间,封建基础在血缘宗法,故"亲亲爱私";"中世"指春秋时期,社会价值由重亲缘变为强调个人的德行及能力,故"上贤而说仁";"下世"指战国时期,王权及官僚决定一切,故"贵贵而尊官"。稍后于此,韩非子(前280—前233)着眼于更加久远的历史时段,作出"上古"、"中古"、"近古"和"当今之世"的分期。他说:

> 上古之世,人民少而禽兽众,人民不胜禽兽虫蛇。有圣人作,构木为巢,以避群害,而民悦之,使王天下,号之曰有巢氏。民食果蓏蚌蛤,腥臊恶臭而伤害腹胃,民多疾病。有圣人作,钻燧取火以化腥臊,而民说之,使王天下,号之曰燧人氏。中古之世,天下大水,而鲧禹决渎。近古之世,桀纣暴乱,而汤武征伐。今有构木钻燧于夏后之世者,必为鲧禹笑矣;有决渎于殷周之世者,必为汤武

---

① 《商君书·开塞》。

笑矣。然则今有美尧、舜、汤、武、禹之道于当今之世者，必为新圣笑矣。①

韩非子将全族类的成就归功于个别圣王（即"文化英雄"），此说固不足取，但他对人类由蒙昧、野蛮渐趋文明的发展进程的描述却几近科学，颇有历史主义眼光。韩非子可以称作当年"近代化运动"的热烈鼓动者，他的"圣人不期修古，不法常可"、"古今异俗，新故异备"②之论，正是当年的"近代化"宣言。以后的史家较普遍采用先秦书中的分期法，如班固有"世历三古"说，孟康有"宓牺为上古，文王为中古，孔子为下古"说，等等。

总之，文化是在特定的空间和时间范畴内发展的。任何一种文化同时具有民族性和时代性。而文化的时代性进展又不是直线式的，却呈螺旋式上升状态。因此，"今"与"古"往往有可能在某一切合点上"会面"，就像先后沿着盘山公路上山的两个人，有时走到了山路的不同圈层上互相打着照面，似乎相距在咫尺之间！

三、"近代化"的内涵

不同时代的人们站在各自基点上反映历史，作出各自的古今划分，形成那一时代的"近代"观。诚如清人段玉裁（1735—1815）所说："古今者，不定之名也。三代为古，则汉为今；汉魏晋为古，则唐宋以下为今。"③今日西方史学界所作的"古代—中世纪—近代"的三段划分，与中国史学界所作的

①②　《韩非子·五蠹》。
③　《广雅疏证·序》。

"古代—近代—现代"的三段划分，在概念上有近似处，却又存在差异。需要稍加说明的是，本书所论之"近代"，并非专指我国史学界通用的那个与"现代"相区别的"近代"（指1840—1919），而与英语 modern 包含的意思类似，兼具"近代的"、"现代的"、"新近的"、"时髦的"诸意。据此，"近代化"与"现代化"（moderization）可大略看作同一词汇，特指从古代、中世纪走向近代的一种发展趋向和运行过程。

我们所讨论的"近代化"，内涵十分复杂、丰富，要而言之是指一个社会在经济、政治、文化诸层面综合意义上脱离中世纪轨范，从自然经济为主体的农业国度转向商品经济为主体的工业国度的过程。衡量近代化的一个特别鲜明的尺度是人类控制自然的程度，其重要标志是生产材料和能源的变化，如材料主体以铁代木，能源主体由动物性（人力与畜力）转向非动物性（矿物燃料、水力、核能等）。随着材料、能源的转化，生产方式由手工为主转向机器为主，"高效率"和"标准化"成为普遍的追求目标。然而，单纯的经济因素不是构成社会转型的充分原因，与经济条件变迁相联系，还必须伴之以社会组织结构和人们内在世界的转化，如彼此隔绝的静态乡村式社会变为开放的动态城市式社会，同质的单一性社会变为异质的多样性社会，礼俗社会变为法理社会，人际的社会关系由身份演为契约，政治制度发生从专制向民主与法制的转变，观念形态领域神学或准神学的蒙昧主义则被理性和科学所取代，等等。

近代化是一个传统的转轨过程，充满着变异与新生；但是，近代化又并非无根由的空中楼阁，其物质基础和精神园地都深植于古代与中世纪，因而又潜藏着遗传与复归。近代文明伟岸的大厦是在古代—中世纪奠定的广阔而深厚的地基上建筑起来的，它既是对传统的超越，又与传统保持着深刻的内在联系。

诗云："匪今斯今，振古如兹。"① 我们的先民已经意识到，许多今日的情状，古代便有陈例，今与古是不能一刀两断的。

以往的近代化理论，多强调近代化过程及其结果与传统的巨大差异，以及近代化与传统间的鲜明对照，这当然是十分必要的，缺乏这种对照则无以确立近代与古代—中世纪之间质的区别，也就失去了前进的目标；但是，在论及近代化时，我们如果忽略今与古的血肉相关性，便会失去前进的依据。二十世纪以来，有些西方学者鉴于以往近代化理论一味强调变异性而忽视遗传性的偏颇，开始注意探讨近代化发展与西方传统的某些因素之间存在的因果关系。如马克斯·韦伯（1864—1920）将近代化精神动力推原于"新教伦理"②。又有人溯源于十七世纪的科学革命（牛顿力学），还有人上溯到十四至十六世纪的文艺复兴，而再向源头追寻，近代社会制度和意识形态的若干萌芽形态，可以溯源于古希腊的城邦民主制，重智主义和殖民传统，资本主义则与希伯来文化（以《圣经》为代表）上帝（实为人类）创造自然的勤业精神和普世主义有着内在因缘。总之，晚近的西方近代化理论愈来愈倾向于认为，近代化是西方传统的必然产物，近代化与寄寓在希腊先哲典籍和《圣经》中的西方"元典精神"有着深刻联系，而不主张强为割裂近代化与传统间的相互关系。笔者以为，这种近代化理论较为切近实情，它全面观照了历史进步过程中变异性与遗传性这两个不可或缺的侧面，可以引作我们研究中国近代化运动的借鉴。不过，探讨中国近代化历程，不能套用西方模式。因为它们是两种不同

① 《诗经·周颂·载芟》。
② 马克斯·韦伯的代表作《新教伦理与资本主义精神》在肯定西方传统与近代化的内在联系的同时，又认为中国文化传统与近代化无缘。韦伯的这后一论断被东西方学者所修正。

的近代化类型。

四、中国：次生型近代化道路

中国是世界上有数的几个独立发展起来的文明古国之一，又是几千年间文化传统未曾中断过的国度。

大约六千年前即已开端的农耕生活，两千多年前确立的小农业与家庭手工业相结合的城乡同一的自然经济，为这个文化系统奠定了相当稳定、强固的物质基础，在其上组建的宗法—专制政体，秦汉以来日渐成熟的儒道法表里为用，吐纳百家的意识形态，共同构筑起富于韧性的文化长城，规范着一个盛大繁荣的天地，既能对异域文化有选择地汲取与排拒，又能消解或受容自生的文化异已，从而保持一种因革均衡的渐进性稳态。截至十九世纪中叶以前，中华文化的进程虽然多有起伏跌宕、损益变通，但是，自先秦产生、两汉定型的价值体系及其运作系统并未出现过根本性危机，而始终保持着一以贯之的发展序列，成为世界文明史上令人叹为观止的奇迹。

中华文化延续性的长期保持，就其内部条件而言，是这个系统拥有辽阔的地域和众多的人口，自成一个完整而庞大的格局，足以提供古代文化回旋进退所必要的空间和文化主体。更重要的是，中华文化的物质器用层面（农业—手工业紧密结合的自然经济）、制度层面（家国同构的宗法社会和专制君主政体，及其一系列完备的律令，尤其是为广大士子提供晋身之阶的考选制度，扩大了该政体的统治基础）、行为层面（以纲常名教为核心的伦理规范）、观念层面（儒释道相维相系的意识形态）彼此契合，相互为用。而自殷商以降三千余年间一脉相承的书写语文（即后来称之的"汉字"），以及通过汉字表达的文化经典所确立的民族精神，更强化了这个文化系统的认同力。上述一切，结构成一个从物质到精神，从典章制度、行为方式到符号系统高度同一的机体。这个机体若干成分间当然也会发生扞格、违碍，大规模社会动荡也时有发生；但是，"农业—宗法"社会提供的坚韧的传统力量，却能够一再发挥调适、整合与重建功能，使中华文化于变异中保持遗传惯性，衰而复盛，顽强地遵循自身轨迹，延绵伸展，始终维系并丰富着中华文化的基本品质和固有风格。

中华文化延续性的长期保持，与特定的外部条件也大有干系。东亚大陆养育的中华文化，是在沙漠、盐原、群山、海洋围护着的相对隔绝于外的环境里成长起来的，它虽然也多次迎受过种种外来挑战，但其根基却没有发生动摇。这是因为，自三代以降，同以华夏—汉族为主体的中原王朝交往的异族外邦，文明程度大都低于，甚或远远低于中国。作为先进的农耕文明的代表，中国人曾一再遭遇拥有强弓骏马的"夷狄"（周边游牧人）的侵扰，然而文化上的优胜地位却从未丧失，即使在军事上数度被剽悍的"马上民族"所征服，结果却总是演出一幕又一幕"征服者被征服"的活剧。当然，自西汉末年开始，从南亚次大陆传入的佛教文化，思辨巧密，体系庞大，可与中华本土文化一较短长，并使不少中国人为之倾倒，雅文化和俗文化都深受其熏染，以至在魏晋—隋唐间风靡朝野，成一"佛学时代"。不过，佛教文化一直以和平形态入华，并未与军事征服、商品倾销相随相伴，没有构成动摇中华文化本位的物质力量，并在经历十个世纪的冲突、融会与消化之后，佛教及佛学逐渐演为一种协和成分汇入以儒学为主体的中华文化系统之中。而吸收了佛学成果的新儒学——宋明理学，濡染了华夏气质的中国化佛教流派——华严宗、天台宗、禅宗，便是中华本土文化接纳、化合外来佛教文化的两大综汇性产物。

总之，在十九世纪中叶以前，中国始终雄踞文化高势能地位，其调适自身和吞吐异域英华的能力游刃有余。中国人长期在这种氛围里高视阔步，"莅中国而抚四夷"，一直自信是世间少有的，甚或是绝无仅有的文明民族。"吾闻用夏变夷者，未闻变于夷者也"①，便是昔日中国人普遍具备的乐观、自负的文化意识。

十九世纪中叶以降，以著名的"鸦片战争"为端绪，中国人开始面对一种迥然有别于以往的全新境遇：与历来从西北大陆腹地袭来的"夷狄"不同，这一次的侵袭者主要从东南沿海进入，这些蓝眼赤须的西洋人与野蛮落后的游牧人大异其趣，拥有整体水平已经超前的、冲击能量强大的工业文明。他们装备着坚船利炮，贩卖着物美价廉的商品，还裹带着荼毒生灵的鸦片，首先从军事上，继之从经济上、政治上和文化上给中国人以当头棒喝，毫不留情地摧垮中华帝国的千古尊严，宣布着东方农耕文明优胜地位的历史性终结。中华民族从此卷入世界性近代化过程，其文化的器用层面、制度层面、行为层面和观念层面彼此协调、契合的格局打乱了、错动了，从而开始了一个脱胎换骨的、相当痛苦的转型阶段。

十九世纪特定的国际背景，使中国人面对"数千年来未有之强敌"，身处"数千年未有之变局"②，从而被动地迈入近代社会门槛，这与肇始于十七世纪的西欧的近代化历程颇相差异。

意大利、尼德兰、英吉利、法兰西等西欧国度的近代化运动，是从该地区中世纪社会的母胎内孕育出来的，由工场手工业引发了近代机器工业，由行会师傅演为资产阶级，文艺复

---

① 《孟子·滕文公上》。
② 李鸿章语，参见《同治朝筹办夷务始末》卷九十九。

兴—宗教改革—工业革命—启蒙运动—资产阶级大革命，一个
接一个社会变革自内而生，推动着西欧各民族国家由中世纪迈
入近代社会。我们把这种原动力主要来自内部的近代化称为
"原生型"或者"自生型"。形成比照的是，中国近代化运动的
最初推动力主要不是来自内部，并非由于国内资本主义生产方
式萌芽以及与之相随的社会变革已经达到触发经济—政治结构
实现由中世纪向近代作飞跃性转换的水平，而是来自外部的、
被工业文明武装起来的入侵者给传统中国社会以强烈刺激，导
致固有的经济—政治结构分崩离析；随着封闭状况的打破，自
然经济的解体，一统帝国的衰弱以致瓦解，中国被强行纳入世
界统一市场，走上半殖民地式的近代化进程。

　　与西欧"原生型"或"自生型"近代化相较，中国的近
代化可称之"次生型"或曰"后发型"。这种类型的近代化，
其运行机制应当怎样科学地认识和正确地把握，西方影响及传
统作用分别发挥着怎样的功能，这两个侧面维持着怎样的相互
关系？这是一些重大的理论问题和实践问题，当代中国人无可
回避。

　　有一种由西方学者提出的解释系统，可称之为"冲击—反
应模式"，把后发型的中国近代化描述成这样的情形：中国社会
本是一个封闭自足的体系，中华文化本是一个在固有圆圈内循
环往复的"实体性精神"、"很早就已经进展到了它今日的情状；
但是因为它客观的存在和主观运动之间仍然缺少一种对峙，所
以无从发生任何变化，一种终古如此的固定的东西代替了一种
真正的历史的东西"①。中华文化自身不具备实现近代化转变的
原动力，只有依赖西方的经济、政治、军事、文化的影响，中

---

　　①　黑格尔：《历史哲学》，三联书店 1956 年版，第 160 页。

国方有转机，西方"冲击"，中国"反应"，一步步被动、勉强地走上近代化道路。

这个被现代西方学术界广泛用以诠释后发型近代化的"冲击—反应模式"，是费正清（1901—1991）等西方学者在二十世纪中叶正式提出的，但其思路可以追溯到十八、十九世纪亚当·斯密（1723—1790）、黑格尔（1770—1831）等人的论述。二十世纪下半叶以来，西方学者有人主张"从本地人角度研究本地历史"，注意讨论当地文化传统对当地近代化进程的影响，这实际上是对"冲击—反应模式"的一种扬弃。然而，直至今天，"冲击—反应"论仍然是一种普遍使用的诠释方式，一些中国学人也服膺于此。

"冲击—反应模式"抓住了"次生型"或曰"后发型"近代化道路的一个基本特征——处于文化高势能地位的工业化西方的影响，是处于文化低势能地位的后发国家近代化的催化剂。后发国家的近代化是在西方的军事入侵、政治干涉、经济扩张的强烈刺激下逐步展开的。然而，这一模式作为"欧洲中心论"的产物，又失之偏颇，它忽视了后发国家自身因素在其近代化历程中的作用。近代化的后发国家，尤其是那些拥有悠久文明的后发国家（如中国、印度、日本、埃及等等），其文化传统必然要在近代化历程中崭露头角，积极推动或消极滞后近代化进程。以中国而言，其近代化运动的曲折复杂形态，并非单由西方的物质—精神影响所致，而是西方影响与中国社会的固有因素彼此激荡、相互作用的结果。中国的近代经济、近代政治、近代文化便是"古今中西"大交汇的产物，而决非西方经济、政治、文化的简单位移。

五、中华元典精神在近代化进程中的功能

"冲击—反应模式"论者或许会这样辩解：我们并不否认后发国家近代化过程中西方影响与当地传统的融汇、交合，只是强调，后发国家近代化的推动力来自西方（即西方"冲击"），当地传统对近代化的影响主要表现为"滞后"而不是"推动"。

这种辩解其实是片面之论。诚然，西方影响确乎是后发国家近代化的初始推动力，然而，一旦后发国家（特别是那些文明悠久的后发国家）迈开近代化步伐，其文化传统必然加入到动力系统之中，并且会愈益强有力地发挥作用。这种作用，既有消极滞后的一面，如自然经济对商品经济的抗拒，宗法—专制政体对社会契约和民主政治的抵制，宗法伦理对个性发展的压抑，等等，然而，同时也有积极推进的一面。仅以促成中国近代化进程的观念性动因而论，中国文化传统也是不可忽视的。人们往往注意到西方近代学说在中国近代化运动中的推动作用，如进化论、民约论（社会契约论）、民权论、天赋人权论、民族国家思想、君主立宪论、民主共和国思想等西方十八、十九世纪定型的理论，对近代中国人是振聋发聩的新观念，成为中国近代化思想启蒙和政治运动的精神动力。梁启超（1873—1929）在二十世纪初年放歌曰："卢孟高文我本师"，以十八世纪法国启蒙大师卢梭（1712—1778）、孟德斯鸠（1689—1775）为自己的思想导师，正表现了西方近代思潮对中国先进思想界狂飙式的影响。然而，西学无庸忽视的推动作用并非中国近代化运动唯一的精神动力，中国传统文化蕴蓄着富于活力的观念，诸如"变通"、"自强"、"经世"、"忧患"、"民本"、"华夷之辨"、"革命"等元典精神，都在中国的近代化过程中一再发挥重要作

用，其影响力之深刻广泛不可低估。而且，上述传统命题又同入华的西方近代思潮相激相荡，彼此参照，相与应和，互为利用。正是西方近代思潮与中华元典精神的冲突、会通与整合，方构成中国近代文化异彩纷呈的特有风貌。因此，研讨中国近代化运动的思想源泉，西学影响与中华元典精神发扬这两个侧面不可或缺于一。

至于中华元典精神关于人与自然、人与人之间的"合和融通"观念对于正在犯着"现代病"的工业化之后社会的启迪作用，也日益引起国内外有识之士的注视。这是元典精神与近代化相互关系的又一课题，其重要意义将在今后的岁月中愈益显现出来。

二十世纪以降，工业文明在全球范围取得长足进展，特别是二次世界大战结束后的半个世纪间，包括中国在内的世界各国在工业化的轨道上突飞猛进，文明的器用层面、制度层面和观念层面都发生着愈益深刻的现代化转型。然而，"现代化"给人类带来的并非单一式的进步，而是善恶并举，苦乐同行的矛盾过程，正所谓"省忧喜之共门兮，察吉凶之同域"①。一方面，由于现代人类对自然、社会和人生的规律性有了更自觉的认识，又具备较之以往强大得多的改造世界的能力，因而赢得超迈往昔的自由，其生活质量也随之大为改善；另一面，工业文明的弊端随着现代化的纵深发展而愈益昭彰。就人与自然的交互关系这一侧面而论，以"征服自然"、"向自然索取"为行动指针的工业文明在造就巨大财富的同时，也带来始料未及的严重问题：温室效益、生物多样性的惊人损失、环境污染、资源系统崩溃、人口爆炸、城市膨胀和畸形发展，都以惊人心魄的规模

---

① 扬雄：《太玄赋》。

和速度发展着。人与自然的矛盾本是一个古已有之的问题，但今天这个矛盾所产生的危机已从局部变成全球性的，而且多种危机并存，又相互引发和影响，如人口爆炸引发环境问题，环境危机又向经济、政治危机传导。就人与人的关系而论，工业文明取得了社会契约化、法治化、民主化的重要进展（当然还很不完善），却又带来社会的失衡和人的异化，物欲主义的泛滥、道德的沉沦、两种文化（科学文化与人文文化）的分离割裂等令人困扰的问题层出不穷，显示了个人失调以致社会失调的危险趋向。

面对上述严峻形势，人类正寻觅着解决途径。在这一综合治理的努力过程中，元典精神可以给予我们以某种启示。如《周易》指出的"立天之道曰阴与阳，立地之道曰柔与刚，立人之道曰仁与义"①。揭示了天人之际的和谐原则，一方面要保持人与自然的和谐关系，另一方面要保持人与人之间的和谐关系，惟其如此，方能"乐天知命，故不忧"②。中华元典所贯穿的一天人、合知行、同真善、兼内外的融通精神，行健不息、生生不已的好勤乐生主义，人道亲亲的人文传统，以及德业日新意识、社会改革意识、文化包容意识、不走极端的时中精神等等，经过创造性转换，可以成为现代人克服"现代病"的良药。即使《老子》的"智慧出，有大伪"，"法令滋彰，盗贼多有"③之类"文化悖论"，以往人们往往以"反文化"而加以简单否定，其实，这类思想因揭露文化进展带来的负面影响而富于哲理。这种哲理在文明高度发达、文明弊病日益彰著的今天，尤其显示出深刻性和预见性。

---

① 《周易·说卦》。
② 《周易·系辞上》。
③ 《老子》第十八、五十七章。

现代人求教于元典精神，当然不是要回复远古，去过"小国寡民"、"刀耕火种"的原始生活，而是在"退却与重回"中获得民族原创性动力的一种努力，是"以复古求解放"，也是在探索用新见变化古典气质的"革故鼎新"之路。现代人在这一过程中将有所受益，元典精神也将在新的诠释中赢得新的生命。元典精神的这种双向性辩证运作，有可能给中华文化的现代化过程提供较为健全的社会心态，规定较为均衡的步履。

总之，元典精神对于已经进行了一百多年的中国近代化运动发挥过持续而有力的作用，今后在中国现代化进程中还可能一再显示其特殊的调节功能。

"中国传统文化"是一个相当宽泛，难以确指的概念，笔者不拟从"传统文化与近代化的关系"立论，而特别就传统文化的原创性内核——"元典精神"对中国近代化运动的濡染熏陶，以及近代化运动对"元典精神的重新诠释、磨砺发扬略陈管见，进而探索元典精神对于中国今后的现代化走向可能发挥的作用，以求教于有兴趣于此的诸君，并希冀能对构建较完善的中国现代化理论有所裨益。

第十五讲 中国文化现代转进

一、何谓现代性

从古（先代）迈向今（现代），是全球历史不断进行的过程。然而，中国 19 世纪中叶以降的古今转换非同往昔：已经完成工业革命的西方，挟其军事、经济、政治强势，打断中国文化固有的运行轨迹，现代性不期而至。这与西方的现代性是中世纪末期以来社会内生的情形颇有差异。

在西方，"现代"（modern）是与"古典"（antiquitas）相对应的概念，"现代性"略指走出中世纪的文化属性——

物质文化层面，机器生产代替手工生产、自然经济主导转向商品经济主导；

社会组织层面，近代民族国家建立，宗法皇权制退出政坛，代议制基础上的民主政制兴起；

观念层面，确定从低级到高级不断进化的线性历史观，建立在理性原则基础上的以人的独立价值为本位的自由、平等、博爱观念普及。

需要指出的是——

第一，现代性的获得，是一项世界性成就，并非一隅之地的封闭性独创。即使以原发性著称的西欧现代化，除自备条件外，也广为汲纳异域成就（如中国的四大发明等器物文化和考选文官制等制度文化），方全面赢得现代性要素；而在高级农耕文明固有轨道内运行的中国，19世纪中叶以后，因西力东渐的激发，前进因素觉醒，进入现代性剧变，这种剧变更是内外因素汇聚的产物。

第二，"现代性"是一个相对概念，所有社会，包括最具现代性的社会，都保有某些传统特点，不宜把传统性与现代性当作两个完全对立的文化标志。"传统—现代"二元割裂说不符合历史真实。

第三，现代性与西方化互有缠绕，必须惕戒其间的认识陷阱。现代性并非专属西方，现代化不等于西方化，我们所讨论的现代性，是包容中西现代化实践与理论的现代性。

第四，"现代性"时下遭遇后现代的挑战，"解构现代性"成一新命题，然而，当下时代的主潮仍是现代性的实现，诸如中国这样的后发国家，现代性尚是未竟之业，故我们在迎受后现代洗礼之际，仍然应当主要用力于现代性问题的解决。

第五，现代性即使在发源地西方，也既有连续性又有断裂性。在中国，由于现代性是经由外力引发的（内在现代性因素逐渐觉醒并发生作用），其与传统的断裂尤显突出。而要达成断裂性与连续性的统一，必须通过一个崎岖坎坷的历程，其间既面临前所未遇的危局，同时也迎来新的发展机遇，诚如清末洋务大吏所言：

> 我朝处数千年未有之奇局，自应建数千年未有之奇业。①

在"奇局"下建"奇业"，是百余年来中国人对现代转型作出的积极回应。今日波澜壮阔的中国现代化建设，正是更加宏伟的"奇局"下建"奇业"。

19 世纪中叶以后的百余年，现代化浪潮自西徂东，日渐迅猛地推进，中国文化经历着"三千年未有之变局"，自晚清、民国以至于当下，中国人一直面临"现代性"的反复拷问——

> 从器物层面到制度层面，再到观念层面，中国文化迎受现代化的能力如何？
>
> 中国固有的"内圣外王"之学，历经工业文明的激荡，是否可以构建新"内圣"，以提升国人的精神世界，成就健全的"现代人"？
>
> "内圣外王"之学是否可以开出新"外王"，以构筑持续发展的制度文明与物质文明，跻身现代世界强国之林？

在严峻的民族危机挤迫下（空间性压力），在文化现代性的追问下（时间性压力），国人展开关于中国文化的新一轮自省，从而开辟艰难、壮阔的文化自觉历程。

---

① 《议复张家骧争止铁路片》，《李文忠公全书》（奏稿）卷三九。

二、现代文化奠基于三项成就的聚合

文化的现代转进，奠基于三项不可或缺的成就，尤其仰赖三项成就的聚合——

第一，市场机制、价值法则合理运作，商品经济充分发育；

第二，民主与法治从理念到制度完善化，人民主权得以真正实现；

第三，经由考选的科层官僚制①建立，确保权力的公正与效率。

只有当上述三项成果相互支撑、协同运作，方可迈上现代文化坦途，如果仅是其中一项孤立展开，便可能南辕北辙。例如，没有一、三两项的配合，第二项（人民主权）独进，将陷入民粹主义泥淖；再例如，没有第二项（人民主权）的制约，第三项（科层官僚制）将堕为专制主义的工具；若仅有二、三两项而弱于第一项（商品经济充分发育），现代文化即成无法坐实的空中楼阁。

反顾文化史便会发现，往昔中国曾在上述三方面各有程度不同的建树，向世界（尤其是向西方）奉献科层文官制等卓异创造，方使自备一、二项成就的西欧赢得三项成就的聚合，在

---

① 科层制是指一种由非世袭的、训练有素的专业人员依照既定规则持续运作的行政管理体制，保证行政职责的明确性、一致性与能力的发挥，是合议制的代替。"科层官僚制"概念由德国社会学家马克斯·韦伯提出，略指技术化、理性化和非人格化的官僚制度，是现代社会合理运行的必需。

17 世纪以降率先启动现代化。而中国因一、二两项成就有所欠缺，早熟的官僚制在近古以至近代沦为维护专制皇权的"旧制度"，终为革命摧毁。这些成败得失，其因由皆埋伏于文化生成史的运行之间。

现代文化的转进，是一项庞大复杂的系统工程，不仅需要器物文化、制度文化、观念文化的精心建设，还尤须仰赖诸成果的有机"聚合"，单兵独往，难获成功。

经过百余年的奋起、积淀与广采博纳，当下中国程度不一地兼拥三项成果，遂有三十余年现代化建设的巨大进步；但三项成果发展并不平衡，跛足状态尚未克服，三者的聚合度更有待提升，这正是当下中国亟待解决的课题。

三、悖论四问

人们注意到文化史"长江后浪推前浪"现象，但不可忽视另一侧面：历史进步又往往包蕴着悖论[①]——前现代文化的成就有可能构成现代文化的阻力，现代文化则埋伏着后现代进路上的陷阱。

匈牙利思想家乔治·马尔库塞（1898—1970）指出，现代性的历史和逻辑导致了文化悖论，而恰恰是文化悖论包含的矛盾性使批判和反思成为可能，因此"文化悖论也是对多样性的一种保存，从而打破对现代性的同一性，克服现代性危机"[②]。

---

① 悖论（paradox）来自希腊语"para+dokein"，意为"多想一想"。悖论指在逻辑上可以推导出互相矛盾的结论，但表面上又能自圆其说。解决悖论需要创造性思考，悖论的解决又可以给人带来全新的观念。

② 转引自隽鸿飞、杜红燕：《东欧新马克思主义与启蒙理性》，《中国社会科学报》，2013 年 5 月 29 日，B02 版。

社会转型之际的中国人于困知勉行①间，已提出了如下疑问——

近代"言论界骄子"梁启超在清末即发出一个历史性拷问：为何明初出现世界最卓越的航海家郑和，但郑和之后却无第二郑和？② 这是从海洋事业的盛衰，先期提出与"李约瑟悖论"相类似的问题。

20世纪中后叶，长期从事中国科技史研究的英国学者李约瑟，在7卷34册巨著《中国科学技术史》第1卷（导论）提出以后冠名"李约瑟悖论"的问题：

> 如果我的中国朋友们在智力上和我完全一样，那为什么像伽利略、托里拆利、斯蒂文、牛顿这样的伟大人物都是欧洲人，而不是中国人或印度人呢？为什么近代科学和科学革命只产生在欧洲呢？……为什么直到中世纪中国还比欧洲先进，后来却会让欧洲人着了先鞭呢？怎么会产生这样的转变呢？③

美国的中国学家本杰明·史华慈所撰《中国政治思想的深层结构》提出一个问题：

---

① 《礼记·中庸》："或生而知之，或学而知之，或困而知之，及其知之一也。或安而行之，或利而行之，或勉强而行之，及其成功一也。"

② 梁启超：《祖国航海大家郑和传》，《饮冰室合集》专集之九，中华书局1989年版。

③ 该书英文版于1954年以来由剑桥大学出版社陆续出版，中文版由科学出版社20世纪80年代以来陆续出版。引文提及的伽利略、牛顿，耳熟能详，此不赘述。托里拆利（1608—1647），意大利物理学家、数学家，发明水银气压计。斯蒂文（1548—1620），比利时—荷兰物理学家，代表作《平衡术》（1586），提出杠杆理论、斜面定律，被称为阿基米德到伽利略之间最伟大的力学家。

　　在中国历史中，有一思想特质似乎贯穿它的发展，我们或许可以称之为"典范"，我并不是指它是儒家所特有的，而应该说是先秦许多思想家（像墨家、法家、道家等）所共有的特质。为什么我会对此感兴趣呢？因为有一个恼人的问题总是不断出现：为什么中国历史上始终不曾出现过一个与此深层结构相异的替代品？①

　　史华慈所说的"深层结构"，是指中国历史上至高无上的皇权。史华慈认为，在中国思想史上，从没有人设计另一套替代品。② 而至高无上的皇权既是中国古代文明获得显绩的原因，又如同西方政教合一的高度集权体制一样，带来巨大负面效应，在近古和近代尤其如此。人们把这种现象称之"史华慈问题"，也可以称之"史华慈悖论"。

　　民主人士黄炎培1945年7月访问延安时询问毛泽东：历史上很多政权"其兴也勃焉"，"其亡也忽焉"，即朝气蓬勃地快快兴起，又匆匆忙忙地灭亡，原因是"政怠宦成""人亡政息""求荣取辱"等，有无"跳出这周期律的支配"的办法？③

　　"梁启超之问""李约瑟之问""史华慈之问""黄炎培之问"，其侧重面有别，却都是从当下出发，试图求解历史悖论：中国曾经创造光耀千秋的古典文化，为何在近代落伍？而历史

---

　　① 《史华慈论中国·中国政治思想的深层结构》，新星出版社2006年版，第25页。
　　② 笔者以为，在中国思想史上，近古的邓牧、黄宗羲、傅山、唐甄等人设计过极端皇权的替代品——"新民本"方案，不过未入主流，以"待访""潜书"之类形态隐于草野（参见冯天瑜、谢贵安：《解构专制——明末清初"新民本"思想研究》，湖北人民出版社2002年版）。
　　③ 参见黄炎培：《延安归来》，国讯书店1945年版。

传统为何既是无尽的文化生命源泉，又形成不易超克的前行阻力？中国近代落伍和当下复兴为何都可以从历史传统中找到根据？

这些问题全都聚焦于文化的现代转进，而答案却深藏在历史的浩茫之中。

四、前瞻

十五、十六世纪以来，随着西欧诸国率先进入现代历程并向全球播散，在其影响下，中国文化的内在动力激发起来，渐次迈向现代转型之路。[①] 中国文化的现代性起步，大约发端于明清之际（17 世纪），而正式迈入现代文化门槛则在 19 世纪中叶，形成规模效应在 19 世纪末叶以降。如果说中国古典文化源远流长，根基深厚，那么，较之西方现代文化已运行四五个世纪，中国现代文化却为期不长，迄今不过百余年，尚处在初级阶段。

中国文化的古今转换与中西文化交会互为表里，而近代意义上的中西文化交会，有两个关键时段，一为明清之际（17 世纪前后百余年间），二为清民之际（19 世纪下半叶、20 世纪上半叶百年间），这也正是中国文化从古典形态向现代形态转变的两个节点，当然后者的程度与规模远高于前者。

明清之际，欧洲早期殖民主义国家的传教士东来，其宗教及科技学术进入中国，然影响力限于"形下之器"；清中叶以降，完成工业革命的英国等西方列强用炮舰加商品打开中国封闭的国门，强行将中国纳入世界统一市场和全球性国际关系。中国遭遇到"高势位"的西洋现代文化的入侵，中西文化既相

---

① 本文"现代"取泛义，包括狭义的"近代"（1840—1919）在内，直抵当代。

冲突又相融会，这一过程造成中国文化的空前危机，也赋予中国文化新的发展机遇，其文化的物质、制度、精神诸层面渐次发生现代转型，从"中国之中国""亚洲之中国"渐次迈入"世界之中国"。

（1）明中叶以后，商品经济活跃；在观念层面，黄宗羲、顾炎武、王夫之、唐甄等思想家非君崇公，将民本思想推至新阶段，开启蒙主义之先绪。此间，西方传教士进入中土，揭开西学东渐序幕，这是继佛教东传之后，中国本土文化与外域文化的又一次会合。满洲八旗入主中原建立清王朝，其初期（顺治、康熙）并未中断这一交会过程，但雍正以后则大体使中西文化交流停顿下来。清朝前中期理学是官方哲学，朱熹的《四书集注》是科举考试的范本，而士人实际经营的则是考据学，朴学实证精神得到空前发展，成就古典文化的一次大整理，并对两汉以来经学的神圣性起着"解构"作用。

（2）清代晚期至民国间文化的现代转型，是内力和外力共同作用的结果，是西方影响与中国文化固有因素彼此激荡、相互作用的产物。在民族危亡和西方现代文化的冲击面前，中国文化自元典时代就深蕴其中的忧患意识、变易观念、华夷之辨、民本思想等精神传统，通过现代生活的激发，获得新的生命，转换为现代救亡意识、"变法—自强"思潮、革命观念以及现代民族主义、民主主义等，推助中国文化转进；至于自宋明以来隐而未彰的原发性现代文化因子，更被纳入中国文化转型的动力系统。中国现代文化并非西方文化的整体移植，而是中西文化涵化互动的产物，如果对此估计不足，必将导致对中国一百余年来现代化进程作外因论的片面解释。

（3）由于现代西方文化从东南沿海登陆，所以两广、江浙成为19世纪中叶以降百余年来中西文化碰撞的前沿。粤闽等地以及宋明以来就已成为文化中心的江浙等地,在这一阶段不仅是经济的重心而且是新文化的中心,其文化能量不断向内地辐射、推进。此种由南向北、由东向西的文化传播路向,与两宋以前由西向东、由北向南的文化传播路向恰成相反之势。而两湖地区则成为古与今、中与西相互交会的要冲地带,际会风云,人文荟萃。这些都构成中国现代富于特色的文化景观。

简要而言,近代中国人采纳西方文化的基本线索是,首先接受"火器历法",随之是"制械练兵之术",进而是"西政":从君主立宪到民主共和国方案。中国人逐渐认识到,学习西方,只限于"声、光、化、电、营阵、军械"之类技艺固然不够,停留在行政制度的修改也无补于大计,还必须有"政治根本问题之觉悟",尤其要"多数人之觉悟",其中包括政治的觉悟和伦理的觉悟,这才是"吾人最后觉悟之最后觉悟"①。

面对西方的强敌、身处古今中西交会的大变局,中国人忖度思索,起初是不承认西方的形上之道与形下之器有可采之处,继而是有所汲纳、有所排拒,大体路数是:器物层面较大幅度取法西洋,制度层面、观念层面则力求保守故旧,后又渐次被动地零星采摘西政之"形",而未能深究西政背后的西学之奥。对于中国传统的制度文化、观念文化,则缺乏现代性精选与创造性转换。这样,近代中国出现文化外层(器)与内层(道)更化的不配套、不协调,导致中国文化史上空前的道—器二元分割及体用相悖的困局,而走出困局的需求,引发了近百年来的"体用之辩"。

一种文化的体与用是历史形成的。西方现代化属于内源、自生型,其现代文化的体与用是从西方传统文化引申出来,在

---

① 陈独秀:《吾人最后之觉悟》,《青年杂志》1926 年 2 月 16 日第 1 卷第 6 号。

现代生态中形成的统一体；而中国现代化是在西方现代文明的威迫和示范下方得启动的，属于外源、次生型，不仅有古今演绎，而且需要作中西对接，而这种对接，好比人体接纳外来器官移植，易生排异反应，需要经历一个复杂而艰难的调适过程。正是在这种背景下，自清末以降展开了长时段、多层次的体用协调之路的探索。

在众多的中西体用论中，唯有"中西文化互为体用"说庶几切合现代中国文化的实际状态与未来走势。在现代化进程中，"体""用"两层面已经并继续发生着中西文化的交融互摄，体与用皆有中西互动的可能与必要。觉醒了的现代中国人既不"执古"亦不"骛外"，而以中国文化为母本，汲纳有益于现代性成长的西方文化，在体用两层面实现中西涵化，不断丰富与提升中华民族的精神家园。这里的关键环节是：弘扬中国文化刚健自强、厚德载物的精神，不单在应用技艺上，而且在本体层面和应用层面的结合上，达成中外文化的融通，从本土及世界的沃壤中生长现代文化。这是文化自觉指引下的发展进路。

由文化自省引发文化自觉，寻觅新的世界条件下中国文化"道—器"融通、"体—用"协调的健全发展路径，这是一个复杂的认识过程与实践过程，有待今人及后人努力探寻，借用屈原（约前340—前278）大夫的名言——路漫漫其修远兮，吾将上下而求索。

当下世界尚未告别"民族国家时代"，近现代以"民族国家"为基本单位的国际秩序，依然保持下来，各国领土与主权不可侵犯依然是基本准则。至于各国的文化传统，更在新的世界条件下生机勃勃地传承发展，其丰富性并没有消融于"全球化"大潮之中。在这一意义上，当下仍处在"民族国家"与"全球化"交混的时代。以中国而言，古代那种界限模糊的"天下"意识被民族国家意识所取代不过百余年,"中国近代思想史的大部分时间里,可以说是一个使'天下'变为'国家'的过程"①。这种"民族国家"的确立以及民族文化的多元发展,是现代文明健康成长的必备条件,也是通向全球化时代的基点。当今是全球化与民族国家并存的时代,故应当从"融入世界文化统一体"与"诸民族文化多元发展"两个向度,把握未来文化。

不同于古代、中世纪文明分途演进,现代文明是在经济一体化的大系统内展开的,诸系统固然各有差异,但在文明人类那里又存在共通的价值取向,这首先是由于人类生理条件、生命需求的基本一致,由此导引出共通的、类似的价值判断,如欺诈、偷盗、乱伦在所有文明系统都是被否定的,有的文明与宗教还专设厉法,禁止欺诈、偷盗、乱伦,这是价值普遍性的一个例证。又如佛教的"慈悲"、道教的"自然"、儒学的"仁义"、基督教的"博爱",被全人类公认其普世性。再以中国文化倡导的"信义和平"②"民无信不立"③之"信"为例,便与世界经济伦理之首条的商业信誉一脉相通。中国传统的"讲信修睦"④,无疑张扬着普世价值。同此,"民主、自由、人权"是人类的共同追求,是人类自古以来,尤其是在近代与专制制度、蒙昧主义作斗争的过程中形成的价值共识,并非专属西方。以"民主"而论,其基旨是尊重并接受人民当家作主的权利,这历来为中国贤人所追求(近现代尤甚),中国的"民为邦本"

① 勒文森:《儒教中国及其现代命运》第1卷,加州大学出版社1968年版,第100页。
② 孙中山:《三民主义之民族主义》,商务印书馆1947年版。
③ 《论语·颜渊》。
④ 《礼记·礼运》。

说、"民贵君轻"说、"人皆可为尧舜"说①、"法不阿贵"说②、"天下者天下人之天下"说③，便与民主精义的取向一致。同时，中国人又不断从外来文化中吸取民主精华，增进公民自治、民意表达的程序性、规则性与公开性。中国的现代化进程离不开民主的成长，但中国的民主不是对外来民主的简单模仿，也不是固有民本思想的整体沿袭，而是中—外、古—今的综汇与再创造。

　　总之，中国文化精粹没有自外于普世价值，而是以富于民族特色的形态昭显、丰富着普世价值。文化的普世性又决不意味着排斥、取消文化的民族性。文化的普遍化（世界化）与特殊化（本土化）二者间的张力，是未来文化成长的动能所在。人类的总体性进步，依赖于诸民族文化的进步，而不是诸民族文化的衰落；世界文化的丰富性，要靠各民族文化特色的发扬去充实它，"将来世界大同，犹赖各种文化系统，各自发挥其长处，以便互相比较，互相观摩，互相取舍，互相融合"④。因此，中华民族文化的繁荣，不仅是中华民族的追求，也是世界各平等待我之民族的期望。中华文化健康有益的民族特征的发展，正是对全人类文化作出的一份宝贵贡献。在这一意义上，文化愈是民族的，便愈是全人类的。也是在这一意义上，一个成功的中国乃是世界的福音。

　　我们应当从历史单线进化的错觉中摆脱出来，确立多元与一体对立统一的文化观。未来的中华文化的各个不同层面，如

---

　　①　《孟子·告子下》。

　　②　《韩非子·有度》。

　　③　《六韬·武韬·顺启第十六》载姜太公言："天下非一人之天下，乃天下人之天下也。"《吕氏春秋》载孟子语，大意相同。

　　④　熊十力：《论六经》，大众书店1951年版，第113页。

技术层面、制度层面、风俗层面、观念层面，走向世界一体化的步伐有异，保持民族特性的程度不一，它们分别遵循自身的规律，在世界化与民族化纵横两坐标间划出各自的运行轨迹，而作为一个有机整体的中华文化，将在世界性与民族性的对立统一中阔步前进。

现代哲学家张岱年（1909—2004）自20世纪30年代提出，20世纪80年代以后又加以伸发"天人论古今，综创贯中外"的文化综合创新论，超越拒斥外来文化的传统主义和抛弃传统的西化主义的"两极性"和单向度立场，指出现代文化的健康进路——兼综东西两方之长，发扬中国固有的卓越的文化遗产，同时采纳西方的有价值的精良的贡献，融合为一，而创成一种新的文化，但不要平庸的调和，而要做一种创造的综合。①

未来的中华文化既不是全盘西化，也不是固有传统的整体沿袭，而是以传统格义现代、以现代格义传统，达成传统文化的现代再造；是中西之学在体与用、内与外诸层面相互渗透的综合创新体。这一历程以知识经济、信息社会建设为基础，以民主政制、健全法治的成长为保障，以人的全面发展为标志。这将是一个器物文化—制度文化—观念文化全面推进的过程，际会风云，场景复杂而壮伟。

---

① 参见张岱年：《文化与价值》，新华出版社2004年版。